杉本 仁

# 選挙の民俗誌

## 日本的政治風土の基層

梟《ふくろう》社

# 選挙の民俗誌――日本的政治風土の基層　目次

# はじめに

おれは村を知り　道を知り
灰色の時を知った
明るくもなく　暗くもない
ふりつむ雪の宵のような光のなかで
おのれを断罪し　処刑することを知った
（谷川雁「或る栄光」『天山』より）

各地の新聞記事をもとに明治から大正期の世相を生き生きと論評した柳田国男の『明治大正史世相篇』になぞらえて、私は自分が生きてきた戦後という時代の「昭和史世相篇」を描きたいと念じてきた。むろん世相の全般を書くことは至難の業である。しかし、ある断面に限定するなら、私にも可能であるかも知れない。

それは、「選挙」について書くことである。それも、私が生まれ、成長し、生活をいとなみ、その実態をつぶさに見聞きしてきた山梨県を舞台に、選挙を通してみた人の暮らしと歴史を描くことである。

なぜなら、世に甲州選挙と言いならわされるが、私は自分の生活の身近なところで、選挙をめぐるさまざまな人間劇を、人間の集団劇を見てきたからである。私たちが生活する小都市の市議会議員を長くつとめ、議長までのぼりつめた人間であった。私の父は、幼少期から、選挙をめぐる人と社会のドラマを、生活そのものとして体験してきたのである。私は、

その父もすでに亡きいま、あらためて思うのである。選挙はなぜかくも人の心をとらえるのか、と。選挙の当事者とその周囲の人にとって、選挙戦はまさに生きるか死ぬかの戦争である。当事者でなくても、人は自分の応援する候補者には、文字通り有償無償に献身する。また、選挙運動の実際にかかわろうと、かかわるまいと、選挙の帰趨と結果には強い関心をかきたてられる。そして、選挙への熱狂と執着は、不可避的に買収や談合や贈収賄などの選挙がらみの事件につながり、不祥事はあとを絶つきざしもない。

疑義は深まる。それは、「選挙」が、私たちの社会のなりたちとしくみ、生活のいとなみそのもの、いいかえれば「民俗」ということだが、それに深く規定されているところからくるのではないか。民主政治にとって不可欠な「自由選挙」ではあるが、それが「人為の制度」である以上、基層の「民俗」から独立してはありえないし、逆に「選挙」の実態を詳細に見ていけば看過しえざる「民俗」の基層も浮かびあがってくる。そして、その「選挙」と「民俗」の基層に分け入っていくかぎり、私は私の身の丈《たけ》に合った「世相史」を書くことができるかも知れない。そう考え、「選挙」を素材に、主に一九四五年以降の昭和後期を対象に、書き上げたのが本書である。

柳田の著書は、新聞記事を素材にして現在の横断面を縦軸に変換しながら、「すなわち毎日我々の眼前に出ては消える事実のみに拠って、立派に歴史は書ける」（『明治大正史世相篇』）という意気込みで、この列島に生きる人びとの生活意識をみごとに剔出したものであったが、私のそれは柳田の手法に学びながらも、地域とテーマを極力絞り込んでいる。領域は山梨県内に限定し、そこで発生し続ける選挙行動をテーマに据えたものであり、それを通して、その向こうのこの国の民俗の普遍の課題を浮きぼりにしたいと考えている。資料の中核は新聞記事であるが、可能な限りその場所に直接出向いて聞書をもとにした民俗調査を行い、「実感」の確認にも努めた。

山梨県の人口は八十八万八千人余り、全国の〇・七パーセントにも満たず、選挙有権者は七十万人弱である（二〇〇〇年現在）。県域は、列島の中央部にあり、約四四六五平方キロで、日本全土の一・二パーセントにすぎない。周囲は山また山で、山地が七二パーセントを占める。県都甲府市へは鉄道と路線バスを使っても日帰りできる範囲内に各地域はおさまる。

行政的な単位としても山梨県は、甲斐一国をそのまま継承して成立しており、明治維新期にも大きな変更を強いられることがなかった。江戸期においても、一時の藩支配があったものの天領時代が長く、明治を迎えている。藩政下の大きな改革もなく、武田信玄の時代に起源するとされる通貨（甲州金）・税制（大小切税法）・度量衡（甲州桝）を明治のはじめまで使用していた。中沢新一の言葉をかりれば「中世がそのまま生きている世界」であった。こ

山梨県市町村区分地図（平成の町村合併前）

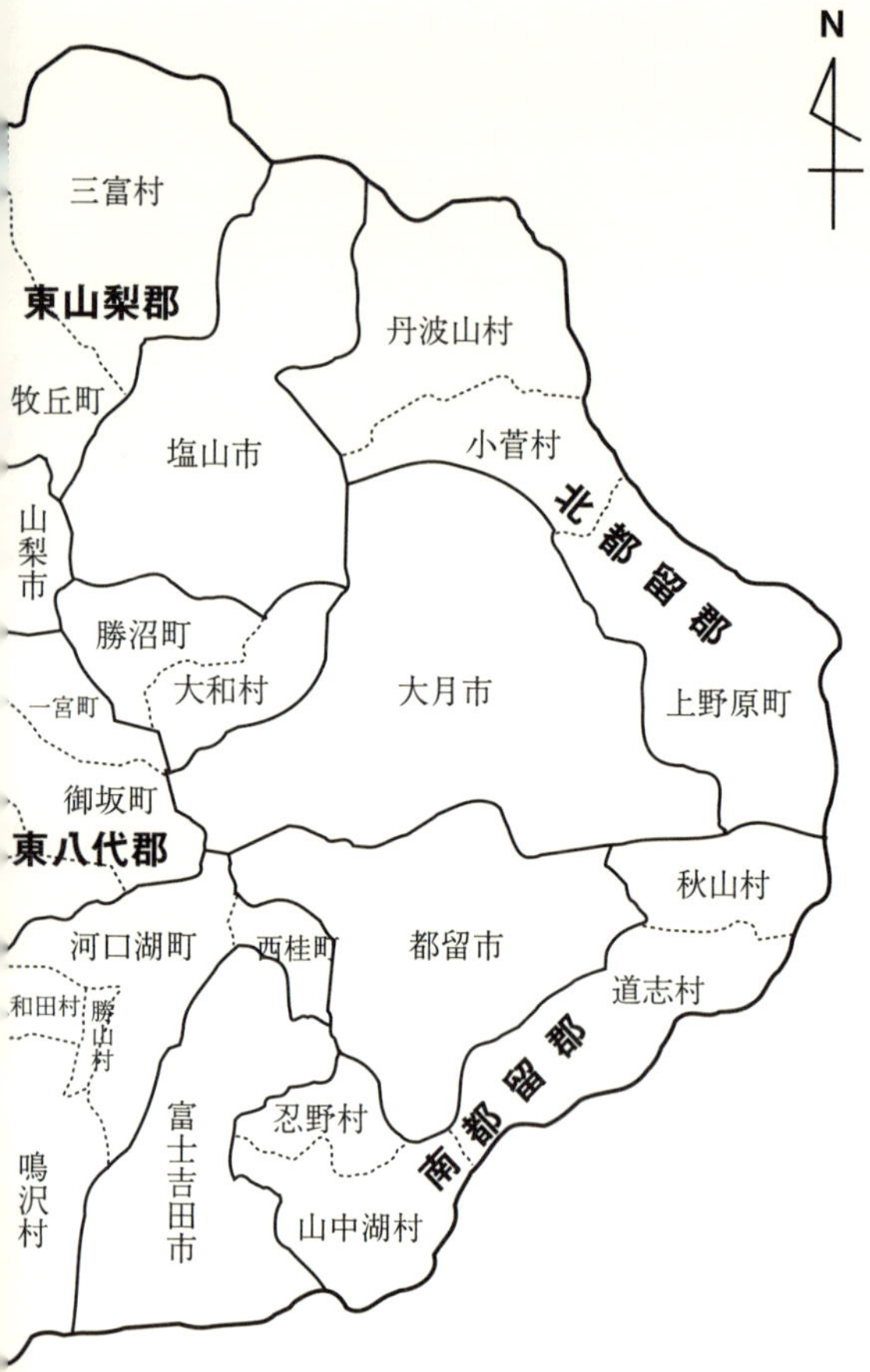

大泉村
小淵沢町
高根町
長坂町
須玉町
白洲町
北巨摩郡
明野村
武川村
敷島町
甲府市
韮崎市
双葉町
芦安村
春日居
白根町
八田村
竜王町
中巨摩郡
石和町
昭和町
櫛形町
若草町
田富町
玉穂町
八代
甲西町
豊富村
中道町
境川村
増穂町
市川大門町
三珠町
鰍沢町
六郷町
西八代郡
早川町
中富町
下部町
上九一色村
南巨摩郡
身延町
南部町
富沢町
郡市境界線
町村境界線
(2002年12月)

のことに関して、柳田国男にも同様の指摘がある。

甲州の特色は、ただそれが他の地方と変っているということではない。むしろその反対に変わらずにいたこと、すなわち中世以前にあったものが、かなり多くそのままに保存せられてあったことである。接近した関係諸国ともこれが異なる点であり、また信州でもただ山深い地方にのみ類似がある。その原因はやや想像に過ぎるかも知れぬが、久しい間の城代支配、奉行代官の行政が長く続いたためと私は思っている。良き大名にありがちだった単独なる改革もなく、土地でも武田家以来の慣例をいい立てにして、できるならば大きな変動を避けようとした。その二つのものが有期官吏の取扱いと調和していたのである」（柳田国男『祭日考』）。

地域区分としては、甲府市を主軸に国中《くになか》（甲府盆地）を東西に分け、東郡《ひがしごおり》・中《なか》郡・西《にし》郡、さらに南部の静岡県境地域側を河内《かわうち》、神奈川県境地区を郡内《ぐんない》などと呼びならわす。それぞれ歴史的にも文化的にも差違があるが、小さい。

参考までに平成の町村合併以前は、別掲、前ページの「山梨県市町村区分地図」に見るように六十四市町村であった。

ところで私が、民俗学に興味を抱くようになったのは柳田国男への関心が出発点で、民俗調査は柳田国男の世界を理解するためにはじめたといってよい。それゆえ民俗調査については、帰納法でなく柳田が嫌った演繹的な手法が身についているかも知れない。しかし、調査地で何を見るかは、調査者の調査地への「入射角」で決まることが多々ある。白紙状態で古老から客観的なデーターを得ることなどできるわけがない。「偏見」や「思い込み」が対象を歪める危険性もなくはないが、調査者である私が何を見るかによってしか対象は描けないはずである。

いずれにしても、私は本書において、私の故郷であるこの山梨県を舞台に行われてきた「選挙」の実態を浮きぼりにし、その社会的実相を描きあげていくことになるが、それにしても、「選挙」ほど、とりわけ甲州において、民俗の深層を反映するものはないと思える。

一般に、選挙は民主主義の原点だと信じられている。自由な個人が、自らの思想・信条に則り、何ものからも制約されることなく、地域の政治や国政に自己を反映させる理想的な手段だと見なされてきた。そのことを前提にすれば、本書で取り上げる、民俗と結びついた「甲州選挙」の現実は、因習に縛られた古い時代のものと見られるかも知れない。

だが、わが国に普通選挙が導入されてから、まだわずかな時間しかたっていない。戦後民主主義を実現するものとして行われてきた男女平等の普通選挙ということでは、六十余年の歴史しか刻んでいない。少なくともこの六十年間を除けば、われわれは厳密には「選挙」によって自らの意志を表明する方法を持たなかった。それまで、われわれは自らが生きる共同体の、ある意味では自然に醸成された秩序を通してしか、自らの意志と存在を表現するすべを持たなかったといえるかも知れない。そこに自らの生き方を合わせる「世間」はあっても、自らが作っていく「社会」はなかったのである。

私たちは、そういう時代を数百年、数千年生きてきたのである。個々人の利益の衝突は、共同体の利害として調整され、共同の利害という基準に照らしてのみ承認されてきた。言い換えれば共同体の幸福を通してのみ、何らかの幸を手に入れることができるという長い歴史を生きてきたのである。それは、自由なる選挙が導入されている現在でも原理的・本質的には変わらない。

民主主義も、また自由なる意思表示としての選挙も、個人の利益と共同の利益、共同の幸福を実現するためのものでなければならない。自由なる個人と共同の利害損得とは、ある面では対立し、矛盾するが、ある面では相補い合ってこそ、それぞれの目的を達成しうる。個人の幸福は共同体から孤立して実現されるのではなく、共同体の幸福の実現を通してかくとくされる。それが政治である。そう考えるとき、私たちは、この甲州選挙に見られる、共同体の民俗に深く根を下ろした選挙のありかたを、古い遺制として一蹴することができるであろうか。

「終章」で触れるように、小選挙区制・二大政党論は、故金丸信を「最後の日本的政治家」として、地域共同性に縛られ、民俗に規定された選挙の行動様式（甲州選挙）として彼岸に追いやろうとしている。だが、依然としてその「亜種」は影を潜めることがない。自由なる個人の選択が、どこまでいっても共同の利害の原理によって保障されるものである限り、選挙も政治も構造的には「ムラの民俗」の呪縛から逃れることができないのである。

言い換えれば、ここに記した甲州選挙の構造は、この列島のいずこにおいても、表面上の差違は別として、類型を同じくするものではないか。その意味では、この民俗に規定された甲州選挙を、なにびとも嘲笑することはできないはずである。共同的束縛から解放されているかに見えても、「義理」の原理に見るような、人と人をつなぐ民俗に依拠した見えない甲州選挙の構造から私たちが完全に自由になることはありうるだろうか。

そうした政治意思実現の手段としての民俗を、選挙行動のエネルギーのなかから剔出しようとしたのが本書である。私の意図は、政治学として選挙行動を民衆の側から観察するところにはない。あくまで政治行動という選挙のなかに噴出する民俗の一形態を観察し、記述するもので、ましてや政治倫理の追求は私の本意からはずれている。私が願うのは、民俗の未決の課題を提示することにつきるであろう。


ところで、常民の学問を希求してきた柳田国男の学問は、今日、「落日の民俗学」（山折哲雄）などといわれ、衰退が懸念されている。その遠因は、一九五〇年代に民俗学をアカデミズムの世界で継承するために、歴史学ないし文化人類学の理論を借用し、大学の講座のなかに組み入れたことにあると私は思っている。「野の学」が、アカデミズムの体系にすりより、自己認識に基づいた世相の理解・解説・批判としての分野をなおざりにしたためであろう。

研究と研究主体が結びつき、時代状況を批判しつつ形成されたのが柳田国男の学問である。

柳田民俗学は、危機の学問として出発したのである。

たしかに、いま、戦前・戦後に比したら「民俗」とみなされるものの露出度は低下している。それをもって「民俗」が失われていると認識するかどうかは研究者の問題であろう。換言すれば、それは民俗学の方法論の問題に帰結する。ムラに入り、構造をスタティックに研究するのも悪くはないが、そこには民俗事象の発生する心理や精神作用が捨象されている傾向はないだろうか。調査地で、その民俗が、常民の精神のなかでどのように生きているか、ダイナミックに、機能的に調査することが不可欠であろう。そのような方法なしに世相解釈・批判の民俗学は成立しまい。

民俗学の危機は、民俗学の方法論の脆弱ゆえであって、民俗資料の消散が即、民俗学の凋落を意味するのではない。見たいものはかすかであっても見ることが可能である。民俗はそんな薄っぺらなものではない。自己の内部の襞に測鉛を下ろすだけでわかるはずだ。民俗学は、調査対象（話者・古老）に民俗を発見する、と同時に自己の内部の民俗を掬い上げることでもある。そのことを忘れて、他者と自己の共感の織りなす学問である民俗学はない。柳田国男が切り開いたこの学問にはもっと豊饒なものが内包されているはずである、と私は信じている。

# 選挙の民俗誌

## ——日本的政治風土の基層

# 第一章　ムラ祭りとしての選挙

## 一　神迎え

### 1　御輿に乗る人、担ぐ人

甲州のムラ選挙は、四年に一度の、待ちに待ったムラ祭りの様相を呈する。豊作か凶作か、当選か落選かは「祭り」次第である。自然ではなく人為によって吉凶は決まる。すなわち当落は気まぐれな相手（選挙民）次第なのである。その意味では、社殿に閉じこめられた神よりも不安定な要素を多分に含んでいる。社殿の神は、一定の手続きと作法に基づき神事を行えば荒ぶれることもないが、選挙民を掌握する手だては政治学をもってしても、いまもってわかっていない。「神」が降臨し、どのような判断を下すかは混沌としているとしかいいようがないのである。

そのムラ祭りは、御輿への入魂からはじまる。御輿に乗る候補者選びというわけである。

選挙では、候補者を*「御輿に乗る人」、支援者を「御輿を担ぐ人」という。御輿に乗る人物の選定は、自薦もあるが、多くは顔役（重立・選挙ボス）によって行われ、ムラへの貢献や気配りなどが推薦基準となる。この時に重視されるのが「家格」である。

* 候補者に対しては「先生」が表向きに用いられる呼称であるが、オヤジなどと親しみを込めて呼ばれたり、「御輿」「御幣担ぎ」、さらには隠語でタマとかコレ（親指で示す）などと称されている。その候補者の人柄により「湯沸かし候補者」「うぬぼれ候補」「油断候補」「一夜漬け候補」「香奠候補」などと類型化されることもある（林閣『選挙の実際』）。

**家格**

家格とは、家の歴史総体への現在的評価である。家格は通常、そのムラを切り開いた「草分け」が上位にあり、またその家が同族のオオヤとなっている。そのオオヤを中心に、分家、孫分家といったピラミッド型の権力構造をつくっている同族団が多い。それゆえオオヤ筋が、まず家格の高い家ということになる。

そのほかムラへどれほど貢献したか、シンショウ（財産）持ちか、人格者がどれほど出たか、などの過去の集積が影響する。外からの調査では家格はなかなかわかりにくい。だが、明治初期につくられたムラの共同墓地などに出かけてみれば、墓地の配置や広さから視覚的にある程度の推測はつく。顕著な事例としては、喜多野清一が一九三〇年代後半に親分子分慣行の調査を行った北都留郡のある集落では、いまだに視覚的に家格がわかる装置が存在する。寺の本堂に安置されている位牌の場所と大きさが、そのバロメーターになっているのである。その家格を高めるのが、ムラの重職経験である。区長、氏子総代、寺総代がムラの三役といわれ、ムラの代表的重職である。かつては家柄で固定されていたものであるが、今日、なり手がなくなり、「民主主義」の名の下に輪番制に変化したムラが少なくない。

ムラの選挙（市町村議員）は、まずムラの三役（区長・氏子総代・寺総代）経験者、とりわけ区長体験者が第一候補者ということになる。難航することも少なくない。その時、浮上するのが「ムラの体面」である。自分のムラから御輿（候補者）を出さないとなると、外部（よそ者）の候補者に「シマ荒らし」をされ、ムラは「草刈り場」「秣場《まぐさば》」と化し、統一や団結が稀薄になる。長老や顔役には面目もあり、ムラを蹂躙され、荒らされるまま、指をくわえているわけにはいかない。そんなことをしたら「お前のムラでは選挙も打てないのか」と外部から嘲笑を浴びることになる。面子にかけてもタマ（候補者）の擁立が不可欠で、躍起になる。

顔役の意向で御輿に乗るタマ（玉・魂）が、決まれば入魂式となる。ムラ推薦を願う候補者は、まずムラの顔役の口利きで区長（ムラの長）のところに挨拶に行き、推薦をお願いする。区長は、それにもとづいて組長会議を召集し、意見を集約する。そして「ムラ寄合」に下ろし、正式にムラ推薦が決まるわけである。

ムラ寄合とは、ブラク総会・郷日待などと呼び、ムラ三役をはじめとするムラの役員を選ぶ集会である。多くは年の初めか、年度末に開かれる。甲州では、小正月の道祖神祭り（ドンドン焼き）の翌日の「十五日正月」や翌々日のオンナシ（主婦）の寺へのお年始があるヤブ入りの日に多くは行われる。

**ムラ寄合**

ムラ寄合に出席するのは、多くの場合は当主であった。近年は夫婦というところが少なくないが、それでもイエを代表し、公に発言するのは当主ということになる。いまでもムラ寄合は原則として、全員一致の採決方法を取っているところが多い。一人二人の頑固者の反対があっても、ムラの顔役（多くは本家やオヤブンなどの縁者）が説得にあたり、「仕方ねえ」と頭を縦に振らせる。それは強要ではなく、人の力が動力の基礎単位（ユニット）であったムラ共同体のなかで生活していくうえではいたしかたない習いであった。少数意見であろうと、簡単に切り捨て、無視してしまえないような運命共同体になっていたのである。

そのためには反対者への根回しが必要になる。根回しとは、植木を移植するおり、あらかじめ根まわりを切っておき、新しい根を生やさせて移植を容易にする方法である。ムラでは「うるさい」人物の口封じのために用いられる手段となっている。ムラの顔役等が相談のうえ、ムラ推薦の総会に先立ち、うるさい人物のところに前もって形式的に相談に出かけておく。こうしておくと総会での人事は短時間で終わる。

この根回しを怠ると、総会のおり「すねられたり」、「ごねられたり」する。「ごねる」とは、無理難題を言って困らせることであるが、その根底には甘えの構造が横たわっている。

そんなおりになだめたり、すかしたりするのが、ムラの顔役である。だいたいにおいて、候補者に不満を持っている人物は、「ごねる」前に「すねる」ものである。不満を身体で表現し、室の片隅で斜に構える。ムラの顔役は、それを見て、彼に発言を求める。この時、彼が何をどう喋るかはあまり問題ではない。内容ではなく、ただ喋らせればいいわけである。要するにガス抜きである。頃合いを見て顔役が「オレの顔に免じて許してくれ」などと許しを乞う。この「調整」で一件落着。推薦が決まり、全会一致の承認を与えるのである。

**選挙ヒマチ**

ムラ寄合（＝ブラク総会）で正式に候補者が認証されると、ムラの選挙は告示を待たずに、早ければ数ヶ月まえから選挙運動がはじまる。選挙ヒマチ（「人寄せ」をもじり「選挙口寄せ」ともいう）の開始である。候補者の家で、人寄せがはじまるわけである。個々人を招待するのではない。ムラの組単位ごとに呼ぶのである。組の寄合（総会）と同じようにオトコシ（男衆）が、まず招待され、日をおいてオンナシ（女衆）ということになる。ムラ寄合と違う点は、酒と御馳走がふんだんに出ることである。

これはかつてのムラ祭りの名残と見ることもできる。以前のムラ祭りは氏神ごとに、祭日も異なっていた。秋祭りといっても、十日周期でムラごとに展開されており、ムラ人は互いに招待し合い、御馳走を振る舞う人寄せが各家庭で行われていたのである。

それが現在では村域単位で統一されることが多く、秋祭りが十月一日、十月十日、十月十五日など、あるいはその前後の日曜日などと定まってしまった。そうなると各家庭の親戚・知人を互いに呼び合う風習も途絶え、親しいもの同士の共同飲食（直会《なおらい》）もなくなり、神社境内だけに限定された神事と化してしまった。

その意味では、選挙ヒマチは、本来のヒマチ（日待）に近いといえよう。ヒマチは、人々が集まり、潔斎して一夜を眠らず、日の出を待って拝む行事だといわれている。山梨県下にも、その残存らしき形態は確認できるが、多くのムラでは夕刻、当番の家に集まり、飲食を共にしながら歓談する酒宴遊興的なものになっている。そのためか、ムラ寄合や同族団の会合等のあとに飲食を共にすることをヒマチと称することが多く、お籠もりや直会と同義になっている。選挙の人寄せも、信仰心はともかく、組の人びとが共同飲食する点ではヒマチに変わりないわけである。

その選挙ヒマチは、新人候補者の場合には投票日の半年ほど前から週ごとに行われるのが一般的である。有権者を招き、候補者が立候補の弁を述べ、行政上の不満を聞き、選挙公約を約束するものであるが、それは建前であって、多くは御馳走と酒でもてなすわけである。

## イジメ

だが、選挙ヒマチは、喜ばしいことのみではない。支持者にも候補者にも桎梏になる。支持者は、ヒマチに出席しなければ、陣営からは投票をしてくれない者と見なされ、裏切り者の烙印を押されかねない。そこで「義理」で出席し、「忠誠」を証明する。しかし酒に酔うと口が軽くなる。酔ったついでに、常日頃の行政上の不満のみならず、候補者自身への批判、挙げ句の果てにはその家族の言動へも非難中傷をエスカレートさせることも少なくない。たとえば、息子の挨拶の仕方が悪いなどと、細々した日常の挙動にまで言及する。これは、支持者の候補者に対するやっかみであり、イジメである。それでも候補者とその家族は、ムラ人の無理難題を票のために呑み込み、黙って頭を下げ我慢する。まさに針の筵に座り続けるのである。

この有様は、ムラの掟を逸脱した家や無謀な蓄財をした家に、祭りのおり神の名の下に御輿を担ぎ込んだり、寄付を強請する嫌がらせと類似している。民俗学の先駆者の一人である山中共古（一八五〇～一九二八）は、明治十九年から六年間、キリスト教布教のため牧師として甲府に滞在し、その間に「見聞シタル」生活事象をまとめた『甲斐の落葉』のなかで、そのことを村々の道祖神祭りでの若者等の「悪弊*」として取り上げている。

＊　悪マレタル家ナドニテハ中々急ニハ承知セズ若者ラハ何ニカ落度ヲ見附出シ祝儀ヲ余分ニトラント欲シ何ニモ落度ヲ見出サヌ時ハ殊更ニ吸物椀ノナカヘ畳ノゴミヲ入レオキ「馬デハナイカイバノ如キモノハ食ハレヌサア引トレ」トイフト一同総立トナリ立チ出ントス中老トイフ世話人ヲ頼ミ祝儀ヲ増加シ機嫌ナヲシヲナシテ帰ラスカクセザレバ若者総体ヨリ如何ナル仇カヘシヲサレルカ知レヌユエ機嫌ヲ取リテ帰スコト、ス。

こうした嫌がらせのほかに、土下座を強制したり、家の中に紅ガラを撒き散らかしたりとさまざまな「悪弊」も記されている。しかし、この悪弊も「泥つぶて」や「泥御輿」の習俗と重ね合わせると、イジメとばかり言い切れない。泥つぶては、山梨市岩手で田植のおり新婚夫婦に泥をかけ、祝福するとともに稲の豊穣を願った習俗であった。また、塩山市藤木の八坂神社祭礼では、田植の終わったばかりの水田に御輿が練り込むことがあった。御輿で田を踏み荒らせば、豊作が約束されたという。

候補者への仕打ちはまた、雨乞儀礼にも通じるところがある。雨乞では、仏像を持ち出して縛ったり、水に沈めたり、焼いたりする習俗があった。御坂町蕎麦塚のオタンドーサンは、「雨乞地蔵」といわれ、旱魃のおりには体を縄で巻かれ溜池に投げ入れられた。甲府市横根町の光福寺の役行者木像は泥沼の中に投げ込まれると、その苦痛に耐えかね雨を降らせるという。御坂町黒駒の若宮嵐山にある雨乞観音は、日照りが続くたびに火にあぶられ、降雨を強制された。そのため「火あぶり観音」と呼ばれてきた。

候補者も議員になるためには、選挙という荒縄で縛られ、世論の批判を浴び、カネを強要され、脅迫され、時には恫喝され、はじめて「お羽織*」をきることができるのである。

＊　一八七七年（明治十）五月七日から二週間にわたって甲府市太田町の一蓮寺本堂で開かれた第一回県会では、出席者全員が紋付羽織袴で威儀を正し、議事に熱中したという。その風習が県下の市町村議会にも波及し、議員が羽織を着て議会や公的行事に参列したことから、議員を「お羽織さ

ん」と呼ぶようになった。

## 顔見せ

選挙が近づくと甲州のムラムラでは、祭り同様の雰囲気が醸し出されてくる。選挙が近いのを告げるのは、候補者とムラの重立衆がぞろぞろとムラの各戸をまわり、支援を呼びかける光景である。これは「ムラ歩き」とか「顔見せ」とか称した、祭り前の寄付集めや祝言後の新婦の挨拶回りに似ている。違いは、「ムラ歩き」は男衆でなく、婚家のオヤブン夫人（ツレオヤ）や姑が連れ回した。各戸へは、熨斗《のし》を掛けた手拭い一把が挨拶の品であった。

選挙でも、かつては名入りのタオルなどが配られた。現在は空っ手であるが、その代わり「個票」（戸票ともいう）を持参してくる。そこに各戸全員の氏名記入を「強要」するのである。後援会名簿への記載ということになる。すでにムラでは、ムラ推薦の形で候補者を決定してある。その候補者への投票確認書が、「個票」への氏名記載なのである。選挙当日、誰に投票するかは別としても、ともあれ「個票」に家族の氏名を一人ひとり書かねばならぬわけである。それがムラで生活する人のツトメであり、ツキアイというものである。

## ツトメ

ムラで生きる人間にとって、ムラヅキアイやムラヅトメは欠かすことのできないものである。冠婚葬祭にはじまってムラの共同作業である道普請や堰普請、祭りなどの当番に至るまで、細々とした慣習が存在した。たとえば、葬式にはクミの場合には三日間、ウチソト（夫婦）で手伝いにいく慣例があった。今日、葬儀の業者が入り、土葬もなくなって、穴っぽりなどの重労働やヒキャク（飛脚）などの賦役がなくなったにもかかわらず、昔ながらのツトメやツキアイの慣習は続いているのである。このツトメやツキアイには、他家から突出せず、脱落せずという「ムラナミ」（世間並）の原則が貫かれている。香典はいまでもムラナミ香典・クミナミ香典といい、それぞれの金額が決められており、それを上回っても、下回ってもいけないのである。

ちなみに筆者が調査した塩山市上小田原上条集落の事例（一九九一年）では、祝儀・不祝儀は次の表のようになっている。

| | | 結婚式 | 葬儀 | 備考 |
|---|---|---|---|---|
| ムラナミ | | 一万円（一人） | 三千円 | 他集落では香典は五千円の場合もある |
| クミナミ | | | | |
| ツキアイバ | | 二万円（一人） | 五千円 | 他集落にはこのような組織はない |
| イチドナリ | | | | 他集落では香典は一万円の場合もある |
| シンセキ | ハトコ | | 一万円 | 葬儀には生花を供えることが多い |
| | イトコ | 二万円（二人） | | |
| | オイ・メイ | 十万円（二人） | 一万円～ | |
| | オジ・オバ | ― | | |
| | キョウダイ | 十万円～（二人） | 五万円～ | |

（『神金の民俗』より）

このツキアイやツトメは、選挙にも適用され、ムラナミという慣習を破ることは難しい。戦後すぐに南都留郡忍野村を調査した古島敏雄は「村会議員の選挙なども一隣家のひとが立候補すれば、かならずこれに投票しなければならないとされており、この関係を、むらびとは『イッケや縁類は逃げることができるが、一隣家は逃げることができない』といっていた」（古島敏雄編『山村の構造』）と報告しているが、今日とて実情は大きく変わっていない。

ちなみに、一隣家とは「向こう三軒両隣」の家々で、隣保組の下に位置している近隣の家である。選挙での地縁は、ムラ組（十戸前後の家の集まり）や四、五十戸のムラ全体に拡大しても、さほどこのツキアイの原則は崩れていない。選挙もムラヅキアイやムラヅトメなのであり、政治上の主義・主張やイデオロギーなどを超越したものなのである。

このツキアイを突いて顔役が、各戸を廻る。「お宅は何票くれるかねえ」とただす。「ムラ外の〇〇さんには義理があり一票、オヤコ（親戚）にあたる□□には二票、残りは三票だが必ずムラ候補の△△さんに回します」などと答える。それにもとづいて、顔役はムラ内の票の内訳を候補者に届ける。各家では、家族の票を分配することになる。おじいやん、おばあやんはだれ、息子と嫁はだれにと耳打ちしておく。これで票は間違いなく配分されたのである。

## 2 神座と縁起物

いよいよ「選挙祭り」も本番になる。福神が来臨するかどうかは、混沌としている。そこで降臨を願い、臨時の祭場を設ける。注連縄を張り、依代《よりしろ》を立て、神々を丁重に迎えることになる。まず選挙事務所開きとともに、事務所内に真新しい神棚がしつらえられ、神座に魂が入れられる。

### 神棚

真新しい神棚には、重々しさがなく、御利益も乏しいように思われる。だが、神迎えのおりには、臨時に社を作ることも少なくない。かつては新しい年に迎える歳神には、新しい神棚を用意するのが一般的だったようである。今日では常設の神棚を使う家がほとんどであるが、別に歳神棚をしつらえる家がわずかだが県内にも残っている。

選挙事務所ににわかに作られる神棚は、その意味では神迎えに適しているかも知れない。ただし、「歳神様は難しい神様」（塩山市）なのでご機嫌を損ねない配慮が必要である。祟りも兼ね備えている神様が歳神様なのである。とりわけ山梨県の知事選は正月に行われることが多いので、慎重のうえにも慎重になるようだ。

そこで神迎えは丁重になる。神棚には、神座が用意され、脇には榊などの常緑の葉も飾られる。神棚の周りには、注連飾りが張られ、オシンメイ（御幣）が吊される。神座には、武田神社や金桜神社、甲斐奈神社、浅間神社などの神社札が納められる。水・塩・米・生ものなどの神饌も供えられる。ここに候補者や家族、支援者が朝な夕なにご飯やお茶を供える。とりわけ候補者の親族は、神札やお守り、さらには昇る朝陽に合掌するなど信心深くなる（中尾栄一夫人絵都子談、山梨日日新聞　一九七九年十月一日）。先祖への墓参も欠かさない（金丸信夫人悦子談、山梨日日新聞　一九七九年十月二日）。

**大鏡餅**

ところで、巨大化したオソナエを事務所にドンと置いたのが、金丸信事務

井上候補者の事務所内の神棚の光景。甲府市、2003年1月

所であった。一九五八年の衆院選初陣のおり、事務所に大ダルマ、大提灯、大鹿とともに金丸の体重（二十三貫目）と同じほどの二十貫目（七十五キロ）のオソナエ（鏡餅）を供えたのである（山梨日日新聞 一九五八年五月二日）。ここでの餅は、縁起物、力の源として重宝されたわけである。また、同様の餅が、のちに金丸の「金庫番」といわれたIら支持者によって甲府市内の商店街をねり歩き、「法定外文書掲示違反」で甲府署から取調べを受けた事件も発生している。* その甲斐あってか、金丸は新人ながらトップ当選を果たした。

餅は金丸と縁が深い。後述する幼年期の酒造りの「ひねり餅」からはじまり、永田町での越年資金として陣笠議員に配る「餅代」に至るまで、折々に重要な役割を果たした。

＊ おそなえ餅で選挙運動 「バカでかいおそなえ餅を自動車につんで候補者の必勝を祈り歩いていた五人が選挙違反の疑いで捕まった。甲府署選挙取締対策本部は六日甲府市（略）会社員（略）ら五人を法定外文書掲示違反の疑いで取調べるとともに、証拠としてノボリやはり紙などを押収した。Iらは六日午前十一時二十分ごろ富竹町から小型トラックに高さ一メートルもある三方に、大きな紅白のおそなえモチをのせ、「必勝〇〇／富竹町広報会」とかいたはり紙やノボリをたて、市内泉町通りをねり歩いていたもので、Iは某選挙事務所へ陣中見舞として届ける途中だったといっている」（山梨日日新聞 一九五八年五月七日）。

そして餅は、後述する「上納金システム」を金丸信とともに作り上げたといわれる望月幸明の知事選・初陣のときにも登場する。一九七八年十二月のことである。望月は暮れまで、精力的に各地の集会に出席したが、三十日には選挙事務所前の道路に臼と杵を据えて「必勝餅搗き大会」を行っている。「もちづき」の姓に合わせた餅搗き大会で、かわるがわる必勝の鉢巻きを締めて杵を振り上げた。三臼搗きあげた餅は、オソナエをつくり、神棚に供え、あとはアンコロ餅にしてほおばったという（土屋要『山梨県知事交代』）。望月は、県立文学館を造るなど文学や民俗学にも造詣が深いインテリであり、さすがに二十九日や三十一日を避けたところはにくい演出であった。苦に通ずるクンチモチや、短命を避けるイチヤモチの由来を理解し、三十日に行ったわけである。

そして翌日が、大晦日ということになる。この日はオモッセといい、家族全員が夕食に白飯を食べる習慣があった。「セッキの飯」ともいい、この飯を食べないと「家の役にたたない」などといわれ、奉公に出かけていた先からも必ず実家に帰った。ということで、選挙運動もひと休みになった。

### ダルマ

ダルマ*は、禅宗の始祖・達磨大師の座禅姿を模した手足がない赤塗りの張り子製の玩具である。「起きあがる」「七転び八起き」の縁起や、邪悪なものを排除する魔よけの赤色の意味と結びつき、庶民の生活慣習のなかに浸透していった。とりわけ養蚕が盛んであった甲州では、蚕の上がり（上簇）に因んで「張り子の起き上がり達磨」が好まれた。そのためダルマの全盛期は、養蚕の盛んであった明治から昭和前期頃であった。甲府産のダルマには、赤ダルマ、子持ダルマ、甲陽金ダルマ、白ダルマの四種類があり（『綜合郷土研究』）、その特徴は、黒目を下向きに入れ、下にらみに作られていた点である。そこで「下にらみダルマ」と呼ばれてきた。

＊　甲州ではダルマというと、向嶽寺（塩山市）の「絹本著色達磨図」を思い浮かべる人が少なくない。眼光鋭い禅師が赤衣に身を包み、正面を向き、八方をにらみながらも、ゆったりと岩の上に座している絵で、山梨県では数少ない国宝（一九五三年指定）の一つである。

これらのダルマは招福・厄除けの縁起物として、甲州を代表する祭りである東八代郡一宮町中尾の道祖神祭り（一月十四日）や中巨摩郡若草町の十日市祭り、甲府市湯村の厄除け地蔵尊祭りなどの縁日で売られてきた。商家では商売繁盛・招福開運の縁起物として歳末から正月、初午にかけて購入した。中尾の道祖神祭りは養蚕の衰退とともに往時の賑わいが廃れたが、十日市や厄除け地蔵尊はいまでも数万の人出で賑わう。

若草の十日市は、春を告げる祭りといわれる。二月十日と十一日に開かれるためである。かつては正月（旧暦）と盆（旧暦七月）の年二回に開かれていた。地域に鎮座している宝珠山安養寺の本尊・地蔵菩薩の祭りである。寺院への一キロほどの参道に露店が並ぶ。祭りの起源は、周辺の人びとの物々交換にあったといわれる。御勅使川《みだいがわ》扇状地の「原方」、釜無川・笛吹川に挟まれた「田方」、それに櫛形山山麓の「根方」の村々の生産物が持ち込まれる。各々の特産物が運ばれてきたが、特に根方からの木製品は著名であった。臼や杵、それにホウトウ（ウドン）を作るゴンパチやノシ板、ノシ棒などが好評であった。ここでは売価が表示されていない。買い手は「値切って買うのが十日市」といい、交渉次第で値下がりする。カケヒキでバイが成立したわけである。

これは「掛け値」売りにも通じ、明治末期に甲州入りした新聞記者も「甲府のは懸け値売りをするのだから、値切りさへすれば或る程度まではまける。（略）他国の者が見ては一寸変である。（略）甲府で物品を買ふに、まけろと云はない者は馬鹿」と記している（松崎天民『甲州見聞記』）。そこで一見値引きと錯覚してしまうのである。そこが目の付けどころ、甲州商人（行商人）の得意とするもので、戦前から戦後にかけて、行商の盛況をもたらした要因である。予め高値を付けておき、値引きをする、これが購買者の心理をくすぐり、好結果を生むのである。甲州は行商の本場であった。とりわけ西郡《にしごおり》と郡内《ぐんない》が多く、最盛期（一九五〇～五一年頃）には、行商人議員が多く、村議会を東京麻布で開かざるを得なかった村もあった（『勝山村誌』）。特に「月夜でも耕地が枯れる」といわれた旱魃地帯の原七郷は、行商のムラであり、金丸信の在所である白根町今諏訪は、隣接地にあたる。

さて、本題に戻ると、甲州ダルマの売られていた湯村塩沢寺の厄除地蔵尊は、弘法大師が諸国巡行（錫）のおり、衆生の災厄を除くために安置したとされる。この地蔵は、毎年二月十三日の正午から翌十四日の正午まで耳が開くといわれる。この時に願い事を聞いてもらお

う と甲州一円から多くの参拝者が訪れるのである。特に厄年にあたる男女が前厄、後厄と計三年間参詣し、かつては年齢の数だけ団子を持参したという。今日でも五百メートルほどの参道には露店が並び、ダルマをはじめとする縁起物や名物のサンショウ餅（山椒入り切り餅）やカヤ飴などが売られている。小作争議の高揚期（一九三〇～三一年）には、この人出を好機として「社会民衆新聞」の辻売りが行われ、無産政党の臼井治郎候補の選挙運動資金に充てられたという歴史もある（大森かほる『母の肖像』）。

**選挙ダルマ**

ところで、ダルマが選挙事務所に登場するようになったのは、全国的には昭和初期で、当選してダルマに点睛する光景が一般化したのは一九六〇年前後からだという（田中宣一『供養のこころと願掛けのかたち』）。公示日の出陣式（ないし事務所開き）に候補者が左目に墨を入れて当選祈願を行い、開票時に当確が出ると事務所内に飾ってあるダルマの右目に墨を塗る儀式である。

この作法は関東流といわれるが、山梨県内では参院選の吉江勝保事務所で行われている（朝日新聞　一九六八年六月十四日）。それ以前にも、当選者がダルマに目を入れる儀式は、一九五五年二月の知事選でも再選をめざした天野久の事務所で行われた。だが、作法は一定せず、投票日前日に急遽左目に墨が入れられ、当選とともに両目が開眼した。金丸信事務所では、初陣に続き一九六〇年十一月の再選をめざした衆院選（第二十九回）にも登場した（山

梨日日新聞 一九六〇年十一月二十一日）。一九七五年の県議選（甲府市選挙区）では、大ダルマが車の屋根に備え付けられ、候補者が「七転び八起きで勝利の栄冠を」と訴えたことが話題になった（朝日新聞 一九七五年四月二日）。

一九九九年四月の小渕恵三首相の訪米のおりにもダルマは、土産として大量に用いられた（小枝義人『永田町床屋政談』）。上州高崎はダルマの産地で、山梨県内の選挙ダルマの多くも現在は高崎に注文することが多い。今日、ダルマは選挙グッズとして不可欠なものになっており、「当選報告会*」などでは、「ダルマ目入れ」が不可欠のパフォーマンスになっている。だが、二〇〇三年一月

当選祝いにダルマに目を入れる儀式。甲府市、2003 年 2 月 3 日

二十四日に視覚障害者が「選挙の当選祝いにダルマに目を入れるのはやめていただきたい」と国会で各党を回って要請している（朝日新聞全国版 二〇〇三年一月二十五日）。

＊ 二〇〇三年二月三日に行われた第十五回山梨県知事選に初当選した山本栄彦の「戦勝報告会」の式次第は次のようなものであった。

一、選対本部長挨拶
一、花束贈呈
一、ダルマ目入れ
一、候補者戦勝報告（山本栄彦）
一、祝辞（天野建知事／国会議員／県会議員／連合会長／後援会会長など）
一、祝電披露
一、万歳三唱
一、閉会のことば

このダルマと選挙世相を扱った好論に田中宣一「選挙とダルマ」がある。片目ダルマに「しばり地蔵」同様の「強制祈願」を見抜いたものである。当選させなければ「片目の不自由のままで置くぞ」と、神仏に恫喝をかける祈願方法が、選挙ダルマだというのである。ここにも選挙の攻撃的、戦闘的一面が浮かび上がってくる。

ところで、近時（二〇〇七年一月二十一日）山梨県知事選で当選した横内正明選挙事務所入口には、等身大の候補者を模したダルマが飾られていた。だが、投票日当日にはビニールシートがかけられ、そのうえからロープで幾重にも縛りあげられていた。真相は公職選挙法に抵触するということでの処置であったが、結果的にはこの片目どころか全身を痛めつけた「強制祈願」が効力を発揮し、横内は前回の雪辱を見事に果たしたのである。

## 他の縁起物

ダルマとともに選挙に欠かせなかったものの一つに提灯があった。金丸選挙の後見人でもあった天野久が、田辺七六の身代わりで急遽立候補した戦後第一回総選挙でも、「天野久」と書かれた提灯が選挙事務所に飾ってあった（『天野久の生涯』）。

提灯は火を灯す道具であるが、花嫁行列のおりに提灯を持参するように、その所在や身分を明示する道具でもあった。さらには秋田市の七夕祭りの竿燈（カントウ）の例などから、火を灯すことで祭場を表示する、一種の依代とも見なされている。その意味で、提灯は、所在を表し、人を呼び込むために吊したものであろう。

金丸事務所には、大熊手も登場した。一九六七年一月の四選（三十一回衆院選）をめざした総選挙のおりであった。熊手は落葉や穀物を掻き集める竹製の農具であるが、十一月の酉の日の鷲神社の縁起物でもある。福を呼び、人や物をかき寄せる意味がある。そこで票を掻き集めるというゲン（験）を担いだようである。福徳を「ひとかき千票」とばかり二メートルもある代物が、選挙事務所二階の手すりの上に飾られ、通行人の目を奪った（毎日新聞 一九六七年一月九日）。

その他、各選挙事務所には、酒樽や米俵、杓子、破魔弓、千羽鶴、招き猫、福助などの縁起物、武具（カブト）や生け贄の動物なども見られる（毎日新聞 一九六三年一月十日など）。酒・米は兵糧であろう。大シャモジ（杓子＝しゃくし）は、へらともしゃもじとも言われるが、甲州ではしゃもじが一般的である。頭の平たいものと窪みのあるものがあるが、選挙では平たいものを飾る。杓子は山の神の採物（とりもの）の一つで五穀豊穣を願うもの、あるいは食物を盛り分けるという意味があるが、安芸の宮島のそれが著名である。選挙で杓子が飾られるのは、票を掬い上げるというゲンを担いだのである。

破魔矢は年占いの呪具であるが、文字通り悪魔を撃ち破り、幸運を射止める弓矢の意味を買われたのである。山梨県では年頭に行われる弓神事のオビシャ（御歩射）で、的に弓矢を射るが、当たるとその年は五穀豊穣となるといわれている。

招き猫は千客万来と書いた陶器製のもので、票がたくさん集まるように願った。猫の伝説は砂金採取法など鉱山技術に関するものが多く、招き猫は小判と関わり、招福信仰につながるとの説もある。黒川金山をはじめとする金鉱山の多かった甲州には向いているのかもしれない。福助は裃を付けた頭の大きな男児の陶器製人形で、座布団にのせ店頭に置くと繁盛するという言い伝えがある。武具は、選挙の戦闘性を意味し、戦いに勝利するというわけであろう。

## 生け贄

「生け贄」も少なくない。生け贄の動物としては、鹿や猪などがある。金丸信事務所の大鹿は、「中原に鹿を追う」の故事から、帝王の位を競争して得んとの象徴であろうが、当選祈願の生け贄でもあった。生け贄といえば、面白いところでは猪がある。一九六七年の知事選で、初当選をねらった田辺国男陣営の事務所に剝製の鹿とともに生の猪が飾られていたのである。猪は、支持者が富士山麓で射止めたもので、「勝利へまっしぐら」とのゲンを担いだものであった（朝日新聞　一九六七年一月五日）。しかし三本の丸太で吊り下げなければならないほど重かったため、毎日の出し入れが大変で、また終盤戦を迎えて人の出入りも多くなったので、手狭になった事務所では、運動員のためにとシシ鍋にしてしまった。ヤマクジラ（猪の肉）を食べた運動員が、代わりにイノシシになって寒風のなかに飛び出していったという（毎日新聞　一九六七年一月十四日）。その甲斐あってか、田辺は知事の椅子を射止めている。

だが、同時に行われた衆院選で猪が飾られていた初陣の田中徹雄候補者は、次点で落選した。こちらは生でなく剝製、そのうえ頭のみであった（朝日新聞　一九六七年一月九日）。また二〇〇三年一月の知事選では、「象」のぬいぐるみが横内正明選挙事務所には飾ってあったが、これも生け贄の現代版といえそうである。だが、生け贄による神仏祈願は、本来は生かしておいた魚や鳥獣でなければならないはずである。剝製やぬいぐるみでは当選はおぼつかない。

## 御神酒

酒も選挙の必需品である。事務所の神棚には御神酒が供えられ、事務所入り口には菰被り酒樽、事務所内には一升ビンが所狭しと置かれていた。酒はいやがうえにも選挙の祭り気分を盛り立てる。かつては、かっぽう着姿のオンナシが愛想よく「お茶代わりに」と、湯飲み茶碗にヤカン酒を注いでくれた。そして当選が決まれば酒樽割となる。しかし一九八〇年代に入ると、このような光景は一変し、酒樽や一升瓶は、事務所の奥に追いやられていった。

戦後しばらくは、ムラ人には毎日、酒を飲むという慣習がなかった。酒はハレの日の飲み物であった。祭りのおり、神事の後の拝殿での直会で一升ビンの冷酒が湯飲み茶碗に注がれ、煮干しなどのお頭とともに振る舞われた。また葬式では、墓地の穴掘人足（アナッポリ）に一升瓶が届けられたが、ここでも湯飲み茶碗に冷酒であった。その飲み物が、選挙ではタダで振る舞われたのである。違いといえば、選挙では出陣式以外は燗酒であったことぐらいである。ムラ人は、この時とばかりに振舞酒を飲み、泥酔した。選挙村（＝選挙銀座）には酔っ払いが横行し、とぐろを巻き、事務所の責任者などにくってかかる光景があちこちで見られた。

当選酒となれば、大トラ小トラが通行人を脅したり、選挙中の態度が気に入らなかったと陣営内の運動員に悪態をつき、殴りかかったりするトラブルがあとを絶たなかった。

酒は選挙の必需品であった。候補者は酒の調達に躍起になった。戦後の物資不足は深刻で、酒も例外ではなかった。そこで苦肉の策が、密造酒であった。一九五一年四月の統一地方選挙では、東山梨郡諏訪町（現牧丘町）で町長候補者が自宅で選挙用の酒を密造するなどの事件が起きている（山梨日日新聞一九五一年四月二十日）。

酒で当選をフイにした候補者がいる。一九六七年一月の衆院選の自民党公認候補の田中徹雄である。副知事をつとめ、切れ者といわれ、当選圏内に入っていたといわれるが、立会演説（全県下に実況放送）の前に訪れた友人とウイスキーを飲んだため、取り返しのつかない大失態を演じてしまったのである。「聴衆の拍手に迎えられて大げさに手を振りながら登壇した彼の顔はまっ赤だった。やおら喋り出したが、その口調はしどろもどろで、何を言おうとしているのか二十分間の演説は支離滅裂、たまりかねた聴衆が野次るとそれに食ってかかるというさんざんのていたらくだった。立錐の余地もなく会場を埋めつくした三千名の聴衆は唖然とした。酒に酔っていることは誰の目にも明らかだった」（土屋要『山梨県知事交代』）。これがたちまちスキャンダルとして巷に流布し、無所属で立ったやはり初陣の中尾栄一に僅差で敗れ、次点に泣かされる羽目になったのである。

その衆院選と同時選挙の知事選では、五選をねらう現職知事・天野と自民党代議士・田辺国男との「あるじと番頭の対決」が展開されていた。奉公先の酒造会社の番頭と主の息子という、いわば近親者の戦いで、その壮絶な選挙は「血で血を洗う戦い」と称された。当時の新聞は、「山梨県知事選この悪質ぶり」*と題して報じている。

＊　怪文書の横行、立会演説会での妨害合戦、脅迫電話や悪質なデマに明け暮れた山梨県知事選挙は、

二十九日県民の審判がくだる。自民党県連の分裂や衆院選とかち合ったため、買収の相場まではね上がったというウワサも流れ〝粛正選挙〟どころか〝黒い謀略選挙〟の感さえあり、追い込みにはいってますます泥仕合の様相を深めている。同県警選挙違反取締本部にも脅迫じみたハガキが舞い込む始末。買収、供応の実質犯のうわさもきかれるだけに、四十七万有権者の審判がどう下されるか注目される。

立会演説会では県内どこの会場でも「引っ込め」「なにをいうか」「バカヤロー黙れ」で終始した。（略）五選をねらう天野現知事と、田辺前自民党代議士の争いは激烈をきわめ、両者とも組織された「ヤジ馬」を各立会演説会場に送り込み、まじめに聞こうとする有権者が締め出されたこともしばしば。ようやく会場にはいっても、ひどい演説妨害で「候補者がなにをいったのかほとんど聞こえなかった」という声が多かった。

終盤になってからはとくにひどく、演説が十数分間中断したり、会場跡にはウイスキーの空ビンが散らばり、ビニール袋につめた目つぶし用の砂袋までみつかるありさま。県選管でも（略）武装警官の出動を要請した。（略）怪文書配布にからんだ両派運動員のつかみ合いを警察でケリをつける一幕もあった。悪質な脅迫電話も多い。（略）こうした泥仕合の中で買収、供応などの実質犯のうわさも聞かれ、一票百五十円程度だったものが五百円、ある地区では二千五百円の〝高値〟を呼んでいるといわれ、中には「A候補より安い」といってつり上げを要求する有権者もあって、まさに粛正選挙どこ吹く風といった様相である。（毎日新聞夕刊山静関東版　一九六七年一月二十八日）

この両者、当時はれっきとした酒造会社のダンナでもあった。天野が「笹一」、田辺が「菊星」の銘柄で、ともに地酒として評判がいい。ならば自社の酒を持ち込めばと思うが、そうはいかなかった。この当時、酒は一升ビンが一般的であった。小分けした四合ビンなどもあったが、ポケットにそっとしのばせ会場入りするのはむずかしかった。カップ酒もまだ一般化していなかったはずである。ウイスキーはポケットビンがあり、アルコール度数も高い。激昂するのには適していたわけである。

## 3　神意伺い

### 神社参拝

選挙初日の出陣式には、多くの支持者が集まる。それが終わると遊説となるわけだが、まず神社へ向かう。戦勝祈願である。多くの支持者に見送られ、事務所前から神社へのオナリ道を通って、候補者は徐々に「御輿に乗る人」になっていく。これも人や人形が御成道を通って徐々に神になっていく祭りの儀式を踏襲したものであろうか。

たとえば、金丸信は一九六七年一月の衆院選では、郷土の英雄・武田信玄を祀った武田神社にまず参拝し、それから遊説に出発している。他候補も同様で、自民党の内田常雄代議士は甲斐奈神社（甲府市）で地元の県議、市議、自治会長ら百人ほどを集め必勝祈願を行い、神官による祝詞の後、玉串を奉納し、選挙戦へ突入していった（毎日新聞一九六七年一月十八日）。

ただし現在では、選管で立候補の受付を済ませる前に、各神社で必勝祈願を行う候補者が多い。二〇〇三年一月の知事選挙では、横内正明候補が地元韮崎市の武田八幡神社で、山本栄彦候補が甲府市の武田神社で、井上幸彦候補が選対事務所の祭壇で、それぞれ必勝祈願を行っている。その後に出陣式、終わると遊説に出かけている。

選挙中も神社への参拝は欠かせない。戦前の無産者候補者・臼井治郎陣営でさえ、婦人同盟員約五十名が、村内の神社に夜参りの当選祈願を行ったという（大森かおる『母の肖像』）。

神社への参拝だけではない。さらに信心深い候補者は、ゲンを担ぐ。そこで万事に凶である仏滅や縁起の悪い数などを忌避する傾向が強い。

一九五一年の統一地方選挙の告示日の四月三日は仏滅、そのうえ雨が降り注いでいた。さらに翌日は、四（シ）が二つ続く四月四日である。

知事選の出陣式に集まった支持者。甲府市、2003年1月16日

そのためゲンを担ぐ候補者は、届け出を二日も延期したのである。とりわけ町村合併で市に昇格し、初の市長選・市議選が行われた富士吉田市では顕著で、市長選は熾烈であったにもかかわらず、双方の候補者が届け出をせず、実質的に公の選挙運動は二日間短くなった。

それも道理、ここは霊峰富士を仰ぐ御師の街であり、禁忌が強いのもうなずける。祭神・木花咲耶姫を祀る北口富士浅間神社の氏子は、宮参りも三十二日前後ではなく、五十日と長いブク（服忌）を守っている。さらに夕顔などの作物禁忌や餅なし正月などの伝承をいまも守る家筋が少なくない（『富士吉田市史・民俗編』）。このようなゲン担ぎの候補者を、ここでは「御幣担ぎ」と称した。

選挙の当落は、神のみぞ知る。そこで候補者はこっそり神のお告げを聞こうとする。神仏の示現を願い、託宣を望むわけである。古いことではない。新しいところでは一九九一年の知事選挙のように、選挙に先立ち神仏の「お告げ」を得てから立候補を決意し、劣勢を挽回し当選した政治家もいる（芹沢正『山梨の戦後五十年史』）。

**バクチ**

こうなると「選挙は水もの」、神のみぞ知る世界に変わる。選挙も半丁の世界となり、甲州人の好むところとなる。いまでも親元に新年の挨拶に出かけ、兄弟姉妹が花札賭博を行う慣習がある。また、祭礼時に寺の庫裏や山宮の拝殿などでサイコロ賭博に熱を上げた体験を語る人は多い。明治初期、山梨県に赴任してきた熊本県出身の県令藤村紫朗は、横行する賭博の弊をつぎのように嘆いている。

而シテ当県下ノ如キハ往年博徒淵叢ノ地タリシヲ以テ今復其弊害ヲ生ズルノ甚キヲ見ルアリ。曾テ維新前ノ景況ヲ聞クニ国内到ル処博奕盛ニ行ハレ、無瀬ノ徒其党与ヲ結ビ首長ヲ立テ、無慮千人白日横行亦官憲ヲ畏憚セズ、聚テハ場ヲ張リ席ヲ設ケ、散ジテハ人ヲ殺シ財ヲ掠メ、其害ノ及ブ所挙テ数フベカラズ。（「賭博取締ノ儀建議」一八七七年『山梨県史資料編14』所収）

このバクチ好きの体質は、「バクチ選挙」にも引き継がれ、有権者は選挙をバクチと見なした。そこで選挙そのものを賭事の対象としたわけである。この現象は、明治末期の新聞にも散見できる。甲府で県会議員の当落を予想した賭が、大金を動かして行われていたというのである（「選挙の副産物の一たるべし」山梨日日新聞　一九一一年十月八日）。

政治家自身、選挙のみならず、本物のバクチに興じることも少なくない。一九七七年には山梨市議が花札賭博で逮捕される事件がおきている。暴力団が開帳した花札を使った「バッタまき賭博」に客として出入りした容疑である。この賭博には、甲府市、山梨市、富士吉田市や石和町から会社員、飲食店経営者ら十五人が集まり、動いた金は総額七千五百万円に上り、暴力団が稼いだテラ銭は二百五十万円であったという。市議は教育民生常任委員をつとめ、また市のＰＴＡ連合会長の要職にあったが、議会では「暴力団」まがいの発言をたびたびし、外では賭博常習犯であったという（朝日新聞 一九七七年十月三日）。

戦前にも南巨摩郡三里村（早川町）の村長が、胴元となって賭場を開帳、夜を徹して半丁賭博を行い、一回五、六十円、一夜に五、六百円の勝負を行ったことがあった（山梨毎日新聞一九四〇年四月二日）。金丸信も無類の麻雀好きで、元麻布の自宅で野中広務などを相手に興じていたという。

そのためかどうか、選挙語彙には博徒用語が多く入り込んでいる。「縄張り荒らし」「シマ荒らし」は、選挙では自陣営を他陣営が侵蝕することである。この言葉は、かつては「秣狩り場」とか「草刈り場」といわれたものであるが、農家から馬や牛がいなくなる一九五〇年代には死語と化し、代わってヤクザ用語が定着した。

そのほか「シャバ」とか「代貸し」、「胴元」など博徒用語を選挙時に使うことも少なくない。そもそも博徒の収入源である賭場の開帳が、神域で行われてきた経緯を考えればあながち不思議ではない。選挙もバクチ同様に当落がわからない神域に属するものなのである。

## 二　神の降臨

### 1　暴れ御輿

#### オテンマ

選挙運動の期間となれば、ムラ人の手伝いは忙しさを増す。ムラの共同作業・相互扶助感覚で運動がはじまる。

オテンマ（伝馬＝共同作業）にデブソク（出不足）は許されない、参加を強制されたギムニンソク（義務人足）である。そのうえウチソト（夫婦）二人が必要となる。ムラ（組）以外からもスケットやユイに来る。スケットは無償の一方的な手伝い、ユイ・マカナイは労働力の貸し借り、ユイの返済がテマッカエシ（手間返し）となる。

こんなムラの民俗を背景に発生したのが、甲府市内の中小河原で一九七五年四月に発生した自治会ぐるみの選挙違反であった。それまでにも明るみにでた地域ぐるみ選挙違反としては、南都留郡秋山村（一九五七年）や西八代郡上九一色村（一九七一年）などの例が著名であったが、ここは甲府市街地に隣接した地域であった。自治会長三期後、地域代表として市議（社会党系）に初出馬し当選した候補者が再選をめざし、自治会の役員に「これでお頼みもうします」と二百万円を差し出した事件である。

市議選がはじまると自宅の選挙事務所には、自治会役員から酒や豚肉などが届けられ、地区の婦人らがスケット、選挙期間の十日間はギムニンソクであった。そこで関係者には「足代」「弁当代」の名目でテマッカエシとして一人三千円、組長には一万円が支払われた。

カネを受け取った住民は二百人にものぼり、「自治会ぐるみ」の買収事件となってマスコミを賑わすことになった。罪意識がなく、「せっかく応援してくれるのだから、お礼するのは当たり前」、「票を買う、という意識よりも、有権者が引き続き支持してくれることに対する、ささやかな感謝の印だった」という市議や、「もらわなければ義理を欠くことになる」という自治会員もあった（山梨日日新聞　一九七五年五月十七日、朝日新聞　一九七五年八月二十日など）。

これはムラの相互扶助・共同作業となる葬儀の感覚である。甲府市内をはじめ山梨県下の多くの地区では、葬儀は自治会や集落、ないしは隣保組で取り仕切るのが習わしである。自治会長や区（組）長が葬儀委員長になり、組員が帳場（受付け）、台所（勝手）、穴掘り、葬具係などの諸役をつとめる。ここでは施主（喪主）をはじめ家族・親族の者が葬式の細々としたことに口出しすることはできない。

喪主は葬式にかかる費用を目算し（今日では規模にもよるが二百万円ほど）、それよりも大目に区長（自治会長・組長）に手渡す。預かった金で区長は葬式全般の諸費用を賄い、落ち度のないよう心掛ける。出費の項目は香典返しの品物代、葬具、食糧費、交通費、戒名料、僧への謝礼などにおよぶ。

この葬儀の感覚で受け取った二百万円である。自分たちの推薦した候補者の選挙なのである。葬式同様に落ち度があってはならない。「人のいい、体面（世間体）を気にする」自治会役員である。酒や御馳走の準備にも怠りはなかったのである。

なお、告別式が終わると、喪家から葬儀を手伝った隣保組の人々に、忌中払いとともに謝意を込めて御馳走を振る舞う。これをゴクロメー（御苦労呼び）という。候補者が、このゴクロメーの意識も手伝ってカネを渡したとしても不思議ではない。

**ムラ入り**

外からムラに入ってきた者が、ムラに定住し、そのムラの構成員になることをムラ入りといった。ムラ入りには、一定の入会手続きがあった。小正月の道祖神祭りのおりや、ムラ祭りのときに、酒や祝儀を差し出し、認知してもらうのである。この手続きを踏めば、一応形式的にはムラ入りが認められるわけだが、これだけで「一人前のムラ人」になれたわけではない。

名実ともに認知されるためには、一定の期間、数々のハードルを越えながらムラに貢献しなければならなかった。セギ普請や道路補修などの共同作業が、手始めであったが、そこではきつい労働が割り当てられた。

なかでもイリットは、ねたみも絡み、イジメの対象になりやすかった。イリットとは養子のことである。また（婿）養子は、甲州の古語ではイセキとも言った。イセキに入ることは、ムラでは名誉のことではなかった。養子に入るとムラ社会では、道祖神祭りのおりに御神木（ボンテン・ヤナギなどと呼ばれている）を立てる穴掘りなどの苦役を押しつけられたりするほか、ムラ寄合などでも常に下座に置かれ貶められた。そこで、ここ甲州でも「米糠三合あったら婿養子に行くな」などといわれてきた。

そんな婿養子が、ムラの実質的構成員として名実ともに一人前として認知されるための近道が、選挙であった。ムラ人の手荒い「暴れ御輿」に乗り、撒銭・散財する選挙こそ、実質的なムラ入りにふさわしいものであった。

このことで思い出されるのが、正月に行われる山梨市日川消防団の幹部昇進のための「水礼式」である。よりよい幹部団員になるために、十五メートルほどの火見櫓に登り、仲間の団員から消防ポンプの放水を受ける儀式である。寒風のなか二十分以上も水をあびせられるため手足のみならず身体全体が寒さで硬直し、感覚がなくなるような体験を味わうようだ。この厳しい放水の洗礼を五～六年ほど受けて、晴れて責任ある幹部に昇格する。

同様な行事は、富士北麓の西湖集落（南都留郡足和田村）で行われていた道祖神まつりの「お小屋焼き」にも見られる。小正月のドンド焼きのおりに、オコヤの上に立てられた十五メートル以上もある二本のオシンボク（御神木）に新成年（「コガシラ（小頭）」という）が駆け上り、下からゴウゴウたるドンド焼きの火にあぶられる行事である。頃合いを見てオシンボクは倒されるが、それにしても生きた心地がしないような手荒い「祝福」である。これがこの村仲間（青年団）入りの行事である。この行事は、二〇〇〇年に大学生の新成人が、オシンボクの上から地面にたたき落とされ、意識不明の重体に陥ったことで物議を醸した。

　ムラ選挙も、ムラ入り、幹部入り、仲間（青年団）入りに等しい。候補者はムラ人のさまざまな批判（イジメ）に耐え、じっと我慢する忍耐力を養ってこそ、ムラ人の役に立つ「政治家」になることができるのである。いうならば通過儀礼なのであり、諦念するほかあるまい。

西湖の「お小屋焼き」。この木の上にコガシラが登っている。足和田村、1999年1月14日

**撒銭**

散財も必要になる。選挙にカネはつきもの、「選挙はバクチ」、「選挙は水もの」、無投票で

ない限り、当選が保証されているわけではない、神仏（ムラ人）の加護（票）を得るためには、カネが必要となる。「一にも二にもカネ」である。カネが乱舞する「黒い祭り」が選挙であり、カネが人びとの「黒い興奮」を鼓舞するわけである。

選挙は、「生きたカネがものをいう」世界であり、「札ビラ」、「現ナマ」、「軍資金」が飛び交う。「物量（大量の金品）作戦」、「札束選挙」、「金権・金脈選挙」で、「選挙景気」となる。「爆弾（買収資金）」は無差別投下の「絨毯《じゅうたん》爆撃」に越したことがない。カネは「選挙では何よりも利く実弾」であり、堅い「ゲンコツ」（買収金）にもなる。「選挙ボス」がふんぞりかえり、「選挙ゴロ」が生き返り、「選挙ブローカー」や「撒き屋」、「顔役細胞」は、選挙資金を「ネコババ」しつつ「カバン」に入れ、幾ばくかを「黒いカネ」として打ち続ける。時にはぐっと「握る」（自分の懐に入れてしまうこと、ぐっとこぶしを握りしめることで表現することもある）こともある。

「取り屋」は「こじき根性」で、いくらでも取りたがる。告示前に手渡す現ナマが、「つなぎ」、「手付け金」である。中盤選で「上乗せ金」、投票日前には相手の追撃をかわすための「追い討ち金」「追いぶち」、そして投票日前日の「仕上げ料」となる。カネは、なぜか「茶封筒」に入り、仏壇や天板（コタツの布団の上に置く板）の下に置いていく。時には、郵便受けへの「投げ込み」もある。サツの目が光ると「雪駄」*になる。投票後に渡すカネである。調子づいていたら警察が「じょうづける」。塩漬けにして精をつけなおす意味である。そこで「まじなう」。おまじないをかけるわけである。悪事を帳消しにしてもらうために、金品を神仏にさし上げることをいう。

　となると、戦前の「金力候補」「金馬簾《きんばれん》将軍＊」ならいざ知らず、カネはいくらあっても足りない。「銀行屋」は当選確実となれば多額の融資を行うが、時には「金融取立＊」の選挙妨害もする。「金欠病」は命取り。「銀行屋」の金融引き締めで「選挙事務所スト＊」さえ起こる。

＊　雪駄　裏に皮を張った竹皮草履のことであるが、踵に尻鉄（シリガネ）がついているところから、選挙用語では投票後に渡す買収資金（カネ）のことをいう。もし、配らないと次回からの支持は望めず、他候補者に鞍替えされることになるわけである。雪駄とリンクして使われる語彙に「おくら坊主」があった。戦前の用語で有権者を「カン詰」にすることである。有権者が買収されないように投票日当日までお蔵に押し込めておき、そこから投票所に出向かせたことをいう。そして投票後に買収資金として「雪駄」を渡したという（竹川義徳ほか「大正七年の米騒動を語る（下）」『甲斐史学』七号）。語源は定かではないが、質屋のお蔵から連想して生まれた言葉であろう。ただ、ヒジロで雑談する暇な人々という意味もある。おくらとは、甲州の古語でヒジロ（イロリ）のことをいい、「おくらぶちをたたく」というとイロリの縁に座って賑やかに雑談することをいう。坊主とは僧侶のことであるが、暇人のことでもある。ヒジロでくつろいでいた人に履物（雪駄）を渡し、投票に行って貰うことの意味か。

＊　金馬簾将軍　第一次世界大戦景気で大成金になった甲州財閥の一人、穴水要七（一八七五〜

一九二九）が、一九一八（大正七）年の補欠衆院選で、知名度で勝っていた同志会の小林彦太郎候補に対し、「金に引け目を見せるな」といって莫大な金を注ぎ込み、劣勢を挽回し当選したおり、付けられた呼称である。また、選挙中、金権候補として湯水のように盛んに金をばら撒き、票の買収を行ったので「穴水さんの額からご光がさす」などともいわれた。その後もカネをふんだんに使ったので穴水は金馬簾将軍と称された。当時は金権でなく「金力」候補といい、カネの力で勝ち抜く「甲州選挙」の祖型の一つをなした。ちなみに、金とはカネ（現金）に通じ、馬簾（ばれん）とは江戸の火消しが用いたマトイ（纏）にノレンのように下げた革製の細い帯のことである。

＊金融取立　バブル期の地上げ屋に貸した金融の取立でなく、選挙運動を強要するために、銀行が支援する候補者の選挙運動を拒否した人物から貸付取立・返還を求めることをいう。一九五一年（昭和二十六年）四月に県下最大の地方銀行山梨中央銀行の吉田支店長及び大月支店長が、選挙応援を依頼したにもかかわらず、その人物から拒否されると、貸付金の返還を求め、また今後は融資しないなどといって圧力をかけた事件である（山梨日日新聞　一九五一年四月二十九日）。

＊選挙事務所スト　選挙事務所スタッフのストである。一九五九年六月の第五回参議院選挙のおり、保守系の広瀬久忠の事務所で、金銭の出費にうるさい候補者一族（山梨中央銀行頭取の名取忠彦は久忠の実弟）に対して運動員が事務所を閉鎖し引き上げた事件である。このおり広瀬は一七〇〇余票の僅差で社会党の安田敏雄候補に敗れた。これを教訓に次の一九六五年の参院選挙

では、広瀬陣営は自民党の「党営選挙」に切り替え、雪辱を果たした。

このように、金はかかるが、選挙に関係することになった者は四十二歳の厄年とでも心得、以後の人生を儲けものだと諦念するほかない。厄年祝として、それまで蓄積してきたシンショウを散財するという考えである。買収や供応のカネは、撒銭とでも考えれば諦めもつく。

撒銭とは、富士講の人々が富士登山の道すがらや御師《おし》宅の入口などで、ムラの子どもの「道者、道者、カネ撒けやーい」とか「ビッケをまけやーい」などという囃したてに応じてビタ（鐚）銭を撒くことをいう（田中宣一『祀りを乞う神々』）。路傍の人々にカネを投げ、手向ける散財こそ、世俗の身を浄め神の領域へ近づく方途なのであった。御輿に乗る選挙ともなれば、一世一代、多額の賽銭・撒銭も致し方ないのである。

**道切り**

投票日の二、三日前からはムラに臨戦態勢が敷かれる。「シマ荒らし」に備えるためである。ムラ入口では古タイヤが燃され、ムラ内に入る選挙ブローカーなど不審者の侵入排除・追跡がはじまる。時には道路上に障害物を築き、気勢を上げることもあった。

一九六三年の富士吉田市長選・県議選では、夜通し火を焚き、さらにバリケードを築き警戒にあたった様子が報じられている（朝日新聞 一九六七年四月十五日）が、こうした光景は、この当時、隣接する都留市や忍野村はもちろん、山梨県内いたるところで見られた。

特に興味深いのは、その場所である。多くが道切りやドンド焼きが行われる場所なのである。道切りはムラの入口に当たる道路端の両側に青竹を立て、そこに注連縄を張り、中心部に草鞋などを吊るしておく。草鞋は大きなもので、東山梨郡三富村下荻原では七月二十日に行われる百万遍の際に飾る。この日、大きな数珠を廻し無病息災を祈願する。その後に大草鞋をムラの入口に吊るし、ムラには巨人がいるので邪悪なものは退散せよと威嚇する。同村上釜口では、それを道上に綱を張って吊している。

塩山市牛奥でも、七月二十日頃に念仏講が行われる。ここでも念仏を唱えたあと、ムラの入口に馬草鞋を吊した青竹を立てる。これも疫病神への威嚇である。

大草鞋といえば三富村や塩山市に隣接する東山梨郡牧丘町の隼でも、四メートル近くもある巨大なものをムラの入口に吊るしている。こちらは

道切りの大草鞋。三富村上釜口、1996 年 7 月 28 日

春の社日（春分に最も近い戊の日）に作り替えるが、摩利支天の履物で、これを見た疫病神が退散せざるを得ないという代物である。

**ドンド焼き**

ドンド焼き（ドンド火ともいった）は、小正月に道祖神が座している場所で行われる火祭りである。甲州では幕末から明治初期に禁令が出るほど盛大で、華美なものであった。今でもその伝統は多くのムラで生きており、ムラが一番華やぐ時でもある。

道祖神のヤナギとオコヤ。東山梨郡牧丘町塩平、2001年1月14日

祭りは、紙集め、オコヤ（オチョウヤ）作り、御神木立て、ドンド焼きと続く。紙集めは祭りの準備、オコヤ作りは道祖神場に杉や檜、松などの枝木を用いて小屋を作ることである。御神木はヤナギ・ボンテンなどと呼ばれ、ここに作りものの幣束やオコンブクロ（米袋）、キ

ンチャク（銭入れ）などを飾る。

一月十四日の夕刻、オコヤを燃やす。これがドンド焼きである。火は疫病や災厄を一緒に燃やしてしまうといわれている。場所によっては、春駒や獅子舞などの神事芸能が奉納されるところもある。

その道祖神が鎮座している場所の多くは、ムラの入口である。ここで常日頃は、ムラに侵入する伝染病などの邪悪なものをくい止めているわけである。その場所が、選挙でも使われ、火が焚かれるのである。これでは買収を試みる選挙ブローカーも退散せざるを得ないわけである。

## つぶて

選挙戦が終盤にさしかかってヒートアップすれば、時にはこのような場所でも対立陣営とのいがみ合いや鍔競り合いが発生する。これがムラの選挙の面白いところである。こうなると「つぶて」を彷彿させる。

つぶてとは、水温む頃からムラ境の河川敷やハジ（集落境の沢）などで、双方の集落の子ども同士（小学高学年生〜中学生）が、相手方に侮辱する言葉を浴びせながら石投げ（「石ブンブン」ないし「ショウブキリ」と称した）に興じる遊びである。

山梨市域を例にあげると、水口集落では「堀之内のヤロードモ、ケンカシー」などと大声を出し、ハジを挟んで隣接する堀之内集落との間で小石を投げ合い、また後屋敷集落では笛吹川に合流する重川を挟んで対岸の勝沼町休息集落と、ここでも「休息のヤロードモ、ケンカシー」などと大声を出し、小石を投げて遊んだ。同様に上栗原集落では、日川を挟んで一宮町上矢作集落と、上神内川では、笛吹川を挟んで対岸の万力と、水遊びが一段落した後など、ふとしたきっかけで、石の投げ合いがはじまった。

子どもの手では、小石が対岸まで届かず、ケガ人が出ることはほとんどなかったが、それでも時には興奮して、遠くへ飛ばすために手ぬぐいに石を入れブンブン振り回した。人員をかき集めるため他集落へ応援を求めたり、さらに熱くなると年上の青年などにスケット（助け役）を頼み、ムラ間の抗争に発展することもあった。

窪八幡神社の川除祭神事のつぶて。山梨市八幡、1998年10月11日

この遊びは、文化三（一八〇六）年の小原東分（現山梨市小原）「村明細帳」には「印地打」の名称で青年の慰撫（遊び）として行われていた記録が残っている。このことから青年の慰撫が、徐々に子どもに移行していったとみられる。山梨市域では、一九六〇年代まで子どもたちの手で行われていたようだが、現在は途絶えている。しかし、笛吹川や釜無川の土手では、堤防が切れないことを祈願する水防祭などのおりに、河原に向かって小石を投げる神事はいまも行われている。

この「石合戦」は、笛吹川流域だけのものではなく、広く甲州全般に見られる。桂川筋の南都留郡西桂町では、明治三十年頃まで川を挟んで小沼集落と倉見集落が行っていたとの記録がある（『西桂町誌資料編第三巻』）。金丸信の在所（上今諏訪）に近い中巨摩郡飯野村の倉庫町（白根町）では、「『在家塚のガキども合戦こう』などと、理由もなく隣村の子供たちに石合戦をいどむこと」（有泉亨『桃源郷』）があった。証言者・有泉亨は、明治三十九年生まれで、少年期をここで過ごした「神童」であった（のちに東大法学部教授）。金丸信の在所でも釜無川の河原で対岸の西幡（竜王町）と戦後まで石合戦を行っていた。ここでも遠くに石を飛ばすためモッコ（布）に入れブンブンとまわしながら投げ合ったという。

東京都との境でも、丹波山村鴨沢集落が小河内（現あきる野市留浦）集落と対峙していた。小袖川を挟み、敵味方総勢七、八十名ほどが、つぶてでまず合戦の火蓋を切った。戦前のことであったが、体験者は「小石を投げながら追撃する。（略）あえぎながら逃げるチビ達。たちまちねじふせられ、着物の袖もかたあげも落ち、みじめな姿になる。怖かった」と記している（『丹波山村誌』）。

つぶては、時にはムラとムラとの間の水争いにも用いられた。一九二九年の旱魃時には、甘利山（韮崎市）やおそなえ山（東山梨郡勝沼町）などで雨乞行事が復活したが、降雨がなければ文字通りの我田引水となる。神仏祈願から実力行使に入るわけで、水争いの発生となる。この年の旱魃では、須玉川を挟んで北巨摩郡若神子と多麻村の間で六月三十日に勃発した。分水地での堰の破壊が原因であったが、若神子側三百余人、多麻側二百余人が鋤簾《じょれん》、鶴嘴などを担いで結集し、川を挟んで対峙した。女も炊き出しに従事し、さながら百姓騒動の様子を呈したという。戦いはつぶてで始まった。川を挟んで拳骨大の石が飛来し、重傷を負う者もでたという（山梨日日新聞　一九二九年七月二日）。

甲州を起点につぶてを研究した中沢厚は、その著『つぶて』のなかで、その発生を五月五日の端午の節句の「菖蒲切り」に求め、ざらざらと落ちてくる小石を神のよき訪れと解釈し、無病息災を促す信仰にその根源を見ている。この義兄の研究に刺激され、『蒙古来襲』を書いたのが網野善彦である。網野は、つぶてや博奕、道祖神の火祭りなどに「未開の野生が、その素朴さとともに、日本の社会のいたるところに、なお長くいきいきとした生命力をもって、躍動しつづけていた」ことを見いだし、冒頭に飛礫（つぶてのこと）と博奕、道祖神を配置し、そこから中世前期の民衆の「飢饉にうちひしがれ、自然の猛威に苦しむ」状況と、「その反面に、なお原始の野生につながる強靱な生命力をもっていた」世界を描いた。ここには歴史学者でありながら既成の時代区分を破壊し、民俗の世界を大胆に歴史学の領域で展開した網野の方法的な達成点がある。甲州選挙も、視点を変えれば、網野の描いた「原始の野生につながる強靱な生命力」をそこに見ることも可能である。

なお、山間部の険しい坂上の畑で用いた施肥に「つぶて」がある。堆肥と下肥を混ぜてまんじゅうのように丸めたものである。この「つぶて」を作る場所を「つくてば」と言い、そこにも小正月のマユダンゴ（繭団子）を飾り、豊作祈願を行っていた（深沢泉『甲州方言』）。

## 2　御成道

### オネリ

投票日前日は選挙運動の打ち上げである。選挙ムラ（のちに「選挙銀座」とも呼ばれた）と化した甲府駅前（平和）通りは、クライマックスを迎える。武田信玄の風林火山の御旗よろしく「指物旗」が幾流もなびく。一触即発の危機を両陣営は迎え、緊迫した状況になる。まさに喧嘩祭りの様相を呈する。

喧嘩祭りとは、塩山市神金で三月三十日に行われる神部神社と金井加里神社の例祭を称した。この祭りの見せ場は双方の神社の御輿の競り合う喧嘩にあった。渡御する御輿がムラ境に架かる小田原橋で激突し、互いに御輿を橋の上から突き落そうと張り合う。それを見るために近在から多くの見物人が集まり、そのためますます担ぎ手は興奮し、荒々しい祭りに化していた。そのため毎年のように多数のけが人が出たので、この名が付いたようである。

ことの起こりは、藤村紫朗県令下の明治初期に新青梅街道ができたためである。そのため渡御のコースが変更になり、ムラの縄張りを侵すことになり、境界の橋上でのせめぎ合いになったようである。戦前まではニュースとして報道されるほどの祭りであったが、何分にも重い御輿であったために、若者も減少し、今日では車にのせられた御輿が氏子区域を渡御する静かな祭りに変わって、昔日の面影はない。逆に選挙は、失われた喧嘩祭り以上の興奮をもたらす機会にもなっているのである。

そもそも新憲法下初の国政・県政の選挙からしてお祭り騒ぎであった。当時の新聞も「県議戦のあと／お祭り騒ぎ／踊り抜いた無節操」という見出しを付けて報じている。「まことに昼は昼とて夜は夜もすがら、湧きかへりゴッた返す大騒ぎは、どんなお祭りにもみられない風景であった。ポスターの制限クソくらえ、デモ、プラカードの禁止がなんだ、違反もくそもあるものかーとばかり繰り出した労務者、自転車、三輪車、ハイヤー、トラック、さては騎馬隊まで、その総数いくばくぞーまことに日本歴史始って以来の選挙風景であった」（山梨日日新聞　一九四七年五月六日）。

だが、今日、甲府駅前の平和通りに「選挙ムラ」はない。ドーナツ化現象で駅前の商店街が衰退化し、それにともない選挙事務所も郊外に分散した。二〇〇三年の知事選では、甲府駅周辺に事務所を構えたのは四候補中一名であった。なかでも当選を決めた山本栄彦候補は、甲府市長時代には、駅前の商店街活性化を訴えてきたが、自らの選挙では郊外（上今井町）に選挙事務所を構えた。

それでも選挙運動最終日には、慣例の甲府駅近くの商店街でのオネリが、候補者ごとに行われる。運動員総出で、候補者を先頭に街頭を練り歩くわけである。御輿は出ないものの、「御輿」（候補者）と「御輿を担ぐ人」（運動員）が総出で、候補者を先頭に人出の多い街頭を練り歩くわけである。法被の代わりに自陣営のシンボル・カラーのTシャツなどを着込み、街行く人に支援を呼びかける。

## オトビ

このオネリで思い出されるのが、三富村徳和の天神講祭りである。徳和の天神講祭りは、規模や華やかさの点で別格で、他集落の天神講を凌駕する。その祭りは、山梨県下でも広く知られた祭りの一つである。祭りには、子どものみならず、徳和集

知事選最終日に甲府の商店街を練り歩く支持者たち。2003年2月1日

落全体の人々が加わり、ムラ全体の祭りと化す。だが、主役はあくまでも子どもで、大人は参与するのみである。なかでも中心は、オヤダマ（親玉）とコダマ（子玉）である。オヤダマは小学校六年生、コダマは小学校五年生である。そのリーダーによって、祭りは準備されていく。一月二十四日がホンビ（本日）である。現在では休日をホンビとするためその前後の日曜日になっている。

祭り当日には、数日前から準備したダシ（山車）などを再度点検し、御輿に御魂が入れられ、吉祥寺の山門前に出向く。いよいよオネリ（御練り）のはじまりである。集落内を御幸することになる。行列は大団扇、御輿、山車、鉦（二個）、太鼓、山車と続く。

天神講のオネリ。三富村徳和、1996年1月21日

クライマックスは、オトビである。御輿を担ぎ、勢いよく走るのである。わずか三十メー

トルほどだが、その間は脇も振り向かず、真剣そのもので走り抜ける。この走りを見て、年寄りは「今年のオトビはいい走りであった」などといい、その年の農作物の吉凶を占ったという。

オトビとは、子どもを通しての神の意思表示ということであろう。子どもの行為が、神の意思として人々に伝えられるわけである。オトビが行われる場所は、民家が途絶える所で、集落境といえるような不安定な場所である。ここにかつての人々は、霊験あらたかなものを感じたのに違いない。そこを感受性の強い子どもが走り、神の意思を確かめたのであろう。

オトビを含むオネリが集落を一巡すると祭りは終幕へと向かう。子どもたちはヤドに帰り、子どもたちのみのオヒマチが行われ、天神祭りは終わる。

選挙でも、候補者のオトビはないが、オネリは最終日に華やかに行われる。そして事務所前での打ち上げとなる。

## 狩りだし

投票当日は、早朝からの狩りだしではじまる。狩りだしとは、運動員が投票所近くに待機しながら、支持者が投票を済ましていない場合には、自宅や職場に呼びに出かけ、投票所まで運搬することをいう。この場合、老人や病人などには、乗りものを提供するのが一般的で、人が背負う、背負子、戸板、大八車、リヤカー、オート三輪車、自家用車と、時代とともに変化し、当時の交通手段や世相を知ることができる。

初めて女性が参加した普通選挙について報じた当時の新聞は、「選挙楽しや牛馬にゆられ」の見出しで、約半里をにぎやかにしゃべりながら牛馬にゆられて行くおばあさん達一行や、リヤカーに乗って投票場に向かう五、六人の老婆に言及している（山梨日日新聞　一九四七年五月一日）。

さらに四年後の統一地方選挙の際は、老婆を背負う青年団員の奉仕姿（山梨日日新聞　一九五一年四月二十三日）や、「冥土の土産に一番乗り」のキャプションでリヤカーで投票所へと出向く九十五歳の媼の姿（山梨日日新聞　一九五一年五月一日）を伝えている。

だが、その牧歌的な狩りだしも変化し、棄権防止、投票率アップのための手段と化す。一九五一年四月の知事選では、笹子村（現大月市）で投票率一〇〇パーセントという「偉業」が達成された。山梨県知事選挙での完全投票は、後にも先にもこのとき限りである。笹子村有権者総数一三七六人が全員投票に出かけたのである。開票結果は地元候補者・天野久が一三五九票、対立候補の現職知事・吉江勝保はわずか一六票、無効が一票であった。この一〇〇パーセント達成の背景には、病人はリヤカー、年寄りは背負って投票所まで運ぶ「狩りだし」があった。こうなると棄権などできない。ムラ人の相互監視態勢下での投票行為となる。ムラは群れであり、同一歩調、同一行動を強要する、そのなかにあって蚊帳の外にいるわけにはいかない。ましてやおらがムラの候補者となれば棄権などとんでもないわけである。その甲斐あってか、天野は知事初当選を手中にした。

## 替玉

　こうなると投票率が高いのも問題であろう。時には投票率アップのためにムラ全体で行き過ぎや不正が行われたりする。ムラぐるみの替玉投票や不正な不在者投票などである。

　替玉投票として著名な事件は、一九五二年十月の衆院選の際、鳴沢村において発生している（山梨日日新聞　一九五二年十月八日）。村民から直接に入場券を貰い受けた支持者が、代わりに投票所に出向き投票したものである。なかには一人で二票、三票と投票した者もあった。特に目を引いたのは、村会議長の頼みで同村立大和田小学校教員（十九歳）が知人の入場券二枚を使い投票した行動である。これは恩義がある人、知人から頼まれれば断ることができないという心情（義理）を村の顔役（選挙ボス）が巧みに利用した事件であった。

　だが、それればかりではない。替玉投票を見逃した投票所の立会人や選挙管理委員にも問題がある。人口二千三百人ほどの村である。名前と顔が一致しないことなどすぐ見分けられる規模である。彼らが見て見ぬ振りをしたのは、顔役にタテを突き、にらまれたくないという事なかれ主義（事大主義）があったはずである。波風を立たせたくないというのがムラ人の実際の心根なのである。

　この事件が地元の新聞で報道された後の衆院選（一九五三年）では、村の投票率は八一・三パーセントにダウンする。だが、再び投票率は上昇するのである。一九五九年の参院選では八一・三二パーセントと、県平均の七〇・六四パーセントをはるかに上回り、一九六〇年の衆院選でも八六・二九パーセントと高投票率を示した。ちなみに山梨県内の投票率は八四・六パーセントで、島根県の八六・五パーセントに次いで全国二位を記録した。全国平均に比すと一一・一パーセントも高いわけである。そのなかにあっても鳴沢村の高投票率は目を引く。そのこともあって投票成績優秀で二度も自治大臣表彰を受けているのである。

だが、その裏ではなみなみならぬ努力があった。一九六〇年の衆議院選挙では、地区対抗投票コンクールを行い、一等賞には表彰状と座敷箒が、二等賞には石鹸が配られた。そのため各地区の責任者は「狩りだし」に躍起になった。投票所で待ちかまえ、来ない者には呼び出しをかけ、とりわけ老人や病人などにはリヤカーや普及しはじめたオート三輪車などをさし向けたのである。

村の存在感を示すのに、選挙はまたとないチャンスであった。観光業などが興隆する高度成長期以前の僻村にあって、高い投票率は村の威信がかかった恰好のメルクマールだったのである。そのため僻地といわれた村ほど選挙には熱心であった。にもかかわらず、県境の丹波山と小菅村では、激戦だった一九六七年一月の知事選・衆院選でも、候補者が顔を見せにやってきたのは、衆院選候補者たった一人だった（朝日新聞　一九六七年一月二十七日）。

### 不在者投票

不在者投票も投票率を上げる恰好の方法である。不在者投票といえば、南都留郡勝山村で一九六八年三月三日に発生した事態は、全国にも発信され人びとを驚かせた。なんと九八・三パーセントという高い投票率を示したが、そのうちの実に三分の二が不在者投票であったのである。正確には六七・五パーセントにおよんだ。

面積では県下一小さな村、人口はわずか二千人たらず、有権者千二百五十人、そのうちの八百四十四人が「当日不在」という理由で、投票をすませていたのである。もともと行商で大部分の家が生計を立てていたゆえ、不在者投票という選挙習慣がなかったわけではない。

そのうえ一九四七年五月に行われた初の参院選では、投票率三〇パーセント台の不名誉な記録をつくってしまったので、村関係者は「村の不名誉を挽回しよう」と不在者投票の制度を積極的に宣伝していた。そのために各種選挙では、常に百人から二百人がこの制度を利用していた。

そこに熾烈な村長選が起き、二人の候補者からのたび重なる買収・供応などの「攻撃」が加わり、ムラ人はいたたまれなくなり、自らの投票を繰り上げ、不在者投票にでかけたわけである。カネの「誘惑」を遮断する途は、一刻も早く投票を済ませることであった*。それが不在者投票となって現れたわけで、もちろん選挙当日、村のなかには「不在者」であるべき多くの人が実在していたのはいうまでもない。

＊　当時の新聞は、この異常な事態についてある村民は「候補にあまり金を使わせても気の毒だし、さっさと不在投票してしまえば義理もすむし」と微妙な説明をしていた、と記している（山梨日日新聞　一九六八年三月四日）。

**開票**

いよいよ開票である。ここでも祭りにふさわしい演出が試みられる。これは候補者側に限られたものではない。選挙管理委員会も演出には気配りを見せる。

開票がはじまると、時間ごと（十五分間隔の市町村が多い）に開票速報が発表されるわけであるが、その得票は拮抗した首長選挙などの場合には同数が毎回続く。票差が開いても、できる限り、選管は同数を発表し続ける。票の流れを意識的に調整、操作するのである。これも双方の支持者に気をもたせ、じらせるための演出といえよう。

じらせ続けられた参観人は、時には「本当の数を出せ」とか「遅いぞ、税金どろぼう」などと、職員に罵倒を浴びせることもある。だが、プロ（選挙屋）は慣れたものである。自派立会人と参観人の間で、サイン交換を整えておくのである。そこで自派の立会人が、ちょっとした仕草をするとドーッとどよめきがあがる。例えばメガネをちょっと頭の上に上げるなどのサインである。これが当選の合図となり、もたつく開票発表をしり目に自派立会人が、より早く当選を知らせるわけである。サインが出ると参観人は電話機に走り、選挙事務所には歓声があがる。

**祝賀会**

当確あるいは当選となれば、事務所前には支援者が続々と集まってくる。だが、候補者はなかなか現れない。花祭りなどの民俗芸能でいえば、メインの鬼が出てこないのと同じである。事務局長・参謀格が事務所（楽屋）に露祓いとして入ると、まもなく真打ちの登場となる。支援者の前への顔見せ興行である。マスコミもカメラを一斉に向け、シャッターを切る。当選の喜びが語られ、支援者を称える言葉が続く。事務所内は握手・抱擁のあらしである。事務所前には演台が用意され、マイクが取り付けられ、スポットライトがあてられる。舞台には選挙功労者（選挙ボス）がまっ先に上がり、挨拶、続けて候補者の当選の喜びと支援者への謝意が語られる。聴衆の興奮は絶頂に達し、感極まって涙する者も少なくない。まるでロックコンサート会場、そのものである。近年ではこれを模してか「発光灯」（ペンライト）などの小道具を聴衆に配る事務所も少なくない。

知事当選挨拶を待つ報道陣。甲府市、2003年2月2日

祭りには、漆黒の闇が必要であり、日没から白々と明けてくるまでの夜の時空がふさわしい。山梨県下を代表する民俗芸能、一之瀬高橋（塩山市）の春駒も宵からはじまる。一月十一日に世話役である別当（今日では当番という）の家に住民が集まり「お神立て」を行う。祭りの準備である。本番は十四日の夕刻にはじまる。別当家の門前に立てられた大灯籠に火が灯され、御神酒が振る舞われる。そしてまず別当家で春駒が演じられる。その後に道祖神の座す場所へ移動する。ザシ（花灯籠・万燈）を先頭に、別当・太鼓・鉦・笛囃子、その後に春駒が続く。道祖神場に着くと「シャチ祝」が行われる。五メートルほどのカラ松に竹ひごに障子紙をあしらったオヤマギ（御神木）

ロックコンサートさながらの当選祝賀会。富士吉田市、1999年4月25日

の下で「市長さんから○○両いただきました」などのかけ声で寄進披露がなされる。これがシャチ祝である。祭りは徐々に興奮度を増していく。その後、各家へ門付けがはじまる。

春駒は、竹で作った馬の頭と胴の間に踊り手が入り、まわりをきらびやかな布でくるむと、仔馬に人が乗っている姿になる。脇には紅白の綾棒を持った露払いが立つ。乗り手は殿様でなく乞食ということになっている。そのうえ若いからバクレル（あばれる）。これを馬方（露払い）がうまくさばくのが妙技である。すると露払いと春駒が息のあった軽快な踊りを演じることになる。踊りの最中に「駒踊り唄」や「弁慶の木遣り」などの祝唄がはいり、唄の合間には露払いの「ハイシ、ハイシ」

闇の中で演じられる一之瀬高橋の春駒。塩山市、1992年1月14日

の掛け声で、駒が口に付けた金輪を「シャン、シャン」と鳴らして応える。

祝言や建前があった家では、「水祝儀」が行われる。座敷に土足で上がり、春駒が披露される。よごせばよごすほど目出たいといわれてきた。この場が嫁披露の場でもあった。圧巻は地区内をまわってきた二組の駒がムラの境で演技を競い合うブチアワセ（打ち合せ）である。ここで双方の踊り手はあらん限りの力を振り絞って、春駒を演じる。ちょうどその頃には東の空もほんのりと明るくなる。

選挙も祭りである。翌日開票では、しらけて当選祝の興奮は半減する。祭りも選挙も、どちらも闇の時間と空間が必要なのである。

## 三　神祭りのあと

### 1　排斥と調整

#### ムラ八分

ムラ祭りの後は静寂が戻り、再びケの日が続く。しかし選挙祭りはそうはいかない。激しければ激しいほど後遺症も大きい。

特にムラ選挙は、ムラのツキアイやツトメという共同規制の論理に接木されており、ムラ共同の決定を無視して、ムラ推薦以外の候補者を公然と応援したりすると、大きなしこりが残ることになる。激化するとムラ八分などの制裁が発生することになる。

ムラ八分とは、諸説があるが、火事と葬式以外のムラ付き合いを禁止することである。すでに死語になった言葉のようだが、戦後の選挙ではたびたび顕在化している。

甲州でもムラ八分は発生している。著名なところでは、一九五〇年の東八代郡芦川村の僧侶排斥の村八分がある。この村は柳田国男が中心になり一九三四年から三年間にわたって行った「全国山村調査」のおり、山梨県で唯一調査地に選ばれたところでもある。

ことの起こりは、村を二分する骨肉の争いが展開した村長選にあった。ムラの寺である宝珠寺の住職が、前村長派についたために、当選した村長派から迫害を受けることになった。町長派の檀家から生活の糧であるお布施米を断たれ、そのうえ葬儀の袈裟着や仏具までも取り上げられ、さらには支給されていた生活保護費まで打ち切られ、生活に困窮した。住職は断食で抗議した。

これを聞いた甲府法務局が一九五一年四月に人権擁護の立場から調査に入り仲介を試みたが、抗争はおさまることなく、五二年八月には問題は甲府地裁へ民事訴訟として持ち込まれた。以後二十数回公判が開かれ、証人が次々に呼び出されたが、解決のメドがつかないまま三年間が過ぎ、五十五年六月に新村長の誕生でやっと解決された（朝日新聞　一九五五年六月二十六日）。ちなみにこの手打ち式は「平和祭」と銘打って行われた。

「坊主憎けりゃ袈裟まで憎い」どころか、商売道具の袈裟を取り上げられた住職は、どのような恰好で葬儀を行ったのであろうか。それとも「大傘」でも与えられたのであろうか。折口信夫によれば、戒律を破った僧侶をムラ八分にすることを「からかさ一本で寺を開かせる」といったというが、この僧侶は何かすぐれた芸事を持っていたのであろうか。ちなみに傘は宗教的な芸能をする人の印である（「日本民俗各論」）。

一九五一年にも、北巨摩郡穂坂村宮久保区でムラ八分が発生している。こちらは農業委員選挙の際、区民一致で推薦した人物を推さず、自身が立候補した区長に対するものであった。区の顔役が、区の平和を乱すものだとして、区長にすべての要職の辞任を迫り、区民に対しては村八分の署名に賛同するよう運動を展開したのである。

この時期（一九五二年五月）には、静岡県上野村（現富士宮市）の女子高生が『朝日新聞』に選挙違反事実を投書したことから発生したムラ八分事件も、全国の注目をあびた。この事件もそうだが選挙が原因のムラ八分は、ムラの顔役への忠義や義理立てのために行われることが多く、加害者が罪意識を持つことは稀である。そのうえ当事者個人のみに向けられることは少なく、家族にも類が及び、生活権が著しく侵害されることが特徴である。また非難は家スジを手繰り寄せて、その中途にいた「ボッコ」（不良）などがやり玉にあげられることが多い。どこの家でも、家スジをたどれば、どこかで、何らかの問題を起こし、世間から糾弾されたような人物がいるはずである。この事件では、父親の素行がヤリ玉にあげられた。

選挙によるムラ八分事件を素材に、時代情況とムラ人の心情を巧みに描いた小説に南巨摩郡増穂町に住んでいた熊王徳平の「山峡町議選誌」がある。「部落推薦」で町会議員になった人物が、二期目には順送りの「部落推薦」に異議を唱え立候補したために、部落の平和と安寧を乱し、「部落推薦者」を落選の危機に追いやるものだ、として部落の住民から脅迫や迫害を受ける羽目になる物語である。選挙結果は、「部落推薦者」と競り合うが結局、落選することになる。一九五六年に発表され、第三十六回直木賞候補作品であるが、こちらも受賞を逃している。

以後もムラ八分に似た事件は、新聞沙汰にこそなっていないが、昭和末期まで続いている。富士北麓のA村のCは、「B一家《イッケ》」（同族団）から村長選に立候補者がでたにもかかわらず、対立候補との社会的関係性と政治理念に基づき、峠向こうから立候補した人物を公然と応援した。そこでイッケとの間に齟齬をきたし、イッケでは「ムラ八分」の決議をあげ、反省を促した。しかしCは翻意することなく、毅然と対立候補を推したため、イッケから「ムラ八分」の制裁を受けることになった。そのため家族は、本人（C）の死後、ムラ内のイッケの共同墓地に埋葬することができず、県外の霊園に墓を求めざるを得なかったのである。

そのBイッケは二十戸ほどの家連合で、例年小正月にイッケの施餓鬼会を行い、墓参のあと当番宅で飲食をともにするオヒマチを行い、また秋にはイッケの旅行会なども実施している結束の固い同族団であった。なお、そのおりの決議文の一部を掲げておく。

＊　決議文（氏名と月日は記号とした）

B一家は結束してDを当選させるべく支援し、協力することを決議する。

非協力者があった場合は後日何事があった場合でも一家としては協力出来ない事が有る

但し理由によっては認められる

右決議する

昭和五十三年〇月〇日Ｂ一家

**根回し**

ムラ選挙では、事前にムラ人同士の争いを回避し、ムラに安寧をもたらす政治も必要になる。「調整」の発生である。手段は「根回し」である。「根回し」とは、あらかじめ根回りを切っておき植木の移植を容易にする方法である。ムラ政治では事前に相談することである。この根回しは、長く国会対策委員長として永田町で「調整役」を務めてきた金丸信の得意技であった。

まず根回しの成功例を見よう。根回しの調整がきき、選挙回避で、無投票になったケースである。村議選三期連続無投票の南都留郡勝山村である。一九六三年から一九七一年まで続いた。ここは地縁のムラ推薦ではなく、血縁による「カブツ推薦制」ということになる。カブツはイッケシとも呼ばれる同族団であり、村には大小のグループが二十程度あり、このカブツを推薦基盤に村議（定員十二人）は立候補することになる。そこで事前にカブツ内でオオヤや長老などが調整すれば、選挙戦はなくなる。

では、このような調整で村長選もなくなるかというと、そうでもない。むしろ村議選の代替のように激化する。カブツの合従連衡は雲散霧消し、戦前からの政治派閥の「白組」と「赤組」に分かれ、激烈な選挙が展開されるのである。村長選では、カブツの団結は意味をなさず、カブツ内部でも政治派閥の「赤組」、「白組」に分かれ、激しい村長選を繰り広げてきた。カブツのオオヤや長老などの顔役の調整は、機能不全におちいるのである。そこで前述した六七・五パーセントという高率の「不在者投票事件」も起きることになる。

北都留郡丹波山村も村議選の無投票が多い。隣の小菅村も同様で、ここでは一九七一年以降二十年以上にわたって村議選の無投票が続いた。小菅村には橋立、川池、田元、中組、小永田、白沢、東部、長作の八つのブラク（集落）がある。このなかから戸数の多い四集落から二人、残りの四集落からは一人の推薦という「ブラク推薦制」が定着している。十二人の議員はこの集落を基盤に選出されるわけである。まず常会と呼ばれる集落の集会で村議候補者が選ばれる。希望者が多い場合は、区長（集落のまとめ役）が作成した投票用紙で「内選」し、他集落と談合を持ち、定数内に収まるよう調整する。ということで告示される直前までに推薦が出そろい、告示を待たずに事実上、選挙は終了する。告示日が選挙の終了の日となるわけである（朝日新聞一九九一年三月十二日）。

首長選も同様に「調整」が働くことがある。例えば一九八〇年の山梨県内の町村長選挙では十六ヶ所中九ヶ所、一九九六年の町村長選挙では十九ヶ所中半数強にあたる十ヶ所もが無投票であった（山梨新報一九九六年十二月二十八日）。前者の首長選では、無投票で二期目に入った町村長は六人もいた。現職首長の選挙ということもあり、事前の調整が効き、議員全員が推薦者となるケースが多かった（朝日新聞 一九八〇年十二月九日）。驚く事例としては、東八代郡八代町の十期連続無投票（二〇〇〇年四月現在）というのがある。四十年間にわたって選挙がなく、その間に四人の町長が誕生しているのである。事前の「調整」が効力を発揮しているわけである。

多くの人に名誉職を分配する、これも「ムラ民主主義」の精神であろう。その役割を果たすのが、選挙ボスと呼ばれるムラの顔役で、彼らが闇中跳梁し、ムラに秩序と平和をもたらしているわけである。

## くじ引き

だが、調整が難航し、時には醜態が明るみに出ることもある。一九六一年十月に発生した都留市長選くじ引き事件も、その一つである。甲府市内の旅館で、自民党県選出の代議士堀内一雄、自民党県連会長の星野重次、同幹事長の小林昌治らの「県政の顔役」が、市長選に名乗りをあげていた前田清明と富山節三を招き、調整を試みたのである。そのおり彼らが用いた方法は「神意」をうかがうための「厳正なクジ引き」であった。当選クジを引き当てたのは、ゼネコン談合の取りまとめ役であった鹿島建設副社長・前田忠治の実兄・前田清明であった。こうして前田は都留市長の座を射止めたのである。「県政の顔役」の調整力といえども最終的には「くじ引き」におちつくこともあるのである。

古くは一九一四年（大正三）五月の甲府市議選でも、くじ引きが行われた。候補者の一本化の調整で、斎木逸造と輿石勲がくじ引きをしたのである。近時では一九七七年四月の中巨摩郡竜王町議選でも行われている。ただし、こちらは投票結果が、同数なため、くじ引きが計られたのである。前回に引き続き二回目のことであったためニュースになった。こうなると政治家は、神仏をおろそかにできないわけである。

くじ引きも問題がないわけではない。下された「神意」に候補者が素直に従えば問題はないが、信心が稀薄になるとそうはいかない。そこでカネが登場することになる。その顕著な例が一九六五年一月の大月市長選を前にして起きている。

ことの起こりは、現職（二期目）の井上武右衛門と、新人で前県公安委員長の落合熊雄が立候補の準備を進めていたことにある。ともに市内における保守派の頭目であった。そこで両派の幹部が談合し、調整が行われた（一九六四年十一月十六日）。自民党は一本化し、井上の立候補を容認したが、付帯事項が付いた。当選しても任期満了まではつとめず、半期で辞職すること、その後は落合に禅譲すること、というものであった。ここまではよく聞く調整話であった。

だが、半期で井上がやめるかどうか、さまざまな理由を付けて辞めない可能性もある、そんな猜疑心が選挙ボスの脳裏をよぎったとしても不思議はない。事実、この頃、西八代郡三珠町では、現町長と助役が「交代するはずだったのに約束を守らない」と争っていた。そこで交代の約束を厳守させるために、顔役はカネの力を思いついたわけである。この結果、担保として先付け辞表と一千万円が、自民党大月支部名義の銀行に振り込まれた（朝日ジャーナル編集部編『まちの政治むらの政治』)。

　カネにまつわるエピソードとして山梨県出身の歴史家、笹本正治は、その著作『中世の音・近世の音』(一九九〇年)、『武田氏と御岳の鐘』(一九九六年)のなかで武田氏の重臣が御岳金桜神社の鐘を「起請の鐘、起請神文の鐘」として打ちならすよう強要される場面を紹介している。鐘を打ちならすことで、身の潔白や主張の正当性を明確にせよというわけである。重臣内藤修理からその鐘を打つことを強要された長坂長閑斎は、侮辱に耐えかねて、相争うが、中に入った重臣に諫められる。御岳の鐘をつくという卑しいことは、百姓のような身分の低いものがすることであり、武士に向かって失礼極まりないと、長坂は憤激したわけである。

　市長が一国一城の主であるかどうかはさておき、カネを積むとは「起請神文の鐘」を撞く、現在版であろうか。信仰心が薄らいだいま、鐘の替わりがカネというわけか。神の威厳も選挙ボスのニラミもきかなくなり、その分、資本主義社会らしくカネというわけである。選挙の物象化現象とでも理解すればいいのであろうか。ともあれ、保証金を積んで信用度を高めようとしたことだけは事実である。

　さて、この「大月市長選保証金事件」は調整能力を疑われた自民党県連などの選挙ボスに危機感をいだかせた。そこで翌一九六六年六月の塩山市長選挙では、強引な調整に動くことになる。このおりの立候補者は自民党系の現職の池田東太郎と元助役の雨宮幸一であった。自民党塩山市連の幹部は二候補の調整に入り、同党の候補者二人が争うことは支部の分裂を引き起こし、次年の知事選(塩山市出身の田辺国男代議士を擁立)にも影響を及ぼしかねないと、雨宮に辞退するよう圧力をかけ、投票日四日前に説得に成功した。しかし、すでに公職選挙法で、雨宮は辞退することができなかった。そこで自民党市連は、雨宮に「なるべく派手な運動をせず、票をとらないよう」（朝日新聞　一九六六年六月十六日）に諭したのである。雨宮は、選挙事務所を閉鎖し、選挙運動を中止した。だが選挙結果は、池田七七一九票、雨宮五〇五三票であった。そこで世間は、雨宮に「寝ていて五〇〇〇票」の標語を贈ることになった。選挙ボスの「調整」に市民が反旗を翻したのであろうか。

**たらい回し**

顔役の調整がききすぎると、「たらい回し」の慣例が生まれてくる。役職の順送り人事である。

まず議長である。県議会においても一九四七年以来現在まで六十年以上にわたって議長の一年交代制が行われている。地方自治法一〇三条によると、議長の任期は「議員の任期」とされている。死亡、議員辞職、資格喪失、懲罰処分による除名などの特別の場合を除いて、通常は四年なのである。にもかかわらず自民党系の三期生が一年弱の任期で議長を務めるという慣例が長く、いまも続いている。「たらい回し人事」である。

市議会においても例外ではない。県内の合併前の七市もほとんどが一年交代の慣例を守っている。町村議会においても同様で、県の町村議会議長会の調査では平均在職期間は一年二ヶ月だという（朝日新聞　一九九三年二月十日）。

それは議長だけではない。ムラの主要な役職もたらい回しが多い。南都留郡鳴沢村では、助役の一期制が慣例になっているが、他の自治体も多かれ少なかれ同様で、主要な役職は一期交代がほとんどである。そのうえにポストの「地区配分制」も導入されている。村長がA地区ならば、助役はB地区からという地域バランスを考慮に入れた人事である。

南都留郡足和田村では、助役のほか収入役や教育長などのポストも調整が施される。村三役ないし四役は「村長出身地区外から選出」という慣例がある。同郡足和田村では、長浜、根場、西湖、大嵐の四地区（集落）に分かれているが、一九五五年に村制を敷いて以来、三役を村長出身地以外の三地区に振り分ける慣例が続いていた。一九九四年の時点では、村長は長浜、助役は根場、収入役は西湖、教育長は大嵐となっている（山梨新報 一九九四年九月二十三日）。

同様な事例は、同郡忍野村にも見られる。一八七五（明治八）年に旧村の忍草村と内野村が合併してできた村であるが、それ以来、不文律で村長と助役の振り分けが行われてきたといわれている。忍草地区から村長が選出された場合、内野地区からは助役が、という仕組みである。また、一九七九年まで、「村長は両地区から一期ずつ交互に選出する」という慣例もあったようである。

## 2　謝礼と日和見

### カネの謝礼

「調整」には、しばしばカネが動く。ものを頼んだら、金品のお礼をするのが甲州の礼儀であり、それが「お仁義」なのである。これがムラの倫理であり、ムラ人の信頼を得ている「義理堅い人」なのである。そこで何も持たず、空っ手でものを頼みにいくと「握りコブシで来るのか」と揶揄される。

そんな風習のなかで発生したのが、一九九四年十月の忍野村「助役ポストをめぐる贈収賄事件」である。助役選任にあたって推薦（調整）してくれた村長や村議四人に、助役側から現金五十万円の「お礼」をしたことが明るみに出て、警察に摘発されたのである（「村のおきて」朝日新聞 一九九四年九月二十八日）。

道志村でも同様の事件が起きている。一九八三年九月の助役選任のおり、便宜を図ってくれた謝礼にと、助役が差し出した各々現金三十万円を、村議十二人中、すぐ返した一人を除き、全員が村長ともども受け取り、受託収賄罪で起訴されたのである（朝日新聞 一九八四年五月九日）。

北巨摩郡白州町でも、一九八八年十二月に事件が明るみに出た。ただし、こちらは「お礼」からもっとエスカレートし、「売買」そのものになってしまった。町長が選挙資金を借りた相手に返済目的で、収入役ポストを一千万円で売り渡したのである。貸借契約がなければ選挙献金として受け取り、町長は選挙の「お礼」すなわち論功行賞として収入役のポストを与えた、となると甲州選挙では何ら問題ないわけである。

選挙運動で尽力した人や「調整」に汗を流してくれた人に、お礼として役場の主要な地位（ポスト）に抜擢したり、また役場の指名業者（主に建設業者）に加えたりするのは、「義理」なのである。義理は、同等の貸借関係である。返さねばならぬわけである。そこで返す口実に、「選挙を通じた信頼がないと工事を任せられぬ」（山梨新報 一九八九年一月二十一日）などの「暴言」もまかり通る。一九八八年の反町長派建築業者を閉め出した身延町長や小淵沢町長の言い分である。

**勝ち馬**

首長や議員の「調整」に期待するとなると、選挙は勝たなければならない。「勝ち馬（当選者側）」に乗らなければ、おこぼれもなく、生活は干上がってしまう。特に建築業者は深刻である。

そこで日和見が大切になる。日和見とは、宮田登によれば、民衆が日（時間）を知り、情勢を正確に判断する能力をいう（『日和見』）。しかし政治用語では、支配者の懐柔策のため理念や理想を捨て、権力による選別＝差別の秩序体制に民衆側がすりよることをいう。

選挙で支持する者をあいまいな態度で明確にせず、情勢を読みながら勝ち馬に投票する行為も日和見といえよう。それゆえ日和見は、選挙終盤に起きやすい。マスコミなどの予測に従って勝ち馬に鞍替えするわけである。主義・主張・理念に殉じるのではなく、情勢次第でタマを変える、めざとく、ずるがしこい有権者ということになる。選挙語彙では「筒井順慶」ともいう。豊臣秀吉と明智光秀が山崎の合戦で戦ったおり、洞ヶ峠で戦況を見極めたうえで、豊臣軍に味方した戦国大名・筒井順慶にちなむものである。

甲州人は情勢に敏感である。そこで日和見は、現職の二期目の選挙の際、もっとも端的に現れる。選挙では、余程の失政がない限り、現職が落選することはない。となると、大方の土建業者は、前回の候補者から乗り替え、「勝ち馬」になる現職陣営に馳せ参じることになるわけである。

そもそも金丸信らが、山梨県内に「上納金システム」をつくり出したのも「勝ち馬（組）」と「負け馬（組）」の抗争がもとになった。上納金とは、公共事業の工事を請け負った企業（主に建築・土木）が、その返礼として権威筋（首長や代議士など）に定められた金額を納めることをいう。

このシステムを作り上げたのが望月県政時代（一九七九～一九九一年）の金丸信と望月幸明知事だといわれている。出発点は、望月県政誕生（一九七九年二月）後二年間、前知事田辺国男側についた負け組に、金丸と組んだ望月側の勝ち組が受注に厳しい制限を加え、選別＝差別化したことにある。そのため負け組が仕事を取るために、どうしても必要だったのが工事費の一部を上納金として支払うことであった。選挙の論功行賞に対し、その逆にペナルティーを科し、バランスを取ったわけである。業者側からいえば、権力による選別＝差別を逃れるために「上納金」を出し、現職に鞍替えせざるを得なかったわけである（朝日新聞 一九九三年三月三十日）。

しかし、主義主張を捨てたり、義理を軽んじる日和見は、不評を買うことには変わりない。そこで「甲州べえと牛の糞」には注意せよ、ということになる。「甲州べえ」とは、他県人が愚弄してよぶ山梨県人のこと、時には「甲州ぽ」とも呼ばれた。牛の糞は外側が固く見えても中身はやわらかい。甲州人もうわべはよいが、主張に一貫性がないので中身には気を付けろ、ということになるわけである。

＊「甲州べえと牛の糞」 この表題で、甲州土着の小説家・熊王徳平は、甲州商人の商売方法と販路での人間模様を描いた。文藝春秋の実話小説入賞作品（一九五四年）である。熊王には、この続編ともいうべき『甲州商人』がある。千葉泰樹監督の「狐と狸」（東宝映画、一九五九年）で一躍有名になった作品である。しかし、県内では「県内の恥をさらすものだ」という批判が強く、訴訟騒ぎも起きた。

# 第二章　ムラの選挙装置と民俗

甲州のムラの生活慣習や組織、すなわち民俗は、選挙とかかわりを持つことが少なくない。以下では、血縁・地縁や親分子分慣行、無尽に焦点を据え、その組織や機能について述べることにしたい。

## 一　イッケとジルイ

### 1　同族組織

**イッケ**

山梨県内には、本家分家関係を基軸にした家の連合組織である同族団が数多く存在する。この組織は、イッケ（一家）、イットウ（一統）、マキ（イチマキ）、アイジ、ジルイ、シンルイ（シンルイマキ）などと称されている。

同族団は、原則的には、父系的な血縁をもとにした同姓の家の結合体である。だが、時には非血縁分家なども含まれる。すなわち他郷からムラ入りした家（タビノヒトとかキタリモン・ワタリモンなどという）や奉公人の家などである。前者は、主に後見人として依頼したワラジオヤの一族組織に参入するのが一般的である。後者は、奉公先から援助を受け、家を創設したおりに、その同族組織に加わることになる。

山梨県内では、この組織が存在するだけではなく、現在でも社会的に機能しているのが特徴的である。とりわけ北巨摩郡下や郡内地方に顕著である。例えば、人口五五、八〇一人（一九九四年四月現在）を抱え、「同族団の織りなす地方小都市」といわれる富士吉田市は、少なくとも大小百以上の同族団が存在し、市内の二割以上の世帯が加入しているといわれている（『富士吉田市史民俗編』）。この集団は同族神を祀り、年一〜二度、祖先供養を行い、同族の結合を保っている。

具体的事例を大明見地区に見ることにしよう。市編纂の『大明見の民俗』によれば、この地区は、人口四、三一七、世帯数一、〇三一（一九八七年十月現在）で、シンルイないしイッケシと呼んでいる同族団が二十七組織ほど存在する。シンルイは、原則的には姓を同じくする数戸から数十戸（一集団のみ百数十戸）単位の家を束ねる組織体である。この組織の多くは「議定（規約）書」を持ち、独自の神仏を祀り、年に一〜二回、祖先供養を兼ねた祭りとオヒマチ（直会）を行っている。檀那寺も共通で、墓地も同一場所が多い。

祀る神仏は、同族団の始祖（祖先）であったり、守護神であったりする。祭日は個々の同族団ごとに相違があるが、二月ないし三月と、八月ないし九月の二回行う同族団が少なくない。祠堂場所はオオヤ（宗家）の屋敷や旧屋敷跡などが多い。神事・仏事は神主・僧侶によって行われ、終わると宗家や輪番制のヤド（宿）（現在では料理屋など）を会場にオヒマチが催される。オヒマチの飲食費用は、各戸からの徴収ということになっているが、オオヤやその直接の分家筋、および資産家は、別途、金銭や酒類を供えることが多い。

同族団は、このような祖先供養の集まりのみで終わるわけではない。冠婚葬祭等の付き合いは、緊密である。現在でも分家筋の葬式には、オオヤがデッバッテ（出張って）行き、喪主を飛び越え、弔問客の挨拶

イッケの祖先供養。富士吉田市、1987年8月

を上席で受ける習慣が生きている。また分家が家を新築するおりにも、上棟式にはオオヤが当主よりも屋根に早く上り、餅まきをする風習も残存する。墓地も共同所有地で、本家を中心に区画割りが整然となされていることが多い。

このような同族団が存在するところにあって、同族団のオオヤや有力者が立候補するとなれば、当然選挙母体は同族団ということになる。特に同族団が力を十全に発揮するのが、市議選などの身近な選挙ということになる。立候補には、ムラ（地域）推薦のほか同族団の推薦が不可欠になる。そして選挙に突入すると、同族団の活動はにわかに活発になる。

**選挙シンルイ**

これを象徴するかのように、大明見地区には、「選挙シンルイ」（選挙親類）なる言葉と実態が存在する。ここでいうシンルイとは姻戚を含む親類の意味ではなく、マキやイットウと同様に同族組織を意味している。「選挙シンルイ」は、選挙を目的に結合した同族団ということになる。弱小な同族団では独自の候補者をたてても、基礎票が少なく、当選はおぼつかない。そこで一定程度の基礎票を確保するために、同族団同士が選挙協力のために合従連衡するわけである。

しかも「選挙シンルイ」は、選挙時だけの結合ではなく、恒久的協力関係を保持している。一般の同族組織と同じように会費を徴収し、定期的に合同で会合を持ち、飲食（オヒマチ）を共にするのである。さすがに同族の神仏の祭りのみは、別個の祭祀場所（社寺など）で行うが、それでも祭日を統一し、祭事終了後は合同でオヒマチを開き、相互の同族団員同士が親交を深める。そのことによって、結合した同族団相互の交流は緊密になり、日常での付き合いも深まっていく。そして四年ごとの選挙には「選挙シンルイ」として独自の候補者を立て、候補者の当選を期すわけである。

なお、同市で同族団が、選挙に効力を発揮する組織であることを学問的に考究したのは、同市に調査目的で住み込んでいた藤沢宏光で、彼の考察によれば一九五五年四月の市議選で、下吉田地区の「田辺イットウ」（下吉田地区では同族団をこう称する）が、イットウのオオヤを立候補させ当選を勝ち取ったのがきっかけであったという（『地方都市の生態』）。このおりには、田辺イットウの構成員六十二世帯を母体に、その関係者の親戚や取引仲間を囲い込み、集票が行われ、候補者は八百四十三票を獲得し、第二位で当選した。

以後、富士吉田市内では、同族団を中心にした選挙色が強まり、そのことによって逆に同族団の活性化が計られた。すなわち戦後の民主化で、解体されかかっていた同族団は、選挙運動で再び結合が促され、その社会的機能をよみがえらされたのである。

## オヤコ

同族団をさらに拡張したような民俗語彙にオヤコがある。オヤコとは、甲州全般に使われている古語で、親子のほか親類の意味がある。音の抑揚で区別するが、イトコなどを指して「アイツとオレとはオヤコだ」というように用いる。このオヤコの範囲はどこまでも拡大することが可能であった。それゆえオヤコとは、民法が定める六親等以内の血族および配偶者、三親等内の姻族を指して親族というなどと限定されて使われることはなかった。

このオヤコ関係を利用したのも選挙であった。投票依頼の枕詞にオヤコを使ったのである。この家とは「嫁の実家の姉妹の嫁ぎ先の叔父と従兄弟である」などと、スジをたどり、オヤコであることを諭すのである。この「擬制的血」のつながりの確認がなされ、はじめて投票依頼に入ることになる。スジをたどると、狭い市町村、どこでもつながり、オヤコになるのであるが。

そういえば、電車やバスに乗っていても三、四十年前まで、どこの年寄りも決まって話の切り出しは「オメーはどこそこの誰だ」であった。次いで「オメーとは、あそこの家の嫁を介してオレの家とは、遠いオヤコにあたる」などとそのスジを指摘された。本題に入るのは、それからであった。今日的に言えば身元調査ということになり、若者たちにとっては「うるせーオジーだ」、「プライバシーの侵害だ」ということになる。

しかし、しばらく前までは、このオヤコ確認儀式が話の枕に使われていたのは、確かなのだ。むろん、いまでも心の底には、オヤコ確認意識は残っており、間欠泉のように噴き出してきて、スジを確かめないと不安を感じる人々が少なくない。

ムラ選挙は、そのオヤコのスジを確認するのには恰好の機会であった。オヤコの確認儀式が、ムラ選挙であると言っても過言ではなかった。また断るにしても、オヤコは便利である。相手あの候補者とは、〇〇を介したオヤコでといえば、波風を立てずに断ることができる。相手に嫌な思いをさせる心配はないのである。

そのオヤコを限定する語彙も存在する。イチオヤコである。南都留郡足和田村根場《ねんば》では、イッケ（同族）のワカサレ（本家―分家）関係や、オヤブン家以外に台所の向かい合ったキンジョ（キンジョオヤコともいう）をイチオヤコと称している。日常品の貸借、婚礼や葬儀のカリヤドや、フルマイの煮炊きをするカマドを借りるのもイチオヤコである。

ただし、一方の家がイチオヤコと認知していても、相手方が承知していない場合もある。その意味では一方的な関係ともいえる。当主との関係性が濃厚で、イッケよりイチオヤコの方が優先される。それゆえ村議選ではイッケよりイチオヤコの方が堅い票読みができるという（正岡寛司「山村社会における同族と親族」）。

このイチオヤコに類似するのが、隣町河口湖町大石のイチキンジョ（一近所）である。戦時中の近隣を機械的に分割した組織の隣保組（クミ）より強固な付き合いがなされている。葬式は今でもイチキンジョが主で、クミが従で行われている。根場のイチオヤコとの違いは、当主が替わろうと薄れることがない家の関係性で、世襲的に受け継がれている点である。

## ツキアイバ

同様な組織は、塩山市の神金地区下小田原の上条集落や奥野田地区西広門田にもある（『神金の民俗』、『奥野田の民俗』）。こちらは前者がツキアイバ、後者がオツカイバと称している。

上条集落（戸数二十六／東組十四戸・西組十二戸）のツキアイバは、数軒から十二、三戸を

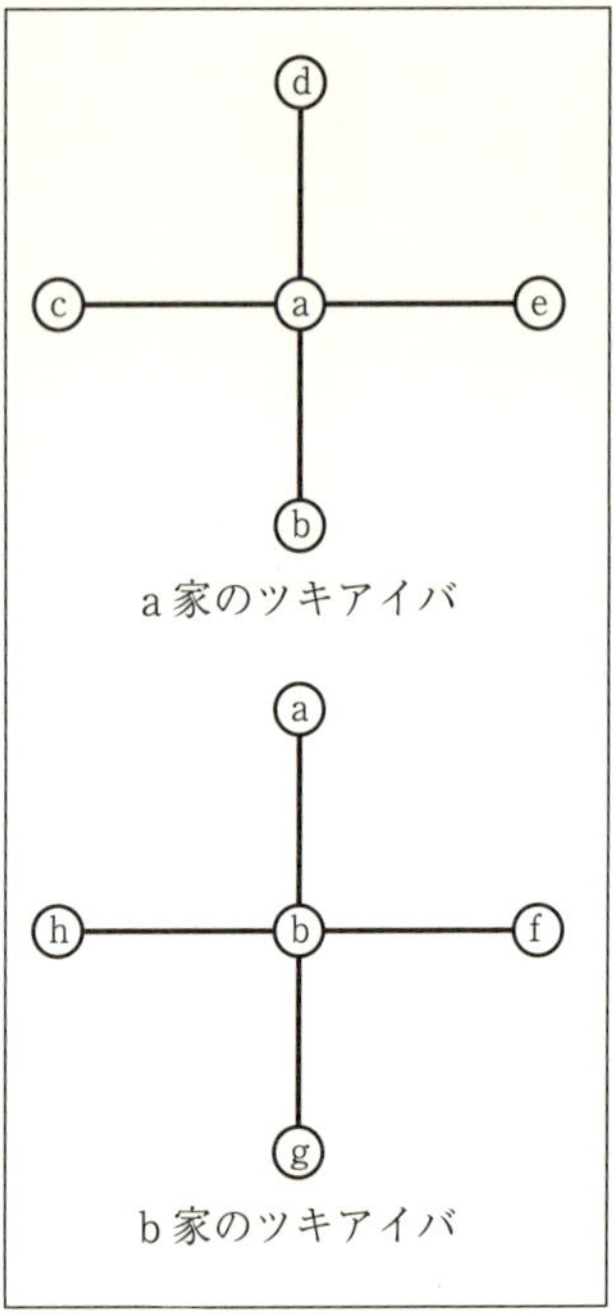


ツキアイバの関係

単位にするものである。グループが、地縁や血縁の関係で結ばれているかどうかは、明確にできない。屋敷地も離れている場合もあり、血縁もハトコまでスジを広げても取り込むことができない場合もある。結合原理は明確にできない。そのうえ関係の要になる家を変えるとグループの構成員（家）は変わるわけである。しかしこのツキアイバは、些細な日常の付き合いからはじまり、農作業の相互協力であるユイ、さらには冠婚葬祭に至るまで親密な付き合いをする。付き合いの濃淡は、濃いシンルイ、隣近所であるイチリンカに準ずるのである。ある場合には、それ以上の関係といえよう。

例えば、ツキアイバの大黒柱（当主）が病気で倒れれば、自家の仕事をなげうってでも手伝いに行かなければならなかった。これは労働力だけの問題ではない。ムラ生活で行き過ぎや悪い評判がたてば、それを諌めてくれるのも、ツキアイバの長老であった。その人は親族ではない。それゆえ甘えは許されず、諌言には従わざるをえなかった。

親分子分関係で言えば、オヤブンが持っている役割である。しかしツキアイバは並列的な関係で結ばれた相互扶助組織である。ここ上条集落にも親分子分慣行は存在していたが、ツキアイバは親分子分関係のような庇護・服従という縦の関係ではない。対等な関係といえよう。

冠婚葬祭の付き合いを例にあげれば、ボコミ（産見舞）やお七夜、初節供などの小さな祝儀であっても、ツキアイバはシンセキやイチドナリとともに呼ばれる。葬儀の際には、シタク・ボンバン・アトカタヅケの三日間、ウチ（妻）・ソト（夫）二人でオテンマ（手伝い）に出ていかねばならない。ちなみに隣保組は二日、ブラク（＝上条集落全体）は一日の手伝いである。

この関係は、個人一代限りの関係ではなく、世代を超え、代々家に受け継がれている。それゆえ、この関係性（義理）は世代を超えて継承されることになる。選挙でも、このツキアイバの関係性から逃げることはできない。

## 2　スジの拡張

### イセキ取り

オヤコ関係の確認は、ムラ共同体の論理の中で生活してきた者にとって、相手を信用できる要素の一つである。同じ血のスジ（筋）でつながっているという意識は、安心感を与える。スジは血筋、家筋などというように使うが、塩山市など甲府盆地東部ではトオリ（通り）など呼ばれている。すなわち血の通りやつながりを指しているのである。中巨摩郡早川町奈良田では血統をツルネといった。

そのスジやトオリの確認は、相手が何者であるかという身元保証につながる。多くのスジを持ちたいと願うのは、ムラ人の人情であった。そのため許容範囲は拡がり、幾重にも人の鎖の輪がつくられ、人びとを糾合してきた。

その顕著な事例として、本家―分家を軸にした家連合である同族組織をあげてきたが、この組織の維持・拡大を図るため、外部からの非血縁者である移住者（タビノヒト・キタリモン）や奉公人（譜代）なども取り込んできた。さらに構成単位である「家」存続のためにイセキ（居跡）取り、すなわちアトトリ（跡取り）なきツブレヤシキ（潰れ屋敷）を防ぐために、両イリット（両養子のことで、リョウイリ・リョウヨセともいう）なども講じてきたのである。

なお、モライッコもスジの拡張につながった。これは養蚕や機織りのために他郷から少女などを養女として受け入れる制度であった。「里親の里」として知られた南都留郡秋山村は、一九五五年にはモライッコが五十世帯六十名、村の世帯数が五百七十であったので、実に八・八パーセントにも及んでいた（山梨日日新聞　一九五五年九月五日）。この養女は成人すると、養家がオヤになり、嫁に出すのが一般的であった。ここでもオタニンサンが自家に組み込まれ、オヤコになり、スジが拡大していったのである。

**イトコガタリ**

オヤコを手繰り寄せるのは何といっても祝言（婚姻）である。閨閥の形成ということになる。戦前までは村内婚が多く、なかんずく相続の問題からイトコガタリ（いとこ同士の結婚）がおおかった。事実、中巨摩郡下のN集落では、戦時中の一九四三年に甲府盆地側からはじめて嫁が来たといわれている。ここでは近親婚がほとんどで、村外婚には両家オヤブンが「わたり」（話し合い）をつけることが必要であった。そんな中にあってムラの上層部（オヤブン家など）は、村外婚が多かったが、それでも血スジがつながるイトコガタリが多かった。ここにも家関係の結びつきの強化策があったといえよう。

そもそも婚姻は、家と家の結びつきだった。南都留郡忍野村の祝言では、新夫婦の盃より、両家の舅同士の盃が先であった。これなども婚姻する当人よりも、家同士の紐帯を優先した考えと見なすことができる習俗だろう（「結婚習俗を見る―岳麓地方―」山梨日日新聞 一九五八年一月十六日）。しかし忘れてはならないのが、イッケ・イットウ・マキ（同族）に対してシンセキ（姻戚）は「三代でアカノタニン・オタニンサン」といわれていることである。そこで、両家の関係をより強化するためにイトコガタリが用いられたのである。

**ドラブチ**

ここで少し山梨県の婚姻習俗を見ることにしよう。ここでも家格が重視されていた。身分相応が定石で、「鶴が肥溜に下りる」ことはばかられた。そこでドラブチ（嫁盗み）のような強硬手段や「足入婚」と呼ばれた試験婚などの風習が存在していた。

ドラブチとは、主として娘方の親が結婚に反対した場合、非常手段として娘を連れ出し、ないしは監禁し、オヤブンなどを仲に立て、婚姻の交渉をすることである。ドラブチやドラヲウツなどが一般的用語であるが、中巨摩郡芦安村沓沢ではヨニゲ、南巨摩郡中富町西島ではヨメヌスミ、西八代郡市川大門町山家ではカツギダシと称していた。

江戸期からドラブチに関する文書は残されている（川鍋定男「村の若者はどう結婚したか」）。大正時代には私小説作家・中村星湖が「掠奪」で、ドラブチが行われた夜の異様な雰囲気と慌ただしさ、娘を連れ込まれたオヤブン家の焦燥を実写さながらに描いている。その習俗は戦後（昭和二十年代）まで行われ、ドラブチで結ばれた夫婦の実例（南都留郡道志村）が、『山梨県史民俗編』に収録されている。

しかし、昭和三十年代に入ると、ドラブチは犯罪として摘発されるようになる。新聞の伝えるところでは、一九五七年三月十三日夜、富士吉田市内の青年が、ドラブチの名の下に仲間の援助を得て、女性をおびき出し、「拉致監禁」するという事件が発生し、警察署は青年を逮捕し、「婦女略奪容疑事件」として捜査に乗り出したというのである（「五人で娘を略奪」山梨日日新聞 一九五七年三月十八日）。

その一方で、農村部においては、試験婚としての「足入婚」の風習が行われていた。「足入婚」とは、酒入れ（婚約）後に、労働力供給のために婚家で嫁が生活をおくる婚姻形態であった。その間、婚家での同食・同衾となるわけであるが、食器や夜具類は持っていくことがなかった。持参するものは、本人の身につける衣類のみであった。ここでは、嫁はあくまで「客分」扱いということになっていた。家風に適合できるか否かを一定期間確かめたうえで、家に引き入れたわけである。

## 閨閥

ムラの政治家の婚姻事例は資料の制約もあり、あげることができないが、金丸信と、そのライバル関係にあった田辺国男（代議士・知事）、さらに、これに金丸の盟友広瀬久忠・名取忠彦と天野久を加えた関係だけは示しておこう。ここにはオヤコのスジが、ツルネ（蔓根）のようにその端緒から見事に浮かび上がり、昭和後期の山梨県政は、主にこのオヤコの範疇で動いてきたことがわかる。

まず、田辺国男は、政友会幹事長田辺七六の二男である。伯父には阪急電鉄の創設者小林一三、叔父には後楽園社長の田辺宗英などがおり、天野久もかつては家業（酒造会社）の丁稚・番頭であった。天野は、戦後、公職追放で総選挙に出られなかった田辺七六の名代として代議士に当選したのである。しかし知事に鞍替えすると、田辺陣営から距離を取り、広瀬久忠・名取忠彦兄弟の支援を受け、金丸陣営と親密な関係になる。

この橋渡しが婚姻であった。金丸は、当初、天野久とは敵対関係にあったが、天野の二男が金丸の妻の妹と結婚し、両家は姻戚関係で結ばれ、同盟が成立するわけである。この関係性をさらに強固にするために、金丸家と天野家は、広瀬久忠とその弟で、山梨経済界の要で

# 金丸・田辺オヤコ関係図

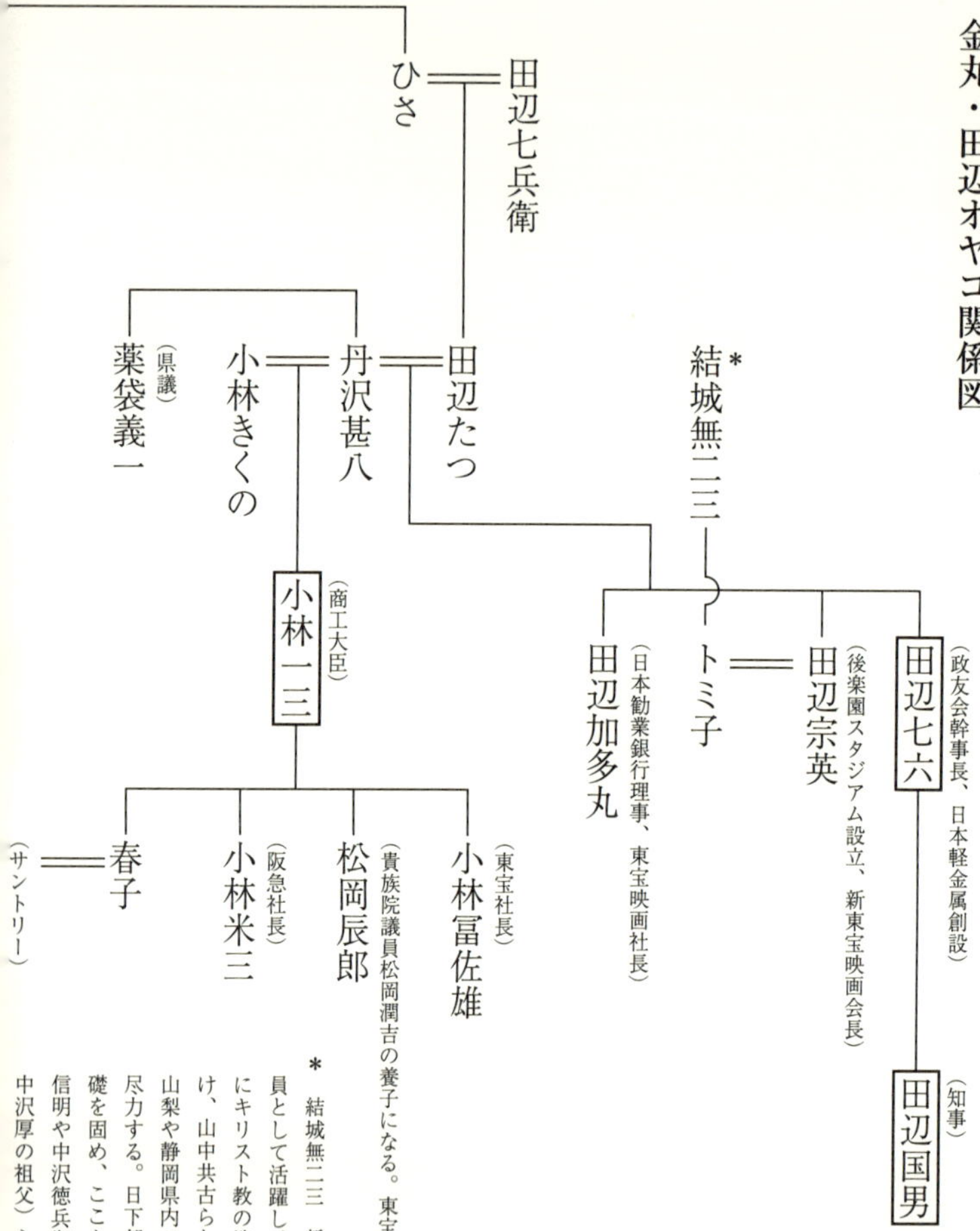


* 結城無二三　新撰組隊員として活躍し、維新後にキリスト教の洗礼を受け、山中共古らとともに山梨や静岡県内で布教に尽力する。日下部教会の礎を固め、ここから飯島信明や中沢徳兵衛（両人中沢厚の祖父）らを輩出

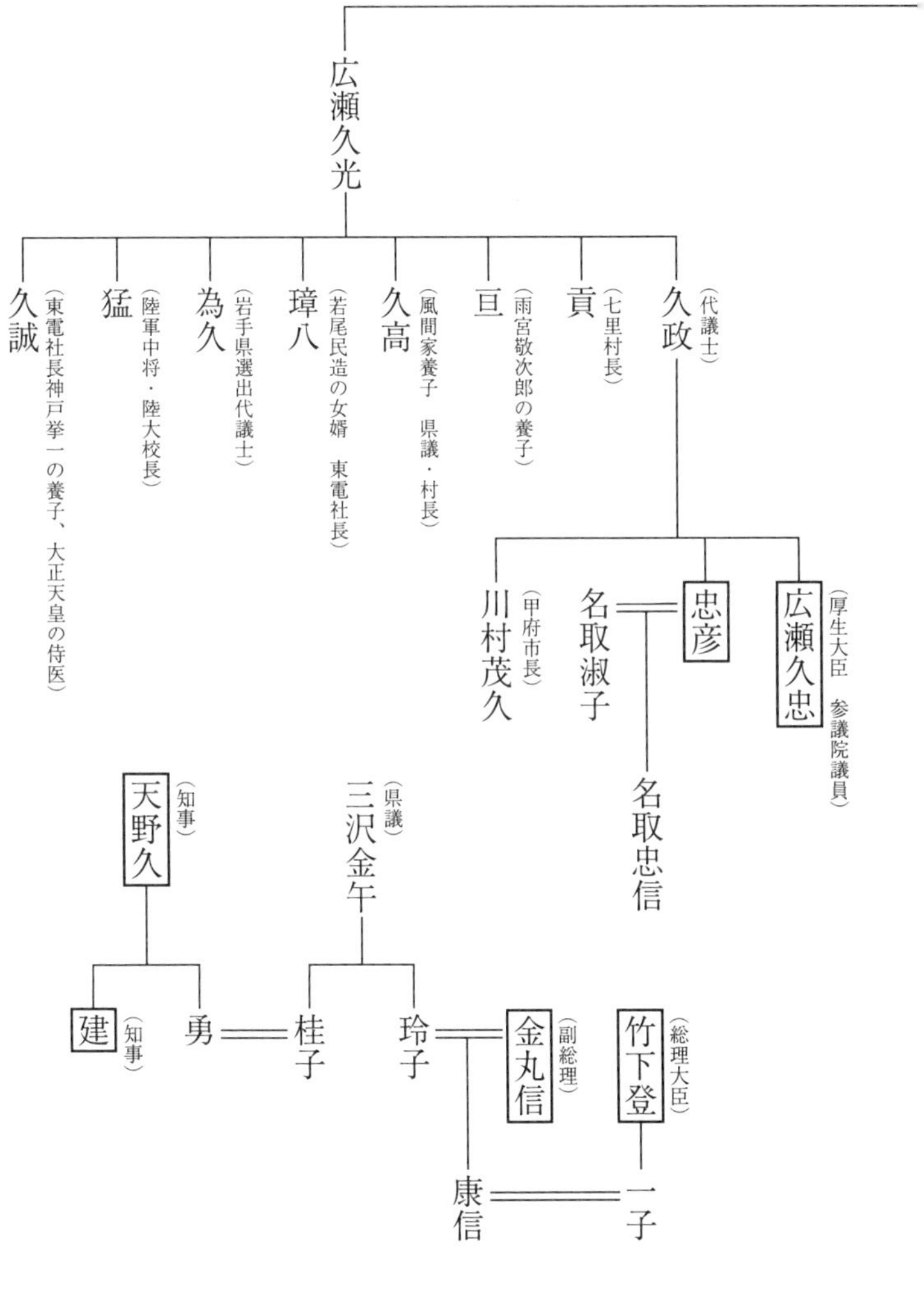
広瀬久光
久誠（東電社長神戸挙一の養子、大正天皇の侍医）
猛（陸軍中将・陸大校長）
為久（岩手県選出代議士）
璋八（若尾民造の女婿　東電社長）
久高（風間家養子　県議・村長）
亘（雨宮敬次郎の養子）
貢（七里村長）
久政（代議士）
川村茂久（甲府市長）
名取淑子
忠彦
広瀬久忠（厚生大臣　参議院議員）
名取忠信
天野久（知事）
三沢金午（県議）
建（知事）
勇
桂子
玲子
金丸信（副総理）
竹下登（総理大臣）
康信
一子

あった山梨中央銀行頭取の名取忠彦にオヤブンを依頼したのである。ちなみに天野久の長男は広瀬久忠、そのほか建をはじめ二男以下は名取がそれぞれオヤブンを務めている。また逆に名取の子息は金丸がオヤブンを務めた。

田辺陣営も、国男のオヤブンには山梨県言論界の雄である山梨日日新聞社長の野口二郎を据えた。このようにオヤコ関係をたどると、後述する中尾栄一や小佐野賢治までをも手繰り寄せることができ、戦後の山梨政財界勢力図ができあがるのである。

## ジルイ

血縁と地縁の入り交じった民俗語彙にジルイ（地類）がある。ジルイとは、家屋敷を接している地縁関係にあるが、近隣組織としての隣保組とは異質なものである。

例えば、南都留郡道志村ではジルイが、マキ、シンセキ、シンルイなどと同様に用いられ、本家分家の集合体を表すこともあるが、同族神を祀り、定期的に集まることはない。さらに集落（ムラ）外の家との関係性を示す言葉としても用いることがない。土地を分け合った関係ということに力点が置かれているわけだが、血縁関係ではないことを完全に否定することもできない。姓も同じであり、付き合いも「何ごとがあってもまずジルイ」優先である。

ジルイは数軒から十数軒で構成され、冠婚葬祭、普請、病気をはじめとする手伝いや世話の相互やり取りがある。葬儀では葬具準備・帳場・会葬者への食事など葬式の全般を取り仕切り、これにジルイクミアイ（隣保組）が従う（ただし今日ではジルイクミアイが主になりつつある）。道志村ではこのジルイが村議選などでは、選挙母体として運動を展開している。

北巨摩郡ではジルイに類似した民俗語彙にアイジがあり、相地・合地の漢字をあてる。マキ内部の小グループ（派中派）を指す言葉である。この地方では、マキごとにイエージン（祝神）を祀っているが、アイジでも同様な同族神を祀ることが多い。それゆえマキとアイジのイエージンが重なっており、冠婚葬祭の相互扶助（共同作業）もマキとアイジが重層することが少なくない。さらにマキやアイジは、ジルイのように必ずしも家屋敷が隣接しているというわけではないが、ここでもマキやアイジを無視して選挙を展開することはあり得ない。

## 血縁か地縁か

では、実際の投票行為となった場合、決め手は血縁か地縁か。ムラ人は、あれか、これかの二者択一を迫られるわけで、血縁と地縁を行き来する振り子のように右往左往してしまう。誰に投票するか揺れ動く。よほど主体性をしっかりと確立しないと決断が鈍る。書店主であり、また『都留公論』などを刊行した地元インテリでさえ、思い悩んでしまう。その告白は、次のようなものである。

そこで必然的に専ら両派の縁故関係の手蔓をたどって票集めが行われるのであるが、この縁故関係という戦術が困るのである。端的な説明として、筆者自身（刑部＝引用者注）の例から言って見てもいゝ。私は故あって祖母の姓の刑部をついではいるが、実父は下吉田一丁目の渡辺勝実であり、上新田の旧家、渡辺権兵衛一門の出身であり、堀内昇氏とはかなり濃い血縁に連っているものであり、もし一騎討選挙ともなれば一門の中の幾人かは堀内陣営の主要闘将として名を連らねる事になるのである。しかし同時に、私の生家は父が下吉田一丁目に一家を構えて以来町内の一員として渡辺新氏とは町内同志《ママ》のよしみを通じて当然緊密な関係を生じているところであり氏のふところ刀として都留信用（組合＝引用者）の今日を築き上げた石原茂氏は青少年団時代より町内のよりよき先輩として、私自身敬愛おくあたわざる人物である。こうして見ると、その両派の陣営より来る依頼に対して、まったく板ばさみの苦しみを受けるのであり、あちらを立てればこちらが立たず、こちらを立てればあちらが立たずで、全く困却するのである。この様に全く社会的にも経済的にも存在のまことに小さな私ですらこのありさまなのだから、もっと大きな存在をもった市民の多くの人々が同様の苦しみをお受けになる事は想像に難くないところである。（刑部竹幹「堀内昇氏を国会へ推せ」『都留公論』一九六二年11号）

**人情より義理**

苦悩はさらに深刻になる。それが選挙である。ムラは、けっして広くはない。調整ができなくなると、骨肉の争いということになる。関係が密接なだけに、近親憎悪は凄まじく、悲惨極まりない。

一九九六年四月の道志村長選もその一つである。朝日新聞の特集（「五一歳の民主主義――ムラの選挙・道志から」一九九六年十一月二十八日〜十二月二十一日）を手がかりに、ムラ選挙の実態を見てみよう。この村長選では、元村長のＳと教育長を辞めて立ったＫの一騎打ちとなったが、カネのかからない選挙を呼びかけたＫ陣営の完敗に終わった。悲惨だったのは選挙中、Ｋの妻が亡くなったことである。妻は実兄に協力を呼びかけ、その実家の前で選挙カーのマイクから「大きいお兄ちゃん助けて」と叫び、哀願し、そのまま倒れ、帰らぬ人となったのである。

「シンセキよりジルイ」かというと、そうではなかった。実兄は、シンルイも多く、大きなジルイを抱える有力者であり、選挙ボスでもあった。にもかかわらず、シンルイのＫを応援しなかったのである。そこで実兄は、対立候補のジルイか、となると、そうでもなかった。

では、マキか、オヤブンか、クミ（道志では区のことでブラク＝集落よりも広範囲をいう）か、ブラク（集落）か、クミアイ（隣保組織）かというと、いやそうでもなかった。では、なぜとなる。そこで疑惑は疑惑を生み、いろいろな「噂」が飛び交った。そしてその「噂」に惑わされるように、支援者に疑心暗鬼が生じ、陣営の結束は弱まり、「シンルイも応援しないのでは」とＫの支援者が脱落していったのである。

当初は、現職村長が後継者に指名したこともあり、村議八人が支援した。しかし、開票日にＫと事務所にいたのは、村長と二人の村議だけであった。Ｋがクリーン選挙を掲げ、カネを撒くことを嫌ったのも一因かも知れない。そもそも十三年前に村会議長だったＫは、助役選任にからみ三十万円の賄賂を受け取っており、甲府地裁の有罪判決を受けていたのである。

そのKが、今回の自分の選挙にクリーン選挙を掲げたわけである。カネを遣わない選挙となると、ムシのいい話となり、ムラ人には面白くないわけである。

では、妻が亡くなった同情すべき事態を、慈悲深いムラ人はどう感じたのであろう。甲州選挙では、「同情票」が馬鹿にならない。特に候補者が亡くなったりしたときに、その妻や子息が立候補する「弔い候補」や「香典候補」には多くの同情が寄せられるのが普通である。さらに落選後に雪辱を期した選挙では、同情票が増え、当選することが少なくない。一九五一年の知事選（第二回）で惨敗した吉江勝保が、翌年の衆院選でトップ当選を果たしたり、一九五五年の知事選（第三回）で落選した金丸徳重が一九五八年の衆院選に二位で初当選したりする例をあげるまでもあるまい。

ムラでも「人情」で票が動くはずである。同情票で地滑り現象が起きてもおかしくないはずである。だが、血縁・地縁で固まった道志村では、「弔い合戦」が意味をなさなかった。開票結果は大差でKが完敗した。「人情」は「義理」に勝ることはなかったのである。

## 二　親分子分慣行

### 1 オヤブンの権威

オタニンサンがオヤコの一員となる契機に親分子分関係がある。親分子分関係とは、実の親がありながら、もう一人ないし複数の人間と疑似的な親子関係を結ぶことである。だが養子縁組みのように、その親と同居し、その親の「家」や苗字を相続・継承するものでもない。いままでの実の親との生活形態を保持しながら、新たに二人目ないし三人目のオヤを持つことである。法律の学術用語では「擬制的親子関係」という名称が用いられている。

親子関係の締結は、時として妊娠中、名付け時、成人期、ムラ入り時などにも行われるが、山梨県下でもっとも普通にみられるのは婚姻時である。婚姻の際に、あらためてオヤコ関係が締結・再確認・再生産されるわけで、「仲人」のほかにオヤブンをたてることになるのである。

**後見人**

今日では、山梨県内でも、結婚式のオヤブンと仲人（媒酌人）は同一人物、同一概念になっているが、かつては仲人は婚礼の際の世話役、オヤブンは結婚生活全般の後見人、と役割が完全に分かれていた。もちろんオヤブンのほうが格上であった。オヤブンは、祝言の場ではこれといった役割はなかったが、上座で儀式が滞りなく行われるよう監督指揮する役割を務めていた。

婚礼道中で、婚家に入る前に嫁が衣装を整え直す場所もオヤブン宅であった。婚礼が済むとオヤブンの妻は、ミツメ（里帰り）には嫁の里まで付き添って行ったり、オハグロをつけたりした（カネツケ親）。またコブンの子ども（トリマゴという）の宮参りには、子どもを背負って氏神社まで出かけたが、これもオヤブンの妻の役割であった。今日といえどもオヤブン（仲人）は出産、宮参り、七五三、入学等のおりにはコブンに祝いの品を届けるのが一般的である。

名付けもオヤブンの仕事の一つであった。ムラにおいては、子どもの名前は寺の住職やオオヤの当主、ないしオヤブンが付けることが多かった。個人の名前は、単なる記号でなく、その人間の成長をリードし、その存在の社会的な意味づけにも資するもので、その人間の人格の証となることが多い。名前をどう付けるかによって、その人物の生涯は多少なりとも変わる。そこでオヤブンがコブンの子の名付けにあたり、自分の名の一部を分け与えたりする例も少なくなかった。名をもらったコブンの子はオヤブンに親しみを持ち、オヤブンもコブンを可愛がった。

正月や五月の節供には、コブンの家族全員を招待するコヨビの慣習もあった。* これはオヤブン宅にコブンの家族全員が招待され、酒やウドンなどのご馳走に与《あず》かるのであった。この場には、ほかのコブンも呼ばれていたのでコブン同士の交流の場にもなり、集団としての結束力も促された。

＊『岩間源七郎雑記帳』（明治二十八年、『二之宮の民俗』所収）には、「正月之内に節句呼と申て、親分・子分抔、互ニ呼候なり」や「五月五日節句之節ハ、菖蒲酒与申て、親分へハ遣し候なり、又親分ニ而ハ子分をハ呼候なり」などの「コヨビ」慣習の記述がある。

儀式への参列もオヤブンの重要な役目であった。コブン家の結婚式をはじめ、上棟式、葬儀などではコブンより上席で挨拶を受け、後見人としての役割を果たした。そのほかコブンの生活上の諸問題（夫婦間のもめごと、嫁と舅姑との争い、子どもの進学など）の相談にも関与した。

特に離縁（離婚）問題が生じると、オヤブンに相談し、裁定をまつことが多かった。その間、里（実家）に帰れない嫁をオヤブン宅で一時引き取り、生活の面倒をみたり、愛人をつくった理不尽な婿などには、きつい仕置きを言い渡した。

オヤブンの命令は絶対的で、これを拒否するとムラから公的に葬り去られることを覚悟しなければならなかった。オヤブンからの引導は、親の勘当より厳しく、その効果は絶大であったのである。そこでオヤブンの仲裁・調整で、もめ事の多くは解決される仕組みになっていた。だから娘を保護するためにも、「親分もないやうな者には嫁にやれぬ」（岩間桃枝「親分子分の関係」）という親が多かったのである。* 今日といえども、精神的拠りどころをオヤブンに求める夫婦は、跡を絶たないといえよう。

* これに関して言及するならば、ムラ住民のすべてが親分子分関係を持てたように思われがちだが、オヤブンの取れないような、すなわちオヤブンの庇護を受けることのできない最下層の人びともムラにはいた。

これに対して、コブンは、盆暮にはささやかなりとも、中元や歳暮を届けた。特に結婚後、最低三年間は暮れに荒巻鮭一本を贈る習わしがあった。労働力の提供もコブンの義務であった。農繁期はもとより、日常でも、雪かきや落ち葉拾いなどの手伝いに出かけた。吉凶ごとや物日には率先して出かけ、裏方として働いた。

**無形の満足**

オヤブン側の経済的負担もばかにならなかった。それでも忍耐強くコブン衆を取り続けた。限界に達すればムラを出る以外なかった。それでも多くは矜持を持ち、ムラに居続けた。収入と支出のバランスを重んじる近代人には理解しがたいが、金銭の問題だけではなかったのである。

柳田国男のいう「死んで墓場に行くときの伴《とも》の数、もしくは年に何度という身祝いの日に、同じ飲みもの食いものを共にする者が、多い少ないなどは何でもないことのようだが、我々はただこの無形の満足のためにも、自ら所望していろいろの親方となり、たくさんの子分契約子を集めるのに努力した」（「親方子方」）のであった。

例えば、ゼンノツナ（善の綱）なども、この一つであろう。葬儀の際に棺に縛り付けて寺まで引いていく綱が、ゼンノツナである。これを多くの人に引いてもらいたいと思うのである。数が多い少ないなどどうでもよいことのようであるが、この「無形の満足」のために、自ら所望しオヤブンになってきた人も少なくないであろう。

東八代郡芦川村には、オヤブンの葬儀には、このゼンノツナをトリマゴ（コブンの子ども）が寺まで引くことになっていた。ムラ人は賑やかな葬儀であってほしいと思っていたのである。悲しみのうちに、厳かに葬送が行われてほしい、などというのは「近代人」の感慨であろう。寿命を全うした人間にとっては、来世の存在がはっきりと信じられていた以上、悲しむことではなかった。死ぬこととは、仏教の輪廻転生でいえば居場所を置き換えることにすぎない。若年や不慮の死以外は、葬式は文字通りハレの儀式である。

喪服には、結婚式に用いた江戸褄が上層の家では用いられ、道行く人にも白飯と酒が振舞われた。あるオダイジン（＝オヤブン）の家では、峠向こうの甲府盆地から酒樽が運び込まれ、一週間にもわたって振る舞われたともいう。ホトケが稼いだシンショウ（余剰財産）の最後の大盤振舞が葬儀であったのである。より多くの人に喜んでもらう、これも「無形の満足」だったのである。

## 2 オヤブンの変容

この親分子分慣行（コヨビなど）を記した文書（「岩間源七郎雑記帳」『一之宮の民俗』）は、幕末期の農村社会にも見られることから、すでに江戸後期には、農村社会に定着し、機能していた生活習慣であったことがわかる。さらにその農村の親分子分慣行に「強い影響を与えている」ものとして戦国大名武田信玄の軍隊組織であった寄親寄子制度をあげている研究者もいる（服部治則『農村社会の研究』）。ちなみに柳田国男は「古代の労働組織」に起源を求め、「嫡子が一家の農作業を、指揮する機能を付与せられていた結果と考えられる」（「親方子方」）と述べている。

### 明治期のオヤブン

近代に入り、この親分子分慣行を「他者の眼」で記述したのは、牧師の山中共古であった。山中は、『甲斐の落葉』のなかで「親分子分の関係」に触れ、次のような一文を残している。

親分子分ナドトイヘバ博徒遊人ナドノ仲間ノ称ノミナル様ナレド、甲州ニテハ何人モ親分子分ノ関係ヲモテル者ニテ、一向男ヲウル者ニ限リタルコトニアラズ。何人ニテモ婚姻ヲ結ブ節ハ必ズ互方共ニ親分ナカルベカラズ。両親仲人ノ外ニ親分サンヲ双方トモニコシラヘ婚礼致スコト、ス。親分トナル者ハ村内ノ名望家トカ、村長ナドヲ頼ム。面倒ナル事件起ルト親分出テ口ヲキ、呉レルニテ、此親分ニ頼ムコトハ一代ギリニアラズ、代々親分子分ノ関係トレヌナリ。子分ハ年始又ハ吉凶其他物日ニ親分ノ宅ヘ夫婦打連レテ行クコト、ス。親分ハ子分ヘ単物ヲ贈リ又ハ或ル日一同ヲ呼集メ酒食ヲ出スコトアリ。此風中巨摩郡ニ殊ニ行ハルトゾ。

　此親分ナル者ノ子女婚礼ノ時ハ又親分サンヲコシラヘルコト、ス。寺院ノ僧サヘ俗人ノ親分ヲコシラヘ寺入スルコト、現ニ北巨摩ノ某寺ノ僧ハ其村ノ清水某氏ヲ親分トシテ寺入シタリトキク。（句読点―引用者）

　明治初期にも社会慣習として、親分子分慣行は広く県内に浸潤していたわけで、締結は婚姻時で世襲、その関係性は庇護従属であったが、恩情・親和を基調とするものであった。

　これは明治年間を通してあまり変わらなかったようで、大正のはじめに書かれた『清田村・国里村／村是』（一九一五年刊）にも、甲府周辺の農村で、この親分子分慣行が社会的に機能していた具体例が述べられている。例えば、冠婚葬祭のおりに入用な「羽織」は、全村で三百九十枚、一戸当たり一・八五枚しかなく、所有者は限られていた。そこで、「生計豊かならざる者は、儀式用の羽織袴を有するもの少く、入用の際は親分又は近隣有福《ママ》の家より借用」した。またコブン衆の生活についても、「附見舞と称し親分株の親戚に、凶事在りし時

（中略）其親戚の家を訪問し、弔詞を述ぶる習慣あり、農繁の時と雖も廃することを得ず」と述べられている。

この相互扶助的な精神に支えられた親分子分慣行に着目し、地主と小作人の融合を図るべしという言論が、地主の土地兼併がすすむ明治後期に早々と登場する。

凡て世は進歩に伴ふて利己的箇人的に進むの傾向あるが（略）産業の発展振興を計らんとするには須らく一致協力を欠いてはならぬと信ずる（略）本県は（略）一美点がある（略）本県下就中地方農村には俗に親分子分と称する関係があつて殆んど親属も啻ならぬ程の情宜を結んで居るそうである（略）実に本県特有の美習であると云つてよかろう、此親分子分の関係は畢竟子分は親分に頼り親分は子分を慈しむ而して数人若しくは数十人の子分は一の親分に頼つて玆に一箇の団結が出来る、一箇の大家庭を形造る事も出来る而して一致協力の実を挙ぐる事も出来るのである、此間に自然小作人と地主との関係も作られて居るのだから円満に産業の振作発展をも期する事が出来ねばならぬのである（略）近年益々此両者の関係が薄らぎ来れる傾向があつて親分子分の間にも往々種々なる葛藤などが起り従つて小作人と地主との間も円満を欠く事となる傾であるそうながら是れ実に嘆惜すべき事柄であろう、自分の考としては産業の発展を期すべく根本的方策として是等農民の思想を十分に開発し善導して行きたいと思ふ云々。（橋本技師談　山梨日日新聞　一九一一年九月十四日）

## 親分子分慣行の類型化

ここで、少し親分子分慣行の研究史に触れておこう。

この親分子分慣行を社会的事象として、またはじめて学問的に調査したのは、小作調停官として、一九三四（昭和九）年七月に山梨県に赴任した塩田定一であった。塩田は、柳田国男の学問的影響と、また自らの仕事を円滑にする意味もあって、親分子分慣行を山梨全県にわたって調査した（『山梨県に学ぶ／親分子分』）。調査方法は、アンケートと知人からの聞書が主であった。ここでは、県下二四〇ヶ町村中「親分子分慣行ナシ」と答えた町村は、南巨摩郡・南都留郡を中心に、わずか一割ほどにすぎなかった。ただし後述する北都留郡桐原村（上野原町）のような親分子分慣行の学術上定点観測地となったところも「ナシ」となっており、調査に疎漏があったことは歪めない。だが、そのデータを歴史的、経済的、社会的、政治的に分析し、親分子分慣行の初源をオヤがコを統率する血縁関係を主軸とした労働組織に求め、家制度との関連で考究した点は、柳田国男の研究（『郷土生活の研究法』や「農村語彙」などの親方子方制度）に啓発されたものとはいえ、高い評価が与えられよう。

この研究は、喜多野清一に受け継がれ、より実践的課題に基づいた調査が、北都留郡桐原村大垣外で行われ、詳細なモノグラフ（「甲州山村の同族組織と親方子方慣行」一九四〇年）が作られた。このなかで喜多野清一は、親分子分慣行の初原的形態を、労働団の親と子の関係性の絆が弛緩したことに求め、それを再度強固にするために親分―子分の関係が生じたと考えた。その意味では、親分子分慣行の発生は同族団内に求めることができるわけで、より初源的な親分子分関係と同族団のオヤ、すなわち宗家（総本家）の家長に求めるのが、もっとも古い形態（図の①）となろう。

しかしながら、その後の社会変動により労働団の分裂、「家」の分出等により、オヤ（宗家）の経済的没落ないし分家の台頭によって、その地位・権力の相対的低下が生じ、オヤの宗家以外への分散がおこる。この段階を経て親分子分関係はいくつかの類型に分裂し、多様性を持つことになったと見なした。

戦後の親分子分研究をリードした山梨大学の服部治則（『農村社会の研究』）が、調査・提起した南巨摩郡早川町上湯島の事例も、このバリエーションの一つに位置づけることができよう。ただし、このような類型（形態）を歴史的変遷過程とは見なさず、同族や家格などが存在する村落構造から派生した形態と主張する磯田進（「農村における擬制的親子関係について」）や上野和男（『日本民俗社会の基礎構造』）らの立場もある。

なお、「大垣外型」とともに親分子分慣行の類型の一つとされた「上湯島型」は、同族団の存在しない、家間のヒエラルヒーのない「無家格」の集落で、ここでのオヤは特定な家に集中することがなく、各々に分散している。また兄弟で同一のオヤを頼むこともほとんどない。家と家との関係ではなく、人と人との関係に収斂した親分子分関係（図の③）といえよう。

一九八八年に筆者が調査した富士吉田市大明見（『大明見の民俗』）は、基本的には大垣外同様に同族組織の強固な村落であるが、親分子分関係は、宗家に依頼する型（図の①）のほか、直接の本家に頼む型（図の②）、さらには兄弟間（伯叔父）で相互に取り合う型（図の③）の三

親分子分関係の類型

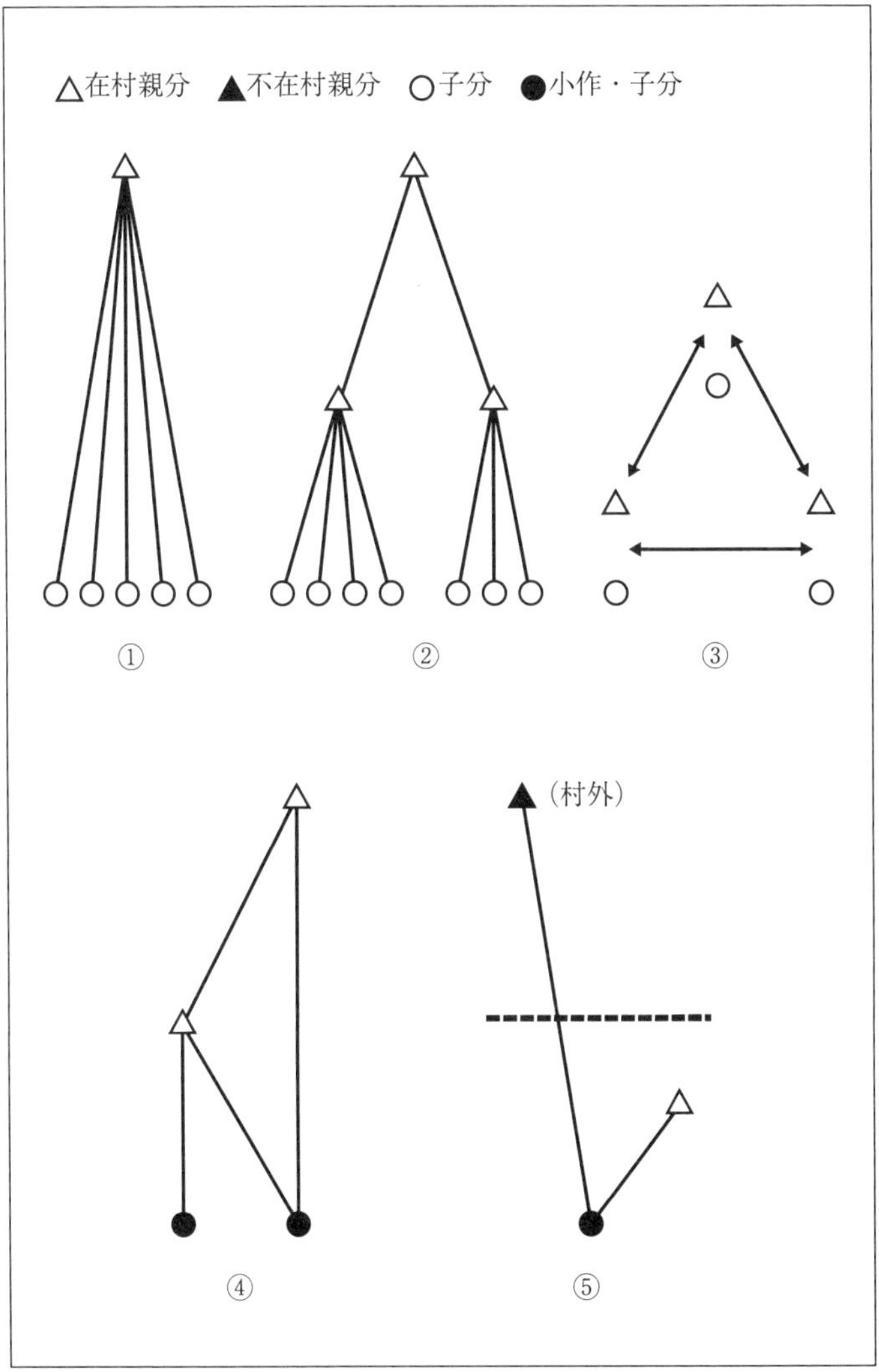
△在村親分　▲不在村親分　○子分　●小作・子分
①
②
③
▲（村外）
④
⑤

類型が混在していた。しかしそれを詳しく見ていくと、図の①から図の②、さらに図の③へと変化した形跡が窺えることからも、親分子分関係の初源形態は、宗家に集中する「大垣外型」で、そこから諸形態が派生したものと考えるべきであろう。

**地主オヤ**

親分子分慣行の変化・変容の転換期を塩田は、明治二十年頃の「資本主義の浸透と新しい政治勢力の台頭」期と、大正末期から昭和初期の「小作争議」時代に求めている。要因は経済的なもので、「財力を第二」（塩田定一）に志向することで、旧来型の親分子分関係・形態は大きく転換したと見なした。

元来、親分は集落内のオオヤと呼ばれていた宗家や、少なくとも名望家に世襲的に依頼する形態（図の①）が一般的であったが、明治維新、そして松方デフレ期の経済変動に伴い、旧家である名望家の没落、分家層の経済的伸長という事態をむかえ、それまでの世襲的な「宗家親分」を断念し、台頭してきた直接の有力本家に依頼する形態（図の②）へと転換していったわけである。この段階で付随的に発生したのが、同族団による相互扶助体制の強化と再編であった。このことは、この時期に作成された「同族団の規約書」などに見ることができる。

例えば、富士吉田市大明見の桑原シンルイでは、「祖先来ノ深慮ヲ顧リミ……不慮ノ災禍起ルノ時……ニ備フルノ得策ナカルベカラズ……今回同士結合シ」、明治十七年に「信義会」を設立している。同様なことは、宮下シンルイでも見られ、「親類共同一致ニ連合シテ一家ニ等シキ団体ヲ結ヒ互ニ親睦シ共ニ有益ナル運動ヲ為シテ一同各自ノ幸福ヲ計画シ親類ノ面目ヲ維持シ名誉ヲ発揚スルヲ以テ目的」する「進徳講」を明治二十八年に設立したという（『大明見の民俗』所収）。さらに南巨摩郡増穂町の杉田姓においても、「明治十七年ノ春正月之頃ヨリ祖先ノ霊ヲ営ント欲スルノ議事アリ」、「末代ノ家系ヲ護ラントホシテ」、「宗体講廟祭」を行うことになったという。（「聯系之端書」『山梨県史民俗編』所収）

すでに、この明治中期の段階で、オオヤ一軒で担ってきた経済的負担を軽減するために、同族内で分担し、相互に扶け合う集団運営体制が図られていたといえよう。その結果、オオヤ集中型（図の①）から直接の本家筋（図の②）へ、オヤブンを依頼することが容易になったといえよう。

さらに同族団内に依頼することができなくなったコブン衆は、血縁や世襲的関係を無視して、経済的庇護をより強く求め、他家筋のムラ内有力者に依頼することになったわけである（図の④）。とりわけ小作人が土地の貸与関係にある直接の（在村）地主にオヤブン（「小作親」）を依頼することが多くなり、この頃（明治二十年）より親分子分慣行は、変容しはじめていた。*

＊　柳田国男『郷土生活の研究法』や塩田定一『山梨県に学ぶ／親分子分』の先行研究と自らの身近に体験した親分子分慣行を踏まえ、「親分子分の関係」を論述した岩間桃枝も、「地主対小作人の関係を有するもの。これは近代的親分子分の関係で、特に明治中頃より最近新たに生じたものが多

い」と指摘している（『綜合郷土研究』）。

この経済的側面に比重を移した親分子分関係は、明治後期から急速に地主による土地集積が行われた甲府盆地内の平地においてより顕著な形で現れてくる（明治四十一年に全国の小作地率は四四・九パーセント、甲府市域では明治三十七年に七〇パーセント強であった）。経済的庇護を必要とした弱小農民（小作人）は、村落内で行われていた親分子分慣行を越えて、他所に住む地主（不在村地主）との間でも親分子分関係を新たに結ぶことになる。そして、なかには親分を二人抱えるような形態も現れてきた（図の⑤）。この媒介項となったものが、祝言の時に行われていたオトコオヤ（新郎のオヤブン）とオンナオヤ（新婦のオヤブン）の慣習であった。一方は村内の、他方は村外のオヤブンをとる形式であったため、外部の地主をオヤブンに迎えることにはさほど抵抗はなかったようである。特に同族組織の弱い地域、例えば甲府市窪中島集落などに見られたケースである（服部治則『農村社会の研究』）。

しかし、地主側の中には親分子分関係をもってして小作人への温情を心がけるものもあったが、むしろ主なる目的は、村落社会の付き合いの根底に置かれていたオジンギ（義理）の意識を引き出し、小作関係の安定をねらったものであった。そこで親分子分関係にもさまざまな問題が生じることになる。

**美風の衰退**

名望家としての在地のオヤブンは、ムラのことを第一に考え、無理をしてでも子分の面倒を見ていたのである。「明治四十一年大水害の時、中巨摩郡五明村（甲西町）の豪農市川某は、子分の浸水家族を調べて、子分全部に白米を与へたり、家屋敷地の地上げを市川さんがした」といった事例や、子分の不慮の死後（昭和初年頃）、「残った八十三歳の老婆には、月々米大桝参升に金参円宛、長い間仕送りをいたしました」（「山梨県に於ける特種習俗としての親分子分の関係に就て」『山梨県史資料編17』所収）という、増穂村で酒造業を営み、県会議員もした志村某などのオイツキ（在地）のオヤブンの事例などがある。

だが、このような「美風」を維持することは、親分側にとっても並大抵のことではなかった。冠婚葬祭のツケジンギ（祝儀不祝儀）は、一般の二～三倍を出すことが期待され、そのうえコブンの借金の保証人までするとなると、入り用はかさむばかりであった。そこで大正末期から昭和初期にかけて、ムラを後にする親分家も少なくなかったという（前掲書）。

それに対して、零落したオヤブンや新たにオヤブンとなった新興勢力のなかには、オジンギを裏切るような者も出て来た。例えば「中巨摩郡某村の事実によれば、某親分が子分の土地を買取り、子分が小作し居たるを、交渉の結果買戻をなす事となり、金円を支払ひたるに、親分は銀行に入れおきたる抵当権を抹消せず、再三交渉を重ねたるに、『親分は嘘を云はない、おれを信じろ』とのみでらちがあかず、遂に小作調停を申立てるに至った事」（塩田定一『親分子分』）まで起きている。

一九三八（昭和十三）年には、「先日小作調停事件で知りましたが、一人の子分は従来より其の親分に実印を預けて置きました処、その後子分は、親分の所有土地を買入れ代金まで完済したるところ、親分は土地所有を勧業銀行に抵当権を設定したる上、且限定相続までした為め売買登録不能は勿論、その後第三者が競落した為、同じ土地に付二回の売買代金を支払ふと云う様な」（「山梨県に於ける特種習俗としての親分子分の関係に就て」）ことさえも発生している。

親分側の「美風の衰退」、それと並行して子分側の親分への依存・従属を断ち切る動きは、「屈辱的な仕打ち」を受ける小作争議の過程で進行していった。一九二〇年代に起きた全国的に著名な中巨摩郡落合村争議では、小作青年層は自学自習で「精神的自立」を獲得した。大門正克によれば「学校教育の洗礼を受けながらも、講義録や青年団、短歌結社などさまざまな場を通じて自己教育をめざし」、「対抗文化創造」を可能にし、「農村社会秩序が広範囲に変革され（略）社会関係でも地主への人格的従属が後退し（略）従来小作人は地主の奴婢の如く見られたるも、少なくとも対等的観念となるに至」り、「又親分子分の関係も全然廃止さるゝに至った」（『近代日本と農村社会』）と結論づけている。

また中巨摩郡玉穂村の「農民組合婦人部」に結集した主婦達は、「近村の婦人部同士の相談や連絡をとるための寄り合い」を、月一回（二十一日）隣村竜王の日蓮宗法久寺境内で行われる「（文殊）稲荷講」に設定し、この場所で団扇太鼓を叩き、重箱に詰めて持ち寄った煮物などでお茶を飲みながら情報を交換し、ヨコの連結を強固にし、親分への精神的従属性を打破していった（大森かほる『母の肖像』）。

このような結果、小作争議の頻発したこの地域（中巨摩郡東部六ヶ村）などでは、闘争・係争中に精神的自立をめざした子分側から「親分子分の盃を返す」（『山梨県史民俗編』）事態が生じた。これはすでに塩田定一が明らかにした「大正十三年頃小作争議頻発、農民組合運動勃興の年を界として、子分の分散が行なはれ、一方不況と共に親分子分双方が経済力に重大なる変化を来しつゝある」（『親分子分』）というものであり、子分側の経済的成長と精神的自立とがその背景にあった。そして地主―小作関係を基にした経済的な親分子分関係は、昭和前期に消滅しはじめ、さらに戦後の農地改革や民主主義的諸改革により決定的な引導を渡され、瓦解した。

## 仲人オヤブン

しかしながら、精神的依存形態をともなう親分子分関係は、戦後も残存した。顕著な例は、選挙のときである。「今度は誰を入れれば良いですか」（『中央線』一四号）と旧オヤブン家に伺いを立ててくる老婆のみでなく、オヤブンが地方選挙などに立候補すると、子分衆が応援に駆け付け、ときには選挙違反も厭わない事態が発生したのである。そのため「公明選挙」を推進していた山梨県選挙管理委員会は、一九五九年に集落ごとの「話し合い活動」を展開し、不正選挙の撲滅を訴えたが、そこでも「昔からの親分子分の関係を絶つことが大切である」という意見が多数寄せられた（山梨県選挙管理委員会『話しあいのあゆみ』）。

この親分子分慣行の心情に着目し、巧みに選挙に取り込んだのが政治家であった。彼らは、結婚式で「頼まれ仲人」を務め、その後に親分子分慣行の形態を利用しながら関係性を築き、さらに組織化し、選挙運動に利用したのである。金丸信の「信寿会」や天野建山梨県知事の「天寿会」、古屋俊一郎山梨市長の「俊友会」など、あげればきりがないが、ここでは山梨県の政財界に隠然たる影響力を与えた名取忠彦と野口二郎のそれを見ることにしよう。

名取は、山梨中央銀行頭取として、広瀬久忠や金丸信の選挙には、なくてはならない存在であった。その名取夫妻が仲人を務めたカップルの集まりが「一樹会」であった。一九五二年には早くも会を結成し、その数は百組以上におよんだ。このなかには天野建知事や金丸智義（金丸信の弟）などそうそうたるメンバーが含まれており、夫婦をして「一樹会の歩みは私自身の人生の歩みだ」（名取淑子『たどりしあと』）といわしめたほどであった。

野口は、山梨日日新聞社の社長として、田辺国男や中尾栄一の選挙には欠かせない人物であった。田辺国男の媒酌人を務めたこともあり、田辺を「国男」と呼び捨てにする関係で、田辺県政時代、野口は「法皇」と呼ばれ、県政に強い影響力を持っていた。また、中尾の頼まれ仲人でもあった。野口と中尾は直接の関係がなかったが、政界入りをめざした中尾は、一九六一年十二月に他県人と結婚するが、野口に媒酌人を頼み、その影響力に期待した。オヤブンとして、後見人となった野口の存在が、中尾の選挙に有利にならないはずがなかった。

このように親分子分慣行は、形態を変えつつも、戦後の世界では政治に流れ込み、新たな展開を見せることになったのである。

## 三　無尽と仁義

### 1　資本金借

無尽は、「山梨文化」と言われるほど、山梨県内に定着している社会事象であるが、その無尽も選挙と切り離しては語れない。

無尽は、さかのぼれば中世（鎌倉時代）に起源をもつ「無尽土倉」や「頼母子講」に由来するといわれる。頼母子講は、寺院の財政窮乏対策として営利目的として行われたもので、当初は拠出金（懸銭・懸米）を高利貸したという。無尽土倉も、質物を担保に拠出金（無尽銭）を貸す制度であった。それゆえ両方とも庶民の相互扶助組織ではなかったが、近世になって頼母子講も無尽も同義で用いられるようになり、庶民層に拡がっていった（『コミュニケーション事典』）。

**資本金章《もとでかし》**

その「無尽土倉」や「頼母子講」を彷彿させるのが、中巨摩郡櫛形町高尾の穂見神社の例大祭の「資本金借《もとでがし》」の習俗である。例大祭は、現在十一月二十二日の夜から翌日に行われるが、以前は十一月三十日の夜から翌十二月一日にかけて行われていた。祭神は、倉稲魂命・保食大神・稚産霊神で、生産受福の神として、すなわち農業と商業の神として信仰されてきた。祭りは、高尾の夜祭りとして知られ、参詣者は静岡、長野、東京、神奈川、新潟県にまでおよび、金丸信の在所、今諏訪から続く高尾街道は人出でごった返し、神社までの提灯のあかりが延々と線状に見えたという。その賑わいは、新宿の雑踏より凄かったという話さえ残っている。

この祭りの呼びものが「資本金貸」である。信者は拝殿で神札をいただき、江戸期までは生業資金を借り、一年後には利子ともども返却にきたという（中込松弥『西郡史話』）。現在（二〇〇〇年）では、百万円を最少額として貸出す。借手は「資本金申込書」に「百万円」と書いて申し込む。実際は「奉納料」二千円を払い込むのである。すると神社から「一金壱百萬圓也穂見神社御祈禱資本金章」と書かれた神札と「資本金」千円が渡される。その「資本金（百万円の章）」で商売するか、財布の中にお守りとして入れて置けば、百万円儲かるといわれている。

この「資本金借」は、頼母子講や無尽の初源である社寺の財政窮乏対策として行われた営利目的の資金貸しの形態に近いものであろう。これが近世に入り、寺社を離れ、人びとが懸金を持ち寄り、相互に融通し合う金融組織として発達し、近代に入るとますます普及し、山梨県では大正時代に大流行したようである。

しかし無尽の流行は、困窮と裏合わせであった。事実、大正五年頃には、加入者の三分の二が負債償却のためで、無尽が少ない村落ほど裕福であるといわれた（甲府労政事務所編『山梨労働運動史』）。また、北都留郡小菅村のように、戦前まで郵便局もないような村では、無尽が「村唯一の金融機関」（『第三回山村経済実態調査報告書―小菅村―』）の役割を果たし、全戸が何らかの無尽に加入していた。

そこで無尽会が、公の金融機関に発展することも少なくなかった。大正期にはすでに甲府市竪近習町に甲府無尽株式会社が、東山梨郡諏訪村（牧丘町）に山梨無尽合資会社が公認されており、また、無尽会を基盤に金融機関として発展する会社も少なくなかった。山梨県唯一の地方銀行・山梨中央銀行の前身の一つでもある有信銀行も、無尽会を基盤にして発足（一八九四年）したものである（「名取忠彦氏を囲む座談

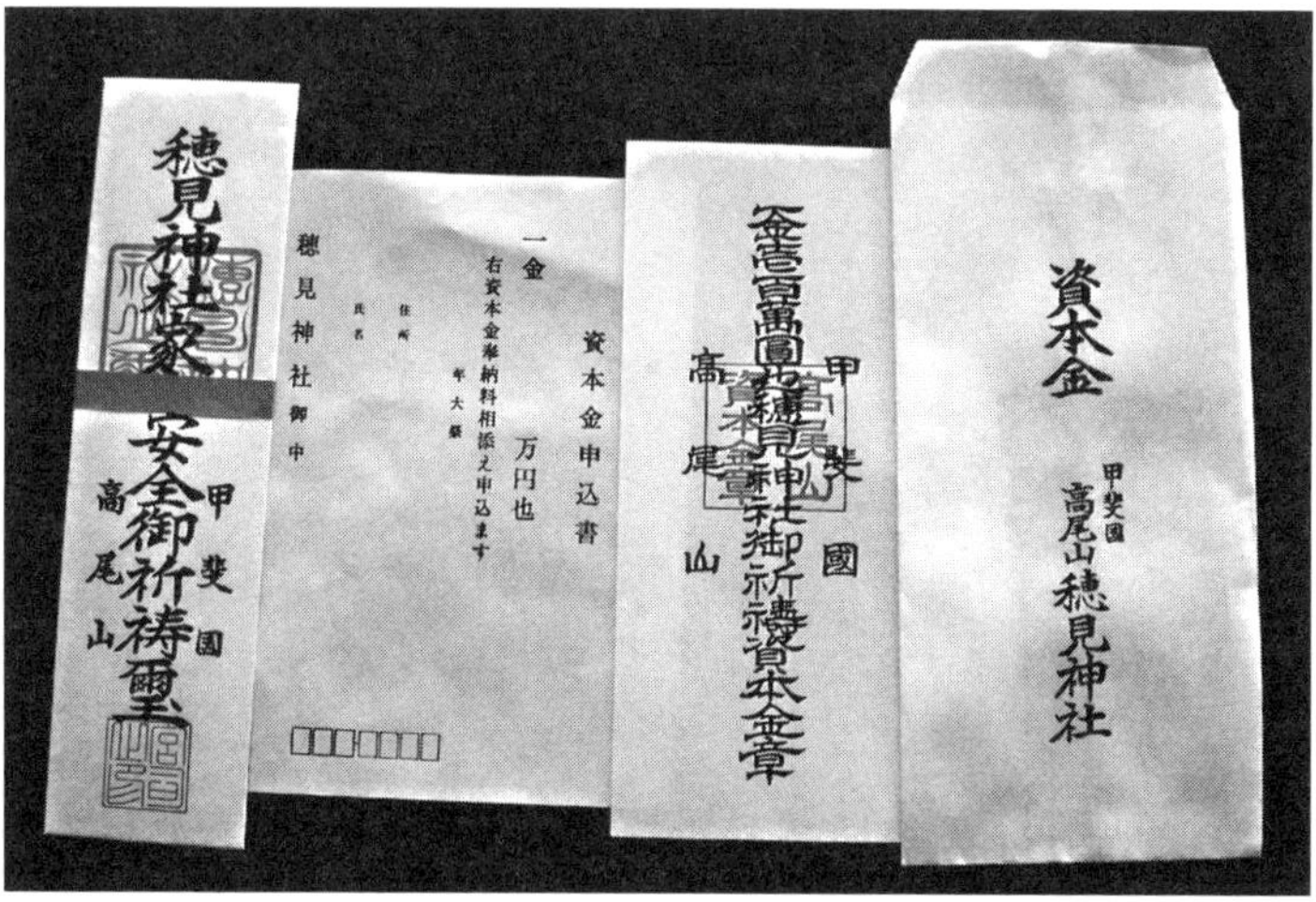


高尾保見神社の「資本金章」。南アルプス市櫛形町、2006年11月23日

会」)。一九八〇(昭和五十五)年に甲府へ進出した東京相和銀行も、その前身は一九五一年に設立された「東京協和殖産無尽」で、当時の会長・長田庄一は北巨摩郡高根町出身であった。さらに地域に密着した信用金庫や信用組合となると、その数はもっと増えるであろう。

**セリ無尽**

ところで大正時代に流行した無尽は、どのようなものだったのであろうか。当時の新聞を見ると、次のような記事がある。

頼母子講無尽講等の名称を被れる金融機関は近時至る処に流行し、(略)金融上の便に乏しき地方に於て、隣保相会して零砕の資金を集め、共同の責任を以て、金融上の不便を補ふ一種の相互組合的組織にして、農村の如きに在りては、之れが為に多大の利益を享受するものなり、然れども固より講員の信用を基礎として成立するものなるを以て、其信用にして確固たるものにあらざる以上は、極めて危険の組織たり、(略)一旦所定の取金をなしたる者が、其後に於て充分に義務を履行し、其懸金を怠らざるは少なからざる困難を伴なう事勿論なり、而して若し取金を済ませたる者が其後の懸金を滞る事あらば、将来に於て取金をなすべき者は勢い損失を被らざるべからず、其結果或は是等の講の為に却つて農村の経済を紊《みだ》すに至らん。(「無尽講の取締」山梨日日新聞 一九一三年五月九日)

文意では、流行した無尽の形態は詳らかでない。だが、一般的には、入用な金銭を調達するために、何軒かの家に呼びかけ、無尽を立てる（組織する）形式だったようである。ここでは、呼びかけ人がオヤモト（講元・胴元）、その無尽仲間をコなどと称した。無尽の回数は、年に二回ほどで、養蚕の上がり等で現金収入が入ったおりなどに開かれた。初回は入用な呼び掛け人が受け取り、次回からはコがセル（入札して競る。抽選もある）形式で、一巡すれば上がる（終結）というものだろう。

この無尽形式は、「セリ無尽」で、コが毎回の掛（懸）金を誠実に支払うことを信用の前提にしており、それ以外の担保もなく成り立っていた。それゆえ信用を得るためにオヤモトには、村落において裕福で信用度の高かった名望家やオヤブン家などがなることが多かったのである。

それでも理屈通りに行かないのが無尽であった。カネがない当時、現金はどの家でも喉から手が出るほど必要とされた。取り手はたくさんおり、セリ（競い）合い、セリ金は高騰した。時には掛金の五割にもセリ上がることもあった。無尽を取れば、以後セリ金は入らず、掛金を払うだけであった。そこで最後まで取らずにいると元金がまるまる入り、そのうえ毎回のセリ金が利子となり、かなり儲かる仕組みになっていた。だが、そこが賭けであった。最後の方になると、すでに取った（落札済みの）者は、無尽金の支払いが億劫になり、未払者が出る可能性は高い。そうなると、とりっぱぐれの危険が生じるわけである。事実、明治末期から大正初めの新聞記事は、無尽の流行とともに、掛金を回収できない事態が生じていることとを報じている。

南都留郡谷村町にありては昨年夏頃より頼母子講と唱へ数十名の会員を募集し一日何程と一定の出金額を定めたる月掛無尽流行したるが始めの内こそ真面目に実行し居りたるが（中略）落札の翌日請取り置き残金を渡さず（略）不正手段を以て詐欺を働くもの少なからず。（「谷村の無尽流行」山梨日日新聞　一九一二年六月十七日）

そこで無尽仲間の顔ぶれを見ながら取る頃合いを決めるのが、一つの賭けでもあった。特に高度経済成長期までの無尽には、この要素が強く、セリ（ル）金額と何回目で取るかを見定めることが大切であった。その意味で無尽は、バクチの興奮にも似た雰囲気を醸し出した。換言すればムラ祭のおり、神社境内などでバクチを楽しんだ興奮の名残が、無尽にも引き継がれていたといえよう。事実、明治期には、競り落とすため、博奕よろしくツキを呼ぶために墓石の欠片を懐に忍ばせ、無尽に出かけることも流行したという。（山梨日日新聞　一八九六（明治二十九）年八月二十一日）

**無尽と犯罪**

戦後にもバクチ的要素は引き継がれ、賭博として無尽が摘発される事件も発生している。まず暴力団である。昭和三十年代に山梨県下を縄張りとしていた錦政会県支部が起こした事件である。賭博が、この暴力団最大の資金源であった。そこで無尽に目をつけ、三日とか七日と定めた日に無尽会を開き、人を呼び集め、バクチの開帳となった次第である。胴元（貸元）が暴力団、無尽仲間が客というわけである。

このときのバクチはバッタが主で、二組の花札九十六枚のうちから後、先に三枚ずつ撒き、その数字で丁半を決めるものであった。動いたカネは二千万円ほど、一～二割をテラ銭として吸い上げた。客は万単位のカネを内ポケットにしのばせバッタに加わったという（朝日新聞一九六六年二月十二日）。

庶民の間でも、無尽の席でバクチを行うことが少なくなく、摘発されることもあった。一九七三年のことで、このときは無尽仲間七人で「おいちょかぶ」（花札賭博）を行い、百万円もの金が動いたという（山梨新報　一九七三年十月十九日）。

セリ無尽が、殺人事件に発展したこともある。一九七三年に塩山市で起きた「金貸しばあさん殺人事件」では、同じ無尽仲間の焼鳥屋の女将（五十六歳）が犯人で、殺害した後、死臭の漂う死体と四ヶ月近くも暮らしていたという。事件の異様さもさることながら、このばあさんが関係していた無尽仲間だけでも百二十人、犯人の女将は一ヶ月の収入が五万円ほどなのに、一口一万円から三万円の多額の「掛け無尽」に二十七口、六十本も入り、月額百三十六万円の資金を必要としていた。そのうえ高額のセリ金で無尽を早く取ってしまったので、女将は無尽金を返済するためにますます借金は増え、四百万円以上にも上ったという（山梨新報一九七三年六月二日）。

## 掛抜無尽

時にはオヤブンが、例えば破産者のコブンを救済するために、顔で会員を募り、賛同を得て、第一回の掛金全部を困っているコブンに提供する「掛抜無尽《かけぬけ》」なども行われた。この無尽は、「お助け無尽」ともいわれ、一回のみで終結することもあったので、今日でいうカンパに近いものである。ただ、「掛抜無尽」は多くの者が恥辱と考え、避けようとする傾向が強かった。

戦後にも「お助け無尽」は行われている。その一例が「ガチャ万景気」（一九四七年ごろで織機がガチャンといえば一万円にもなったということ）で沸いた吉田（現富士吉田市）の歓楽街にあった。借金で困った年増の芸者に、贔屓客が無尽を立て、カネを融通したという粋なものである（「座談会　郡内風俗よもやま」『ぐんない』二号）。

このような救済を目的とした無尽は、江戸期の「親類無尽」にも見ることができる。親類筋のある家の財産が傾き、再起不能に陥った際に、親類衆が無尽を立て必要な金銭を融通したものである。それゆえ無尽の継続期間中は、親類付き合いも簡素にし、諸勧化なども遠慮し、子どもの服装なども華美に流れないよう自粛し、無尽の親類衆の意に添うよう努めたという（『白根町誌』）。

## 2　無尽の活用

### 相互扶助無尽

一方で相互扶助の色彩の濃い無尽も少なくなかった。「茅無尽」「屋根無尽」「石垣無尽」などと呼ばれているものが、これである。これらは、屋根の葺き替えや石垣積みなどを行うもので、主なるものは金銭というより、材料（茅や石）や労働力の提供であった。無尽を落とす「セリ」もなかったわけではないが、順次輪番制に近かった。いうなれば労働力の貸し借りに似たユイ（相互扶助）やテマカーリ（労働力の貸借）に近いものであった。

また「什器購入無尽」なるものもあった。これは冠婚葬祭などで共同使用する食器類を購入するためのもので、金銭の積立ということになる。一定金額になると、組共同で使用する茶碗類などを購入した。この亜種としては、一九三七年に山梨県初の愛育村指定を受けた「源村愛育会」が行った医療器材購入無尽などがある。補助金で賄えない独自事業を展開するため、また設備の充実を図るために、村民から一戸一ヶ月五銭ずつ、年六十銭を徴収したのである。そして一定の金額になると、医療器材の購入などにあてた。この無尽などは、全戸加入の「積立貯金」といえるものであろう。

同様な形態の無尽は、戦後の生活改善運動のなかでムラによりいっそう拡大・浸透していった。生活改善運動を担った主婦たちが、わずかな金銭を共同で積み立て、一定の金額になると講員にくじ引きで順次貸出す仕組みで、これによってカマドの改良や台所の改善などを行った。このなかには金銭の代わりに、主婦がニワトリを飼い、その卵を日々農協などに持ち込み、売上金を共同で貯蓄する「卵無尽」などもあった（「農家生活改善発表大会要旨」一九五五年）。

生活改善に資するための無尽は、一九五〇年代に普及し、地域ごとに組織され、購入品目ごとに「衣料（洋服）無尽」、「布団無尽」などと呼ばれた。積立貯金との相違は、月一回ほどの集まりがあり、そこで各々が持ち寄った御馳走に舌鼓を打ち、歓談する場と時間が設けられていたことである。なかには、この料理を持ち込む煩雑さを避け、直接に栄養料理の講習会などを催し、掛金の一部を材料費に充てた「料理親睦無尽」（西八代郡三珠町大塚地区、一九五七年）なるものもあった。

**書籍無尽**

知識階層においてもユニークな無尽が行われている。韮崎市在住の郷土史家による無尽である。これは書籍を購入するための無尽会（「五車会」*）であった。「無尽会であるから、定められた掛け金をすませ、せりに入る。せりの最高のものがせり落とすことになる。せり落としたものは、その金額でかねて目をつけておいた書籍を購入し、これを勉強して次回にその要点を発表、質問応答する」（『五車』）という、落札した無尽金で本を購入し、その本の読書紹介という勉強会を立ち上げたのである。

この五車会の無尽は、一九五四（昭和二十九）年四月十二日に第一回会合を開いて以来、現在まで毎月一回、四百回余り半世紀以上にわたって行われている。この間、会員は読書無尽に止まらず、著書の刊行や「願成寺阿弥陀三尊保存庫」建設をはじめとする郷土の文化財の保存や振興にも尽力してきた。また、山梨県内の郷土研究の業績を年度ごとに顕彰する最も権威ある「野口賞」にも、三名の会員（佐藤八郎・菊島信清・山寺仁太郎）が選ばれている。

＊「五車会細則」（昭和三十年四月十二日）

一、会名「五車会」

二、世話人　代表　三枝善衛
　　　　　　常任　山寺仁太郎

三、金五百円也　セリ上トスル
　落札者次回ノ当番幹事
　外ニ五拾円宛テ会場費ニアテル

四、入札ニヨリ決定セリ金ノ最低ヲ弐拾円トスル

五、世話人ハ集金、通知、接待等一切ノ世話ヲスル

六、目的　会員ハ落札ノ都度一冊以上ノ図書ヲ購入シ、
　次回ニハ会員ニ提示シ且ツ内容ノ発表ヲ行フモノトスル

七、会期　毎月十二日午後七時半カラ十時

場所　蔵前院庫裡
八、会員　左ノ如シ（十四氏名は略）

行政も無尽が金融目的を脱皮しようとした一九六〇年代に、無尽の持つ積立制度の側面を積極的に活用した。韮崎保健所では、成人病予防のために無尽を呼びかけたのである。病院と契約し、十人程度の無尽グループを作り、毎月一人ずつ人間ドック入りさせるというものであった。当時、県内には三ヶ所ほどしか人間ドックの施設はなく、予約は困難を極めていた。直接病院と契約を結んでおけば期日もはっきりする。そのうえ費用も最低一万円ほどかかるため、毎月少しずつ貯めておけば、気軽に入れるというわけである。この人間ドック無尽は、韮崎保健所管内の「愛育会」や「部落会」を通じて浸透し、さらに近隣の町村へも広がったようである（朝日新聞一九六三年三月十四日）。

**親睦無尽**

経済の高度成長にともない、一九六〇年代後半から無尽にも変化が生じはじめた。無尽の民間金融機関的要素は、農協や信金などの金融機関に移管し、融資的側面は削がれていった。それにともないセリ無尽も減少していったが、無尽そのものが消滅したわけではない。それどころか衣替えをしながら、「飲み無尽」「旅行無尽」「同級生無尽」「同窓会無尽」「近所無尽」などの名称で、仲間と旧交を温め、親睦を深める形式に変容し、延命・発展することになった。

それにともない無尽仲間も同業者、同級生、職場関係者、趣味愛好家などとなり、山梨県下に家を構えている者（一軒前）で、無尽に入っていない者を数える方が早いという状況になっている。ここでは無尽金をセルこともなく、掛金は会費に変わり、飲食代と積立に回され、満期になると全員で旅行に行くなど、レクリエーション的要素が強まっている。

甲府西中学校の昭和三十五年度卒業生の無尽「放天会」（『えすぷりぬーぼー』六号）なども、その一つである。一九七四（昭和四十九）年にはじまり、毎月一回、飲み屋などに集まり、世相巷談をはじめ、教育・政治・経済問題などの談論を重ね、時には口角泡を飛ばし、激しい口論を行うこともあるという。しかし気まずさも次回にはけろりとなくなり、今日（二〇〇五年）まで三十年余り、三百数十回を積み重ねている。この間に配偶者を招いたり、旅行などにも出かけている。さらに冠婚葬祭などのギリハリ（付き合い）もはじまり、香典などは欠かせないものになっているという。

同級会・同窓会無尽だけではない。企業経営者にとっても、事情は変わらない。財団法人山梨県産業情報センター（理事長・望月幸明知事）が一九八四年一月にまとめた県内経営者一千人を対象とした無尽の実態調査（『経営者の無尽会実態調査報告書』）によれば、八四パーセントの社長が無尽に入っており、平均加入件数は三・七で、八日に一回の割合で無尽に出席していることになっている。構成メンバーは「同一業種」三〇パーセント、「複数業種」一九パーセント、「地域の仲間」一八パーセント、「同窓関係」一八パーセント、「趣味グループ」七パーセントと続き、さらに「政治団体関係」六パーセントにおよんでいる。メンバーの数は十一～十五人が三三パーセントともっとも多く、掛金は一万円以上が半数近くを占めている。無尽の目的は、「親睦を深める」六九パーセント、「情報交換」六一パーセント、「経営問題を話し合う」四一パーセントが上位を占め、仕入れや運転資金などへ転用する「資金集め」は三パーセント未満に過ぎない。ここでも本来の目的だった金融的要素は大きく後退し、経営者同士の親睦と情報収集に比重が移ったことを物語っている。

さらに『山梨新報』に掲載された「社長さんのプライバシー」（全二一〇回）（山梨新報一九八八年四月三十日～一九八九年一月三十一日）にも、この傾向は見られる。これは県内企業の経営者へのリレー形式によるインタビューであるが、この項目に無尽があり、経営者の無尽加入の実態を知る好資料になっている。登場した経営者二百十人中百五十八人が無尽に加入し、加入率は七五パーセント強、最高本数は月二十本、平均でも八・七本、週三、四日は無尽に出かけていることになる。掛金合計額最高は月に十本で計百五十万円、平均すると一人八万九千円にも上っている。

この側面を見ると驚かされるが、それでも経営者にとって、無尽は欠かすことのできないもののようである。ちなみに不参加者は、「わずらわしい」「酒が飲めない」などのほか、「欠席すると不義理になる」をあげているが、この点にも山梨県人の義理堅い性格が現れているようである。もちろん、無尽が持っている情報交換や親睦機能を否定する経営者はいなかった。

## 直会と無尽

金融のためでもなく、一部の例外はあるが学習会や研究会のように定まった目的をもって集まるのでもなく、ただ日時を決めて何となく集まり、少人数でわいわいがやがやと雑談し、世間話に花を咲かせる。この確固たる目的性を持たない親睦を重視した無尽は、今日の山梨県における無尽の一般的形態となっている。それはかつてムラで行われていた神仏への祈願後に行う直会（オヒマチ）にあたるもののようでもある。いやオヒマチの代替が無尽と考えた方がいいかも知れない。オヒマチとは、仲間が持ち寄った御馳走を、祭事のあとに共同飲食するものであるが、無尽もこの形式を確かに踏襲している。

セリ無尽でも拝殿ならぬ胴元の家でセリが行われた後、お茶とオコウコ（漬物）などが出され、講員が歓談することはあった。セリのバクチ的興奮のほか、この飲食と雑談が無尽の楽しみとされたこともあったが、経済の高度成長期以後はエスカレートして、会場を料亭や寿司屋などに移し、飲食も豪華になっていった。逆にセリはなくなり、掛金の内訳でいえば「枕金」（セリの最低金額、のちに会場費や食料費にあてる金額をいうようになる）の占める割合が増加することになったのである。こうなると親睦的要素が強くなった無尽と、宗教的要素が払拭されたオヒマチの形態を区別するのは難しい。

## 3　選挙と無尽

### 政党無尽

無尽は、政治家や選挙とも無縁でなかった。いやそれどころか、政党は無尽の集票機能に着目し、候補者は無尽を巧妙に活用してきた。早いところでは、一九五一年四月の県議選がある。「無尽」名義で有権者を集め、酒宴を開き、投票依頼を行った事件である（山梨日日新聞一九五一年四月二十日）。政党関係では、一九六一年二月に自民党県連（自由民主党山梨県支部連合会）が出した「組織広報運動強化についての参考資料（第一集）」に無尽が出てくる。婦人の組織化をすすめるための支援金として「無尽会助成」が計上されているのである。このことから、すでに一九六〇年代には、無尽と選挙を結びつける動きがはじまっていたと見てよい。

革新側の選挙母体である労組についてはどうであろうか。甲府市内では、小学校の学区内を単位に、地区労が組織されている。ここで無尽がはじまったのである。先鞭は国母地区労で、一九六〇年代後半からのようである。それまでは、月一回、公民館で、お茶とお菓子で勉強会を持っていたが、出席率が悪かった。そこで無尽形式を取り入れ、会場を近くの大衆食堂に移し、飲みながらの集まりにしたのである。出席率は上がり、同士的結合も強化されたという（「無尽天国」朝日新聞一九七八年三月一日）。ちなみにその無尽規約*を掲げておく。形式は「セリ無尽」であるが、「積立」要素も導入されている点に注目したい。

＊「国母地区居住者の会無尽規約（案）」昭和四十五年九月二十二日

一、国母地区居住者（水道）の会の運営は次の役員に依りムジンその他を運営する。会長・幹事長・会計（略）

二、ムジンの開催日と場所
ムジンの開催日は毎月給料日とする。しかし給料日が土曜、日曜に当たるときは繰りあげ十五日又は十四日とする。又会場の都合等悪いときは改めて連絡する。会場は「穂坂屋」とする。

三、ムジン金は１０００円とし会場費３００円、会費積立ては２００円とする。従って１５００円が参加費となる。

四、ムジンはせりとし、枕金を50円とする。又せりの2番、3番を作り落札者より５００円戴き、2番３００、3番２００円の懸賞をつける。

五、罰金制度を作り、当日金が届かない者への罰金として１００円徴収する。

六、積立金が溜ったらレクレーションを実施する。

七、ムジンの集合時間はＰＭ6時としせり落札の決定は6時30分とする。

八、参加者（十六人氏名略）

### 側近無尽

知事や議員の側近にも無尽があり、圧力団体として機能していた。「Aの会」もこの一つであった。これは一九六七年二月に、現職知事・天野久を保革連合で十万票以上の大差で破った田辺国男知事の側近の無尽会の名称である。田辺国男の代議士時代からの秘書だった朝田裕が、革新側からの情報などを得るために、社会党県議の原忠三、内藤盈成、高田清一、渡辺敬明の四人と社会党県事務局の土屋要を加えた六人で作った無尽会である。月に一度、会費は一万円で、石和のホテルに集まって、麻雀や囲碁を打ち、軽く飲む気楽な会合であったようだ。だが、ここでの保革双方の情報、知事や県政への不満や提言などは、朝田を通して知事へ厳達されたという。一九七三年に社会党が完全に田辺県政と決別した後も存続したが、一九七七年の暮れに社会党側から連絡を絶ち、「Aの会」は事実上解散した（土屋要『山梨県・知事交代』）。

さらに革新陣営が離反した後、三選をめざした田辺知事が強化したのが、保守陣営の結束であった。が、ここでも無尽組織が要諦になる。一九七二年八月に北富士演習場問題で社会党と決裂した田辺県政は、一九七四年の参院選で保革が激突、自陣営の自民党・中村太郎がかろうじて社会党・鈴木強を破ったが、票差は四千票弱とわずかで、知事側は危機意識を強めた。知事側近・有泉亨県議は田辺知事、金丸信自民党県連会長、名取忠彦山梨中央銀行頭取の三者の緊密な提携の必要性を痛感し、それを構築する工作に入り、白羽の矢を立てたのが河内敬次郎日東工業社長であった。河内は金丸の後援会・久親会の有力会員で金丸信と親しく、名取とも懇意であり、田辺の選挙総合対策事務長にうってつけであった。この河内の担ぎ出しに成功したのも、無尽の賜物であった。有泉によれば、河内とは有泉が県議二期目のとき、同級生の奥野教育委員に誘われて入った「菊屋無尽」のメンバーどうしで、この無尽が縁で河内との付き合いが深まり、知事選においても派閥を乗り越えて選挙協力をお願いすることができたというのである（有泉亨『最後の「井戸塀」記』）。

一九七九年に現職の田辺知事を保革連合で破り、知事の座についた望月幸明知事の側近グループにも無尽会が発生した。「ルーツの会」である。自民党金丸信派（久親会）の山野慶蔵、小林宗太郎、野口忠蔵と社会党の高田清一、土屋要、原忠三、そしてそのパイプ役を果たした県庁職員だった河野義和の七人が、毎月一回知事を迎えて、甲府市太田町の料亭で行っていた無尽である。三年間ほど続いたが、朝日新聞記者で『甲州人』の著書でもある山下靖典にすっぱ抜かれ、記事にされてしまったため、社会的政治的に影響を及ぼすことを恐れて解散を余儀なくされた（土屋要、前掲書）。

**選挙無尽**

では、無尽が選挙とどのようにかかわっていたのか、新聞記事から引用してみよう。

（一九七四年）二月初め、甲府市内のある町内で、町内単位の親ぼく無尽会が生まれた。会員は五十人。掛け金は千円。来春の統一地方選挙を前に、県議選立候補予定者と、甲府市議選立候補予定者を当選させようと、町内の有力者数人が計画し、結成されたものだ。いずれも保守系。苦戦が予想されるため、早い無尽会づくりになった。

発会したのは金曜日の夜のこと。五十人から千円ずつ、計五万円の無尽金は、抽選で五人が落とした。五人は配分された一万円から五百円を出し合って、この日の会費にあてた。世間話をしながら、県議選、甲府市議選へ向けての対立候補の動き、今後の運動の進め方などが話し合われた。

それから一カ月後の三月初め。二度目の無尽会に、自民党の参院選候補に公認されている中村太郎氏が顔を出した。「参院選が終わるまでは中村先生をよろしく」と、県議選、甲府市議選立候補予定者は頭を下げた。無尽会の当面の目標は、参院選へと変わった。この日から無尽会は「中村太郎を励ます会」に組み入れられた。「これは発会のときからの筋書き通り。中には反発もあるが、何とかまとまっていくズラ」と、無尽会役員のAさん。無尽会の仕事は、「励ます会」が計画した二十万人署名運動に加わって町内から署名を集めること。町内は約四百世帯、有権者は千人ほど。無尽会のメンバーは土地っ子ばかりで、町内会長を務めたことがあるなど〝ボス〟が多い。(略)

選挙に無尽を利用するのは、保守、革新を問わない。社会党の甲府市議Bさんは、個人の後援会組織四つを含め、十六の無尽会に加わっている。仲人をしたり、就職を世話したり、そんなつながりでできた無尽会だ。どちらかというと、保守色の強い人たちがメンバーだ。だから、無尽会を固めることは、革新の固定票に保守票を上積みさせ、選挙の際は安定した戦いを進めることができる。

「市議クラスでは私を推してくれる無尽に入っていても、県議クラスは保守系の無尽に入っている人もいる。ダブっていてややこしいようだが、市議二人とか、県議二人の無尽に入るなどという例はない。選挙になれば、票読みに狂いが出ない」とBさんはいい切る。

Bさんは当然のこととして、無尽会で頭を下げた。社会党の目標は、参院選候補に公認している鈴木強氏が甲府市内で自民の中村氏を一万五千票引き離すことだ。しかし、公明、民社、共産党も候補者を立て、革新が票を分け合うことになり、目標達成はかなり苦しい。無尽をフルに利用せねば、とBさんは考える。

無尽は、日常化した巧妙な選挙運動ともいえる。地方選レベルでは、一つの核となり、国政レベルでは、ピラミッドの底辺となる。山梨の政治風土の中に、どっしりと根を下ろしている。（「票は動いている」朝日新聞　一九七四年六月四日）

一九六〇年代後半からの無尽は、気の合った仲間、少なくとも気心の知れた人々の集まりになった。それも十数人という小集団である。それが定期的（今日では月一回が多い）に飲食店などで会合を持ち、金銭を積み立て、歓談するのである。無尽は、サークル活動や勉強会とは違い、集まるテーマが決まっているわけではない。ただ集まり、その場で世間話がはじまるのである。話は細々とした生活上の不満から始まり、巷の噂、芸能人のスキャンダル、子どもの教育、最後には政治問題に及ぶこともある。

ここは、かつての井戸端会議所であり、庶民の政治サロンにもなっている。そこは噂の温床にもなる。そして、選挙が近づけば当然候補者のことも話題に上る。投票依頼が仲間内から出るのも自然の成り行きである。無尽の場は飲食を伴い、金銭が集められる。ここで一、二品の料理や酒が増えても、金銭のやり取りが行われても、なんの不自然さも感じない。話題の成り行きから誰の差し入れかは、暗黙の内に了解できる。供応や買収の隠れ蓑にもなりやすいのである。

候補者も自ら支持者を増やすために無尽をたて、仲間になることを積極的に願う。十数人ほどの会員をもつ無尽は、有権者との顔つなぎになるし、有権者の生の声を聞き、政治に生かす方途にもなる。その意味では、候補者が自らの政治感覚を養う場所としても悪くはない*。そして選挙ともなれば、無尽仲間が実働部隊になるわけである。

* このことを裏付けるように、朝日新聞甲府支局が行った一九九〇年の山梨県内の政治家へのアンケート（国会議員・県議・市議二百二十二人のうち回答者百七十五人）によると、八五パーセント余が党派に関係なく無尽に入っており、一人当たりの加入本数は十本以上が約二六パーセント、このうち県議では十本以上が四〇パーセントで、百本以上が二人いた。国会議員（六人中）では五十一～百本が二人、三十一～五十本が一人であった。無尽の意義としては、「肩書きに関係がなく打ち解けられ、人脈や視野を広げられる」、「業界や世代、男女に関係がなく、身内意識を生む」

ことなどをあげている。選挙では無尽の養った「結束力がものをいう」ことを確証しているのである。ただし「政治家が、無尽に余りのめり込むと、政策や主張で訴える選挙の理想から遠のく」という自戒とも取れる発言もあった（朝日新聞　一九九〇年一月十二日）。

**無尽とオヤブン**

ところで、この無尽も、同族組織や親分子分慣行と無縁ではなかった。頼母子講的無尽のオヤモト（保証人）には、通常本家筋やオヤブンがなった。コが金銭を必要としたおり、その金銭を用立てるのはオオヤやオヤブンの責務でもあった。オオヤやオヤブンは最終的には分家やコブンの経済的援助をする使命を負っており、コブンが金銭を必要としたおりには金銭を直接に用立てできないにしろ、その便宜をはかるのは当然とされていた。そこで無尽を分家筋やコブンがたてる際には、無尽のオヤモト（親元）となり、無尽仲間の勧誘、確保には尽力を惜しまなかったのである。配下の分家筋やコブン衆、さらには知人に呼びかけるばかりでなく、自らも一口や二口乗るのは義務であった。コブンに経済的社会的に信用がなくても、オオヤやオヤブンの後ろ盾があることによって、人に対する吸引力がはたらき、無尽は成立したわけである。

このような契機をもって成立した無尽が、選挙と結び付かないわけがない。候補者には、旧家やオヤブンが多かった。無尽仲間も同族団同様に支援を惜しまなかった。一方、候補者も無尽仲間に票集めを依頼するのは人情である。そこで否応なく無尽は、選挙母体に衣替えすることになる。無尽は、候補者にとっても、支援者にとっても都合のいい組織なのである。

**無尽市長**

無尽と政治家個人もつながりが深い。県都甲府市長を務めた河口親賀（一九一五〜二〇〇〇）は、無尽と選挙活動を候補者側から効果的に結び付けた最初の人といわれている。この人は、市長在任中（一九七一〜一九八三）に百三十八の無尽に加入し、住民の要望をすくいあげる努力をしたという。無尽は通常、月に一回である。一晩に数カ所の無尽に顔を出してもこなしきれない数字である。回りきれない分は、専用の私設秘書を雇ってこなした（山下靖典『甲州人』）。そこでこの人を称して「無尽市長」といい、支持者を「河口宗」といった。

河口の選挙後援会は「親友会」といったが、この下部組織に各無尽会が位置づけられており、選挙時には強力な運動母体となった。

各無尽を束ねる親友会本部無尽は、毎月八日、甲府市の「笹や旅館」で開かれ、幹部や顔役二百人が勢ぞろいした。「座の中心が市長だけに、無尽のあとの市政報告会は迫力がある。時には市の幹部職員が随行するので、市議会の答弁以上に具体的とか。このため『夜の市議会』とまでいわれ」た（朝日新聞 一九七六年九月二十六日）。

こうして「親友会」の組織は拡大したが、あまりにも膨張しすぎたため、若い支持者のため「親豊会」という下部組織もつくられた。この組織は、また河口夫妻が結婚式の仲人をつとめた集まりでもあった。さしずめ現代版親分子分組織ということになる。一九八三年の時点で「四百四十〜五十組。年年、二十〜四十組のペースで増えている」（山下靖典、前掲書）というから、大オヤブンに変わりない。

無尽会の方も合同で、隔年ごとに定例旅行会を伊豆稲取温泉で開き、参加者は数百名（一九八四年には七百五十名ほど）にもおよんだという。しかし、これほどの組織固めにもかかわらず、無投票で四選確実といわれながら、息子を県議に立候補（当選）させる「親子選挙」を展開したために市民の反発を買い、一九八四年の市長選では落選の憂き目にあっている。

だが、河口はひるむことなく、復活へ向けて無尽作戦を展開し、支持者を増やしていった。先述したように、その河口を支える熱狂的支援者を「河口宗」と称したが、「宗」とは宗教的結社の意味もある。無尽も遡れば、宗教結社として発展してきた。無尽を後援会組織の中核に据え、支持者獲得を展開した河口の選挙手法こそ、まさに宗教結社に似たものであり、「宗」の名で呼ぶにふさわしいかもしれない。

ところが「宗」という呼称で支持者を表現する仕方は、「河口宗」がはじめてではなかった。戦前から甲州では使われており、管見では「斎木宗」がはじめてである。「斎木宗」とは、斎木逸造（一八七一〜一九五五）の支持者の呼称である。斎木は北巨摩郡武川村出身で、若い頃、壮士に憧れ政治活動をはじめた。中江兆民の自由民権思想に影響され、自らも天民と号した。一八九九年に『甲斐新聞』を起こし、のち甲府市議、県議、市長を歴任した。その生活ぶりは質素で、人柄も清廉潔白であった。そんな人物に惚れて集まった支持者は、斎木逸造を本尊と見立てて「斎木宗」の集団をつくりあげた（山梨日日新聞　一九三二年九月二十六日）。

また、戦前の農民運動を指導し、一九三六年から戦前・戦後通算七回の当選をはたし、戦後の片山内閣では農相を務めた平野力三（一八九八〜一九八一）の支援者も「平野宗」と呼ばれた。平野は、早大出身で、在学中から山梨県の農民運動に携わり、戦中の翼賛選挙でも大政翼賛会の非推薦で当選するなど熱狂的な支持者が多かったことで知られている。戦後も熱烈な農民の支持で代議士を務めたが、革新陣営にカネを使う選挙を教えたのも平野であった（山梨日日新聞　一九四九年一月一日）。そのカネのため一九五四年には、利殖機関「保全経済会事件」で失脚し、政界から引導を渡された。

## 無尽県議

県議のなかにも無尽を上手に活用した者がいる。「無尽県議」の異名を取った望月金三である。望月は一九六三年の甲府市議選に新顔ながら上位当選した。このとき威力を発揮したのが無尽組織であった。その後、一期市議を務めただけで一九六七年には県議に乗り換え当選した。その後、三期目の一九七六年十二月には県議会議長になり、内田常雄代議士派の幹部として県政に君臨した。

その望月の選挙後援会は「金栄会」といったが、これを中核で支えたのが金栄会の名を冠した無尽組織である。一九七六年当時の新聞が伝えるところによると、その数七十八本、講員千五百人を数えた。その望月は、無尽のよさを「全部の無尽に入り、できるだけ出席することにしている。ヒザを交えて末端住民の困りごとを聞く。民主政治のあり方、そのものではないか」と語っている（朝日新聞 一九七六年九月二十六日）。

共産党議員も無尽と無縁ではなかった。甲府市議を五期務め、役所内に隠然たる勢力を持っていたTは、役所内の職員と無尽を持ち、役所内の選対の中核にしていたという。無尽は八日会と称し、毎月八日に三千円会費で市内の居酒屋などを会場に開かれていたが、ここには市職員とそのOBの十数人が参加していたという（山梨新報 一九八八年十二月十七日）。

しかし、民俗事象同様無尽も両義性をもっている。無尽組織が足枷になって、逆に後援会組織を解散することがむずかしくなることもあった。一九七七年に逝去した内田常雄代議士（厚生大臣・自民党幹事長などを歴任）の後援会組織は、「如山会」といったが、主がいなくなったにもかかわらず、翌年の総会で解散決議ができずに終わっている。存続の理由は、次期総選挙への後継者模索もあったが、それ以上に無尽の存在が大きな問題になった。後援会内部に多くの無尽組織を抱えていたために、その無尽が一巡し、満期になるまでは解散もままならなかったのである。

## 4 義理張り

### 香典

郡内地方では、葬式のことを「地獄無尽」という人もいる。すでに大正時代にも「村香奠」

を「不幸無尽講」といった（「町村取調書」―初狩村）ことを思い起こせば何ら不思議ではない。死者に対する哀悼を別にすれば、葬式（なかんずく香奠）は無尽そのものによく似ている。

葬式には、手伝いのほかに多額の金がかかるのが普通である。その金を仲間に少しずつ負担して貰おうという考えである。だが、そのためには前もって預けておくことが必要になる。それが香典というわけである。その香典を差し出すことを、甲州では「ギリハリ」（義理張り）とか「ジンギ（仁義）を切る」という。そこで生前にせっせと葬儀に出向き、無尽の掛金ならぬ香典を打ったり、張ったり、切ったりすることになる。それがオジンギであり、葬式の別名（民俗語彙）にもなっている。

おまけに香典は、郡内地方では「別帳場」であった。別帳場とは、施主（喪主）以外に既婚の兄弟姉妹が帳場を出し、それぞれに香典を受け付ける仕組みである。これをチョウメンダシともいう。香典を出す側は、施主に五千円、分家の弟に三千円、嫁に行った妹に二千円と差し出す。受ける側は兄弟別の香典帳にしっかりと記入する。

その香典帳は備忘録となる。他家で葬儀が生じたときに、取り出し、それに見合う金額をギリ張りするわけである。香典は亡くなったホトケに差し出すのでなく、遺族に出すものなのである。そこで穿《うが》った見方をすれば、葬式はいままでの掛金（香典）を回収する集金場ということになる。となれば、「地獄無尽」といっても原理的にはあながち間違いではあるまい。

そういえばこの郡内地方では、二、三十年前から、葬式での香典袋が要らなくなった。「香典票（カード）」が出現したのである。カードに氏名、住所、金額などを記入し、現金紙幣をそのまま帳場に出せばいい仕組みになった。なかには一万円札や五千円札をポケットから無造作に出し、五千円、二千円とつりを貰う者も少なくない。

それ以前は、差し出された香典袋を別室で帳場担当者が開き、金額を確かめ、「香典帳」に記入していた。しかし、香典額と中身の現金に相違があったり、金額が書かれていない香典袋があったりと、煩雑極まりなかった。時には、金額に誤差が生じることがあった。となると、大変な事態である。責任が帳場に重くのしかかった。それは金銭の問題ではない。次回の香典張りに喪主が迷う原因になるからである。もらった香典の額を間違えると、ムラではギリ張りにならない。ギリ張りは多くとも少なくともまずい。なかんずく葬儀のギリハリは、あくまで同等・同額が原則である。その原理を壊せば、ムラではギリハリにならないのである。

それゆえ香典額の誤差は致命的責任になる

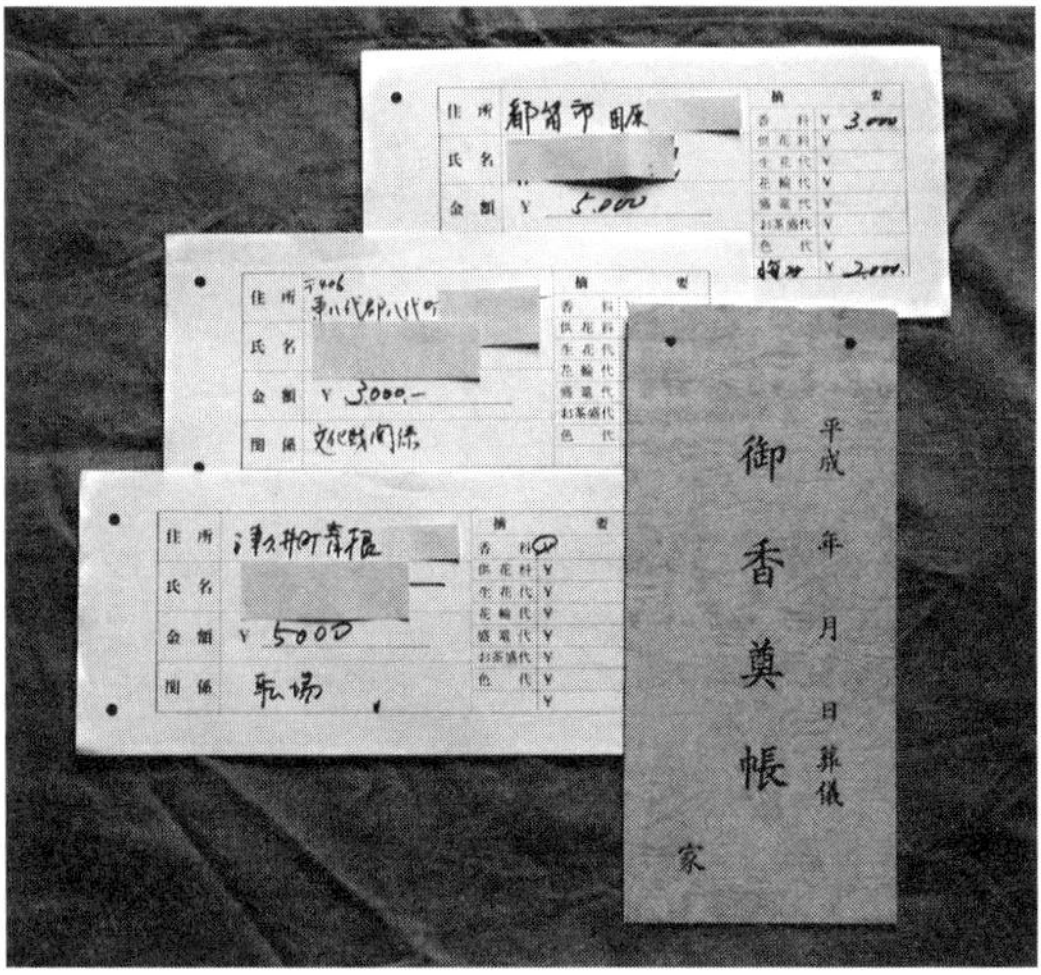

現在、郡内地方で香典袋の替わりに用いられている「香典カード」。都留市、一九九六年十月

のである。そのために帳場に座る人は、達筆な人組（集落）内の計算に長けた、達筆な人ということになっていた。つまりは「手の動く者」、金融関係者が適任者であった。その人たちにしても間違いが生じたのである。帳場責任者の香典額と客の洗いなおしが、延々と続くことになる。時には深夜まで続いた。

　そのための合理化策が、記入式香典票（カード）の出現であった。普及しはじめたのは、一九八〇年代で、今日、郡内地方では完全に定着している。だが、カネは香典袋で包むことに意味がある。袋で包む、すなわち「かこむ」「かくす」ことによって、カネはカネでなくなるのである。香奠袋の廃止は、カネを浄化するという禁忌が解かれてしまったことを意味する。

香典を受け取る受付（帳場）。東山梨郡三富村、1996 年 7 月

**葬儀**

葬儀自体にも変化が生じている。土葬から火葬への変化である。戦前まで火葬は、伝染病などの疾患による死亡者のみであったが、一九七〇年代あたりから一般化し、二〇〇〇年代には遺言を認めたような例や火葬施設のない山村などの一部を除き土葬は姿を消したといっていい。ちなみに一九九八年十一月に行われた日本民俗学会の名誉会員であった土橋里木の葬式は土葬であった。すでに在所である西八代郡上九一色村古関では、火葬が主流であったが、故人の遺言を優先して行われたものである。

かくして葬儀への地域住民の参加形態に変化が生じ、ギムニンソクによる「穴っぽり」や「柩担ぎ」などがなくなり、「オンボー」「ホウバイ」「ロクシャ

現在ではほとんど見られなくなった土葬による葬式。道志村、2006 年 8 月

ク（六尺）」「山衆」「山当番」、「飛脚」「知らせ」「触れ」、「お勝手」「台所」、「帳場」などと呼ばれた種々のオテンマ（お伝馬）なども軽減され、隣保組の手伝いも三日間から二日ないし一日に縮小されたところが多い。

さらに隣保の葬式組が取り仕切っていた喪家での葬儀も、一九九〇年代後半から一切合切を葬儀専門業者に任すシステムの出現とともに、新たに竣工されたセレモニーホールなどの専門会場に移すようになった。二〇〇五年現在では山梨県下では十件中九件までが、このような施設で行うようになっている。それにともない自宅外で通夜*・告別式を行うのも一般化したといえよう。

＊　通夜　須玉町をはじめとする北巨摩郡地域では、そもそも「通夜」に相当するものがなかった。また、「通夜」という慣習があった地域でも、ミウチ以外の弔問客が来るようになったのは、そう古くはない。山中湖村長池集落では、ホトケにミウチだけが寄り添う「寂しい通夜」が一般的であったが、変化したのは満州事変以後のことであった。戦死者の村葬がきっかけで、集落（ムラ）全戸から弔問客が一人ずつ動員された。さらに村の婦人会・消防団・青年団などの諸団体の代表などのオタニンサンも加わり、茶菓子が振る舞われ、「にぎやかな通夜」になっていった（『山中湖村史・第三巻』）。

塩山市などでは、昭和四十年代から本来は告別式に参列すべき「オタニンサンが通夜に来る」ようになり、忍野村では一九九〇年代には葬儀（告別式）の会葬者より人数が多くなった。そのため

「義理張り」（香典）の帳場（受付）も通夜の場に設置されるようになったという。

甲府市内などでは夜を明かすことのない「半通夜」という慣習があったが、これも近親者のみの集いである。初狩村（現大月市）出身の山本周五郎「松の花」（『小説 日本婦道記』）にも「半通夜」が出てくる。妻を亡くした夫が、簡素な通夜を所望し、弔問客の伽を夜半で終了することを家人に命じる場面である。

その結果、山梨県で多かった通夜―告別式（遺体を前に読経・焼香）―出棺―（火葬の場合は茶毘）―オクリ（野辺送り）―埋葬（納骨）という葬儀の手順は、混乱状態にあり、またセレモニーホールでの葬儀では、亡骸（仏）が親族・身内のいない場所で一晩を過ごすというケースも見られるようになった。それ故に通夜での習俗（近親者が死者の枕元で灯明や線香を絶やさぬよう一晩寝ずの番をすること）や出棺のおりの禁忌（縁側から出す・木槌を足で蹴る・糸枠を転がす・箒で掃き出すなど）、野辺送りの習俗（野帰りは出棺とは別の道を通る）などは姿を消し、ないし変化を余儀なくされている。自宅の畳の上で死にたいという願いが、かなえられるどころか、生活の場であった家での葬儀さえ執行されぬ事態が出現したわけで、柳田国男が示した日本人の「祖先崇拝・家永続」という霊魂観・他界観にも変更が強いられている。

しかし、霊魂観の変化やそれに伴うタブーの減少・喪失は、葬儀への近親者・友人・隣保組関係者以外のオタニンサンの関与を容易にしたといえよう。生前故人と面識のなかった人物が葬儀へ参列することは、戦前までは戦没兵士の村葬など特殊な例を除けば一般的でなかった。だが、村葬がきっかけで、行政が葬儀に介入する道をこじ開けたのである。そして戦後は選挙と結びつき、政治家の香典や焼香、献花、弔電が無差別に行われるようになっていった。

そのことを物語るのが、「いちばんよく着た着物は『喪服』だった」（田辺千枝子『えすぷりぬーぼ』九号）とか、「政治家は（葬儀などの）アクセサリー」（『行き過ぎれば刺し違える』）だというような自嘲気味な発言であろう。前者は通算代議士九期、知事三期を務めた田辺国男夫人の、後者はその田辺とライバル関係にあった金丸信の言葉である。ここに、週刊誌沙汰になった金丸の地元秘書を務めていた二男の「失踪事件」（一九七八年六月）

葬儀に飾られた国会議員（金丸信や志村哲良）の花輪。大月市、1988年7月

を加えてもおかしくないであろう。その原因は、連日の支持者の葬儀参列に疲れ、それに嫌気がさしたためだといわれている。

時には行き過ぎて世間からの批判を受けることもある。一九八八年六月に玉穂町長が暴力団の葬儀に参列、そのうえ花輪・香典も町費から支出していたことで世間からの非難をかった（毎日新聞　一九八八年六月七日）。

さらには葬儀にとどまらず、新しいホトケを迎える新盆（ニイボン・シンボン・ハッボン・アラボン）見舞いにまで政治家のかかわりは拡大しており、一九八四年八月には、二ヶ月後に選挙を控えた現職の下部町長が新盆見舞に約七十軒をまわり、それぞれ三千円の「香典」を配った事件なども発覚している（朝日新聞　一九八四年十月十九日）。通常、政治家の支持者まわりを「檀家回り」というが、これこそ僧侶顔負けの文字通りの「檀家回り」というほかない。

## オトボレー市長

甲州では、すでに述べたように、香典を差し出すことを、「ギリハリ（義理張り）」、あるいは「ジンギ（仁義）を切る」などと称して大切にしてきた。ギリやジンギを忘れたら「人ではない」といわれかねない。ギリハリを忘れたらエンギリとなる。以後の縁を切られ、付き合いが難しくなる。だから葬式の日時には細心の注意を払う。新聞の「お悔やみ欄」が充実しているのも山梨県の特徴である。地方紙の『山梨日日新聞』だけではない。『朝日』や『読売』など全国紙の県内版に「お悔やみ」欄が備わり、施主の名・通夜・告別式の日時や場所が示されている。悲しいかな、高齢者の一日は、ここに目を通すことからはじまるといわれている。

そこで「葬式シンルイ」などという民俗語彙があることもうなずけるわけである。これは日常での付き合いがほとんどないにもかかわらず、葬式のときだけは香典を届ける関係をいう。本来ならば香典を張るような関係は見あたらない。にもかかわらず香典帳を引っ張り出してきてギリハリをするわけである。やめればいいと思うが、自分の代で解消するには忍びないのである。先代の事跡を継ぎ、子どもの代に送り届ける、これがオイツキとして家を引き継いだ（イセキを取る）者の最低限の責務とさえ考えているからである。

ジンギを受けた家では、ギリを忘れてはならない。このようなムラ人の心情（ギリ）に楔を打ち込み、票に結びつけたのが、政治家のギリハリといっていい。哀悼を受け、香典をいただいた家では、義理を返さねばならぬということになる。選挙はその機会の一つなのである。

このギリハリで有名なのが、全国的にもめずらしい八期三十二年間（一九五四〜一九八六）、連続当選を果たした山梨市長の古屋俊一郎である。「市民の悲しみは市長の悲しみでもある」をモットーに、市長室に絶えず喪服を用意し、市民の葬儀に足繁く通い、オトボレー市長とまで呼ばれた（「地方政治家4　古屋俊一郎・山梨市長の場合」『アサヒグラフ』）。

この市長、葬式ばかりではない、人生の節目、節目で行われる儀礼にも深く関与した。結婚式の臨席も少なくない。七期までに結婚の仲人百九十八組を引き受けている。そのうえオヤブンにもなった（山梨新報　一九八二年七月二十四日）。その集まりは「俊友会」といった。選挙前には総会を持ち、檄を飛ばした。さらに古屋は、碁は田舎初段の腕前で、塩山・山梨両市の親善囲碁大会には欠かさず出席、踊りも師匠なみで「武田節」を得意とし、いろいろな場所で披露した。それがため年配者や婦人層に人気があったという。

市民へのギリハリを大切にし、サービス精神旺盛、そのうえスマイルでソフトな人柄、これが選挙民一般にもに受け、八選をはたしたわけである。古屋は三十二年間、「市民党」を標榜し、大きな失政もなかった。だが、逆に「要領のよさ」、「八方美人」、「信念に欠けたご都合主義」という批判もあった（『アサヒグラフ』）という。この誰からも好かれる市長こそ、ムラ型政治家の典型であろう。

古屋俊一郎市長を中心に組織されていた仲人会・俊友会の総会。山梨市、1986年3月

# 第三章　ムラの精神風土と金丸信

ムラの民俗が、甲州でどのように選挙に利用され、また選挙が民俗をどのように活性化したかを述べてきたが、ここでは金丸信という「大政治家」の政治手法や行動に即して具体的に論じてみよう。

ところで、金丸信を「最後の日本的政治家」として歴史に位置づけようとする動きがある（『評伝金丸信―最後の日本的政治家―』）。「最後」という限定には同意できぬが、「日本的政治家」であったことは疑いを入れないであろう。だが、「日本的」とは何か、と問われても明確に答えることはできまい。他国との比較をもってして「日本的」を浮かび上がらせることはできようが、自己認識として「日本的」を明確にするためには、おのれの拠って立つ場所を掘り下げるほかはあるまい。金丸信を「日本的政治家」として位置づけるためには、彼を規定している在所の意味づけが不可欠ということである。

私は「日本的」の意味を「民俗」と捉え、その民俗の母体である「ムラ的なるもの」を考究することを通して「日本的」に限りなく接近することができると考えている。そこで、こここでは、ムラの民俗を利用・活性化した金丸信という「大物政治家」の政治手法や行動を対象にして、彼の在所であるムラとは何かを問い、そのムラを規定している民俗の意味を再度検証することにしたい。

## 一　甲州の政治風土

### 1　中傷ビラ戦争

#### 後援会

ムラの民俗やその装置を収奪し、その機能を遺憾なく活用しているのが、後援会組織である。後援会とは、政治家を支援するための政治団体で、機関紙（誌）の発行をはじめパーティーやイベントの開催などを定期的に行い、支持者・会員との交流をはかる組織である。「人脈選挙」を核とする甲州選挙にとって、人と交流をはかり、人のあつまりである集団をいかに組織化するかが、当落を決するかぎになる。人の点を結んで線とし、さらに各線を縦横につないで面にすることが必要となる。

そこで政治家は後援会の組織作りに乗り出す。政党や政治団体、労組などを母体に立候補することもあるが、自らも後援会を立ち上げ、人の輪を築くために仲間組織である同級会や同窓会、地縁組織である同郷会、さらには血縁組織である同族・親戚組織などを活用することになる。その組織に血液を流すために無尽会の設立が図られる。

そのため政治家の仕事の第一歩は、「民俗生活」ということになり、地元有権者の就職・入学の世話から冠婚葬祭に至るまでの日常的な付き合いを余儀なくされる。「義理」の蓄積が大切になるからである。このことについては、すでに第二章で触れてきたので言及は避けるが、このための付き合いに厖大なエネルギーが費やされ、費用も膨大になる。少し古いが、一九八三年度の山梨県下七市長の交際費額を表にして掲げておこう。

後援会組織の主なものをあげてみると、知事の後援会としては、知山会（吉江勝保）・求和会（天野久）・緑山会（田辺国男）・明山会（望月幸明）・建（賢）友会（天野建）・山輝会（山本栄彦）、国会議員では、如山会（内田常雄）・久親会（金丸信）・菊友会（田辺国男、知事選後は緑友会）・山栄会（中尾栄一）・若富士会（堀内光雄、父親の一雄「富士会」）・強親会（鈴木強）、徳友会（金丸徳重）・日新会（神沢浄）などがあった。女性会員のみの後援会組織もあり、みどりの会（田辺国男）、あやめ会（中尾栄一）、鈴らん会（鈴木強）などが、これにあたる。また県議を組織した信明

| 首長 | 交際費 |
|---|---|
| 甲府市長 | 一、〇二〇万円 |
| 富士吉田市長 | 五〇〇万円 |
| 塩山市長 | 三八〇万円 |
| 都留市長 | 四五〇万円 |
| 山梨市長 | 四八〇万円 |
| 大月市長 | 三〇〇万円 |
| 韮崎市長 | 四五〇万円 |

政治家の交際費内訳（山梨日日新聞 1983年2月15日より）

会（金丸信）や市町村長を束ねた信和会（金丸信）、明和会（望月幸明）などもあった。首長や県議の後援会としては、親友会・六郷会（河口親賀）、金栄会（望月金三）、亨友会（有泉亨）などをあげることができる。

なかでも後援会の組織化に稀有の能力を発揮したのは、「県民党」を標榜した望月幸明知事の後援会「明山会」であった。副知事望月は一九七九年一月の知事選挙で、現職の田辺国男を保革連合で破り、初当選した。その望月は、前年に後援会「明山会」を結成するが、ここには社会党県連活動家と金丸信代議士の側近が集まった。再選をめざした一九八〇年十一月から八一年一月までは、「全県一斉加入運動」を展開し、「明山会即県民党」による「ふるさとづくり」への参加を呼びかけた。明山会は「すべての県民に公正・平等な新県政を推進発展させ、望月幸明氏を通じて県政と県民生活を直結し、豊かで明るい山梨県を築くことを目的」に掲げ、「思想・心情・政党・会派などの相違をのりこえて、前条の目的に賛同するすべての県民個人によって構成され」た（ビラ「家族ぐるみで明山会へ加入しましょう」傍点引用者）。そして翌年二月には、県内全世帯の七五パーセントにあたる十七万戸の「個（戸）票」を集め、磐石の選挙体制を築くのに成功したのである（産経新聞一九八一年二月八日）。

また、選挙直前には、分裂状態にあった自民党県連が一本化したのを受け「山梨ふるさと政治連盟」（会長金丸信）を立ち上げた。そこで保革を選挙基盤にする望月は、党派を超えた幅広い支持者を得るために後援会（「新しい県政をつくる県民連合」）への政党や団体の加盟を認めず、その代わりに各支持政党や団体と、望月個人が個別に政策協定を結び、幅広い支持を得る体制を作り上げた。この政策協定が何本もあり、ちょうど望月候補を天上の頭金にして親骨が集まる唐傘に似ていたところから「カラカサ（唐傘）方式」と命名された。

唐傘作りは、かつて南巨摩郡鰍沢町で盛んであり、「鰍沢は傘ばかり」といわれた時期もあったほどで、同郡（中富町）出身の望月に引っかけた命名といえよう。そして、ここに明山会をはじめ各国会議員の後援会、望月知事を支持する市町村長の団体「明和会」、県庁ОBの「如月会」、県庁出入り業者の「幸友会」、旧制身延中学校ОBの「身和会」、普美子夫人関係グループ「明美会」、出身地の「中富会」、若手中小企業経営者が集まった無尽組織「青雲会」などが傘の骨のように集まったのである。その結果、望月県政下では、行政系列と後援会組織を重ね合わせる格好で市町村、県民を直接掌握する体制が築かれ、知事二期目（一九八三年〜）には反対政党（この時には共産党は議席なし）不在の文字通りのオール与党県政が出来上がった。

少し話はそれるが、政治家の後援会のほかに、政治家自らが著名人の後援会会長になることも少なくない。山梨県が生んだ巨人軍の堀内恒夫投手の後援会もその一つである。堀内は、一九六六年に新人として十六勝をあげ、新人王と沢村賞を獲得するが、このおり後援会が設立され、山梨中央銀行の頭取・名取忠彦が会長に就任した。しかし名取が会長の座につくまでには一波瀾があった。まず、相談を受けた山梨日日新聞社長の野口二郎は、県陸連会長であったため、田辺宗英ら後楽園関係者の人脈を考慮に入れ、田辺国男代議士を推薦した。田辺国男はすぐに読売正力社長と会い、後援会計画を示し、会長就任を承諾する挨拶を述べた。

だが、中尾栄一は「堀内は日本の堀内」だといって、自らの派閥の領袖・中曽根康弘に後援会長を依頼した。これには読売新聞社側も当惑し、話は白紙にもどり、結局は名取忠彦に落ち着いたというのである（『木鐸』二号）。

## 後援会誌

ところで、後援会の仕事の一つに機関誌発行がある。「○○会報」「○○ニュース」などの題名で発行し、候補者のPRに務めるのが役目である。例えば一九八〇年六月の大平内閣不信任で衆議院が解散された時に発行された「中尾栄一後援会報」を見てみよう。

一面には「政治浄化のために立つ」の題名で、国会報告を載せている。「節義廉恥を失って国を維持するの道決して有らず……上に立つ者下に臨で利を争い義を忘るる時は、下皆な之に倣い、人心忽ち財利に趨り、卑吝の情日々長じ……父子兄弟の間も銭財を争い相讐《ママ》視するに至る」などと西郷南洲の言葉を引用し、上に立つ政治家の清廉潔白の必要性を説き、返す刀で金権政治を厳しく糾弾している。

裏面では「これでいいのか、日本は!!　金権・腐敗政治と戦う中尾栄一」「中尾氏『党再生』に全力投球／造反ではない、流れは世代交替へ」などのキャプションと記事を載せ、義理人情に生きる風雲児・中尾のイメージ浸透を試みている。

このように後援会誌は、候補者のイメージアップに資するためのものであるが、これに加えて選挙中に「○○選対ニュース」を発行し、檄を飛ばすとともに運動の指示・徹底化をはかることもある。しかし、後者は時に、行き過ぎ、相手陣営を誹謗中傷する内容を掲載することも少なくない。これは「中傷ビラ」に転化することが多く、発行の所在が地下に潜れば「怪文書」となる。

**にわか新聞**

選挙を目的に、投票日間近に、にわかに発行される新聞も少なくなかった。第二回山梨県知事選（一九五〇年）の際に発刊された『情報通信』や『反共新聞』などがこれにあたろう。以後も発刊され続けている。例えば、一九七五年一月の第八回知事選（田辺国男三選目）では、革新共闘の鈴木強陣営に与《くみ》した県農政連の星野重次を批判した、「変節漢星野重次遂に馬脚を表す《ママ》」を載せた『山梨報知新聞』なるものも出されている。また一九七九年の田辺国男と望月幸明が激突した第九回知事選では、「清潔県政が泣く、田辺県政の恥部」なる記事を載せた『山梨新聞』や、「権力と金力で県民をだます田辺一派」なるを掲載した『新山梨』なる新聞も発行されているのである。

この種の新聞は、「にわか新聞」とか、「政治新聞」、「盆暮新聞」などと呼ばれているが、「インチキ新聞」の呼称が一般的である。誹謗・中傷的な記事が主体で、これも甲州選挙の花形である「中傷ビラ」のルーツになっていることは否めない。

なお、これらの新聞のなかには、候補者にカネをせびるための文字通りのにわか新聞もあったようである。事実、記者が挨拶に来て稿料や掲載料をねだることを「車馬賃」というようである。この風習は明治時代のことではない。一九八一年の南都留郡道志村議選には、それまでの慣習を踏襲して、公示日に記者を名のり、取材と銘打って名刺と交換にカネをせびった人物が三十人以上もいたというのである（朝日新聞　一九九六年十二月六日）。にわかには信じられないような話であるが。

**怪文書**

その「怪文書」「中傷ビラ」「にわか新聞」などが登場するのが、第二回知事選（一九五〇年）といってよいであろう。現職の吉江勝保と衆議員であった天野久が激突した選挙である。両陣営がバラ撒いたビラは、天野派が二十六種類、吉江派は三十種類を越えた（『天野久の生涯』）。なかには当時としてはめずらしい豪華な二色刷りの「日の丸の吉江か、赤旗の天野か」というものもあった。

この類のビラも、時代によって名称が異なる。一九五一年当時は「謀略ビラ」、一九五九年には「悪質文書」や「狂文書」（「安田綜合選対ビラ」）、近頃では「中傷ビラ」ないし「怪文書」などと呼ばれている。

内容も、主義主張、心情から健康・金銭・異性問題と広がり、さらに候補者自身から家族、親族へとおよんでいる。直接書かれた記事もあるが、週刊誌などで取り上げられた記事、あきれたことに候補者と同じ名前が出てくる犯罪記事などをコピーしたものまである。それを巷に無造作にばらまいたり、郵送したりするわけである。発送（発刊）元は、不明確で、「教育を守る会」、「言論の公正を守る主婦の会」などと架空の団体名を使うことが多い。

その「怪文書」「中傷ビラ」類が、選挙で無差別に大量にバラ撒かれるようになったのは、一九六三年一月に行われた天野久・金丸徳重・星野重次の保革入り乱れて争われた第五回知事選からだといわれている。そのために一九六五年の甲府市長選では、候補者同士が紳士協定を結んだが、中傷ビラ・怪文書は後を絶つことはなかった。

また一九六五年の参院選では、文書のみならずメロディーまでも付いたものが登場した。自民党・広瀬久忠を揶揄した替え歌*の登場であった。

* 替え歌（「木瓜《ボケ》の木小唄」）

一、木瓜の木ばかりが木瓜じゃない
老人《トシヨリ》担いでソワソワと
倒れやせぬかと気をもんで
選挙するのも木瓜のうち
二、（中略）
三、うそようそよみんなうそ
あなたの言うことみんなうそ
うそでないのはただ一つ
七十八才勲一等

四、平和と福祉と言うけれど
だまされませんよ県民は
憲法変えれば戦争と
貧乏になるのはあたりまえ

この頃から政党機関誌にも、相手候補者を著しく中傷・誹謗した記事が載るようになってくる。その後も、中傷ビラ・怪文書は、氾濫し、相手候補の怒りを買いながら選挙を泥沼に導いていった。特に一九六七年の天野久（自民党）と田辺国男（保革連合）が争った第六回知事選では、現職の天野久に対して「おしめをあててシビンを持ち歩いている」などの人身攻撃が選挙前から流れていた。このため引退を決意していた天野は、自らの「名誉」のために五選に立候補したといわれているほどである。またこの選挙では、自民党県連の機関誌『自由民主』が対立候補の田辺を著しく中傷しているとして、県警の違反取締本部より選挙運動期間中に証拠品として押収された事件も発生している（朝日新聞 一九六七年二月六日）。

同（一九七六）年十一月の総選挙では、共産党と公明党が、相手候補のイメージダウンをねらったビラ（違反文書）合戦を激しく展開し、「共公戦争」などといわれた。

また一九七九年の「血で血を洗う選挙」などと形容された現職の田辺知事対望月副知事の戦い（第九回知事選）では、大量の中傷ビラが撒かれ「グラマン空中戦」などと命名されている。なお、この選挙中、田辺陣営は起死回生を賭け、最後の戦術として望月候補への中傷ビラを新聞に折り込む予定であったが、県警から文書違反の警告を受け断念した。逮捕覚悟で容認した参謀（県議）もいたが、結局撤収に応じ、僅差で現職の田辺は敗北することになったのである（有泉亨『最後の「井戸塀」記』）。

**新聞戦争**

怪文書・中傷ビラの戦いの行き着くところは、「にわか新聞」の類ではなかった。とうとう山梨県内の二大新聞社まで到達したのである。山梨日日新聞と山梨時事新聞を巻き込んだ新聞戦争が、一九六七年の知事選で勃発したのである。中正で公正な報道を建前としている新聞社が、両陣営に分かれて特定候補者に有利になるような記事を掲載しはじめたのである。山梨日日新聞が新人で前衆議員の田辺国男、山梨時事新聞が現職の天野久を支援する記事を書き、それぞれの陣営から「偏向」した記事を書いていると批判された。

それを裏付けるかのように天野側の自民党県連情宣部から「謀略のすべての根源は山梨日日新聞」（「情宣資料No.3部外秘」）などという文書が流され、「天下の公器いまや邪剣と化す／元山日記者からよせられた痛憤の手記／破産以外に手はない山日・狂乱の危機打開策」などの暴露記事が載せられた。

一方田辺陣営（県政刷新連盟）からも山梨時事新聞を批判する「知事選挙報道の偏向を嘆く／私は山梨時事の一記者」という類似の記事が機関紙「刷新連速報No.4」に掲載されるなど、新聞戦争は泥沼化した。選挙は、田辺の勝利に終わるが、新聞戦争にも勝敗が下され、田辺県政下で発行部数を激減させた山梨時事新聞は、一九六九年三月に山梨日日新聞に吸収合併され、廃刊に追い込まれた。

## 中傷ビラ

中傷ビラの完成品とも言えるものが、一九八六年七月の衆参同日選挙で、甲府市を中心に撒かれている。「中尾栄一の悪業を告発する会」と名乗った「中尾栄一あの青学大強姦事件に暗躍」「女狂いドイツ人ダンサーとの間に子供も!!」というビラである。

このビラの特徴は、タネ本の一部を巧みに引用し、真実味を持たせているところにある。タネ本は、一九八五年に刊行された稲田実『青学大元教授の罪と罰―仕組まれた罠・女学生レイプ

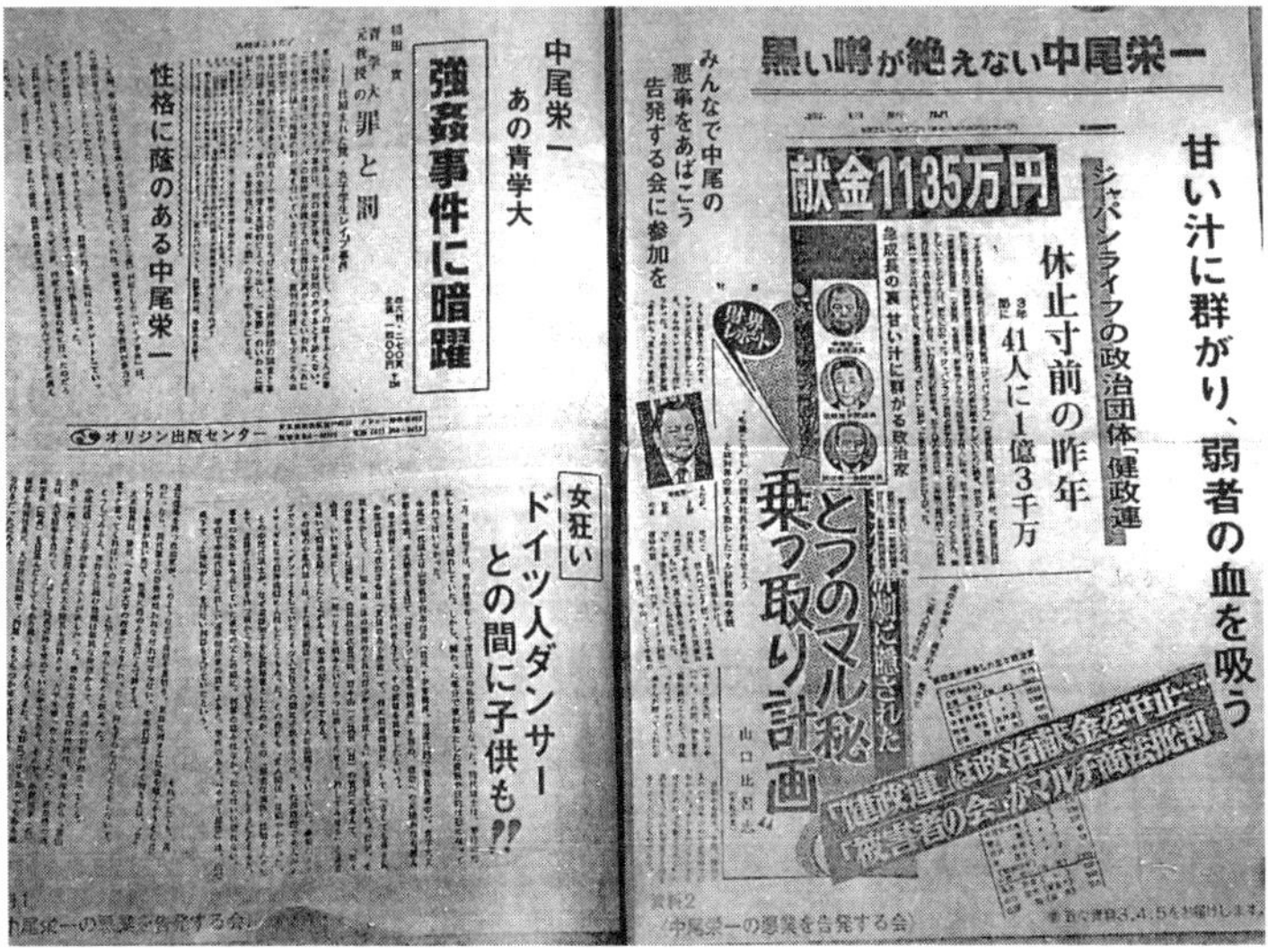
黒い噂が絶えない中尾栄一
甘い汁に群がり、弱者の血を吸う
ジャパンライフの政治団体「健政連」
休止寸前の昨年 41人に1億3千万
献金1135万円
みんなで中尾の悪事をあばこう 告発する会に参加を
乗っ取り計画
資料2 中尾栄一の悪業を告発する会
中尾栄一 あの青学大
強姦事件に暗躍
女狂い ドイツ人ダンサーとの間に子供も!!
青学大元教授の罪と罰
性格に陰のある中尾栄一
オリジン出版センター
中尾栄一の悪業を告発する会

「中尾の悪業」を「暴露」したビラ。1986年7月

事件』であった。

中尾が青学大卒であり、その事件の当事者といわれる「Aセクハラ教授」とも親密であったにもかかわらず、その教授の追落としを謀った早大出身のK学部長と通じていたと記している。そのうえセクハラ被害者の学生をなぜか、中尾事務所で雇っていたというのである。

記事のあらすじは以上であるが、中尾が青学大卒業後に早大大学院に学んだことや、当時の青学大の学長・理事長が戦後初の衆院選に山梨県から出馬した甲府市出身の大木金次郎であったことなど、脇の情報を知っていればいるほど真実味が増すように作られている。そのうえ、受け手側が想像をめぐらし、話を誇張したくなる内容でもあった。このビラを特定の人々、特に若い人に配り、喫茶店などから噂が広がるように仕向けたのである。

ターゲットにされた中尾は、前回落選しており、落ちれば政治生命を絶たれ、山梨県全県区（定員五人）では、保守三人革新二人の指定席が確定し、政界地図は安定性を得る。となると、おのずと誰が何の目的で行ったか、道筋が見えてくるわけである。だが、中尾は三位当選を果たし、自民四、社会一の議席配分となった。

金丸信にも、息子の行状を暴かれた週刊誌記事があった（『週刊新潮』一九七八年六月二十九日）。だが、こちらは発売されるや否や、県民の目に触れることなく県内の書店や駅売店から姿を消してしまったのである。特定グループの組織的な買い占めのようだと、新聞は伝えている（朝日新聞　一九七八年六月二十五日）。これこそ金丸のガードの堅さと、実行力の早さであろう。当時金丸は防衛庁長官、その固い防御を側面から支えたのは後援会（久親会）組織であった。ちなみに記事は、地元秘書として明けても暮れても葬式と結婚式まわりの生活に疲れた二男の蒸発を扱ったたわいないものであったが。

**脱法文書**

怪文書や脱法文書は、公職選挙法一四六条（文書図画の頒布又は掲示）や一四八条（新聞紙、雑誌の不法利用）、二二五条（選挙の自由妨害罪）、二三五条（虚偽事項の公表罪）などに抵触する。だが、内容が真実かどうか、読み手の心理状態や配布方法が適切であったかどうかといった点で立証がむずかしく、摘発しにくいといわれている。そこで最近の「甲州選挙」では、摘発されやすい供応や買収の代わりに中傷ビラ・怪文書が「山梨名物」になっていて、二〇〇三年一月の第十五回知事選では、三十種類百五十万枚がバラ撒かれたといわれている（『週刊新潮』二〇〇三年二月十三日号）。

ところで、このような中傷ビラ・怪文書には、何故か「誤字・脱字」が含まれていることが多い。それも見出しなどの目立つところにである。その原因を単純に印刷ミスに帰すこともできようが、仕組まれたものと見る方が理解しやすい。読者の冷笑を受けながらも、そのことが逆に流布する原動力にもなるのである。

文書資料は限られている。柳田民俗学は「文書資料」より、民間伝承を重視した。怪文書のビラから噂話が発生する。文字から自由になり、人びとの口頭で内容が伝わりはじめる。噂話の誕生である。噂は、真偽や根拠が曖昧であるが故に人びとの関心を呼ぶものであり、誤字も要素の一つになっているといえよう。

「火のけのないところに煙は立たない」。怪文書を受け取った人間が、噂話の発信源になる。戯作者の誕生である。噂は、対象となる人物や事件の核心から離れたところで広まる。裏付けなどは必要でない。また責任を負うことがない。そこで媒介者は、不明な状況を自分で補強し、自分の願望や期待を注ぎ込む。「人の口に戸は立てられぬ」。噂が増殖し、より面白くなり、完成度を高めていく。甲州は囲繞の地、山壁にこだまして響き合い、噂はさらに広まり、「中傷ビラ」とともに候補者に、時に落選という社会的制裁を加えるのである。

## 2 甲州人気質

### 群猿性

ここで山梨の県民性について触れておこう。少し古くなるが甲州人の精神構造を鋭く剔出した好著に『甲州人』（一九八三年）がある。筆者・山下靖典が朝日新聞の記者として山梨県に赴任し、そこで見た政治や社会現象をもとに県民性を論じたものである。山下は、山梨県人の特質を無尽や親分子分慣行の思考や集団様式のなかから析出し、「割拠性―群猿性―親分子分―『小村』性」が甲州人―山梨県人の間に、時代によって表現形態は変化したものの、持続・継承されてきたと見なした。すなわち縄張り意識・排他的集団性・主従追随性・閉鎖的傾向の強い県民だというのである。こうした指摘は、甲州人の特質としてすでに言い尽くされていた感があったが、この著書のユニークさは、一九八〇年代の社会現象（無尽・親分子分慣行など）から、県民性を析出した点にある。

そのほかに甲州人気質・山梨県民性について触れたものとして、内藤朋芳『山梨の県民性』（一九八五年）と清水威『歴史と文学から見た山梨の県民性』（一九八六年）をあげることができよう。特に後者は、山路愛山・徳富蘇峰・大町桂月・夏目漱石などの文学作品を多用しているが、両著ともに『新人國記』『裏見寒話』『甲斐国志』『甲斐叢記』『甲斐の手振』『甲斐史』『甲州案内』『綜合郷土研究』『山梨県政五十年誌』『地域社会の実態―一九五七』『行商人の生活』『山梨県の歴史』などを資料として参考にしている。また、一九七八年に行われた「NHK全国県民意識調査」の結果も加味されている

『山梨の県民性』は、甲州人の特質を次のようにまとめている。

> 負けずぎらいである／困苦に耐える力がある／勤勉である／愛郷心が強い／仲間意識が強い／抜け目がない（商才がある）／実利主義的である／視野が狭く、社会性に欠ける／気性がはげしい／粗野である／排他的（閉鎖的）集団をつくる傾向がある／広い意味での団結心（統一性）がない／信仰心に乏しい

これは、「ものに感激し易く任俠に富む」長所と、「闊達の気象《ママ》乏しく、狭量排他的で辺彊的気質が濃い」という欠点などを摘出した堀内熊男の「地方気質の生成」（一九三六年）と「地

方気質と風土」（一九五七年）を継承したものである。この指摘に「積極性、無骨さ、頑固さ」（ドクトル・イビー）や「自虐性と卑屈性」（夏目漱石『門』）、「一かばちかのスペキュレーション（投機的射倖心―引用者）の精神」（早川徳次）、「権威志向」（山下靖典）などを加えれば、おおむね山梨県民性論を集約するものとなろう。

ただし、もっと辛辣な指摘を、塚原美村が『行商人の生活』で行っている。

（美点）

イ、経済観念が強く、貯蓄欲が旺盛である。

ロ、仕事には熱心、積極的で、労力を惜しまない。

ハ、開拓心が強く、どこまでも追求して止まない。

ニ、愛郷心が強く、集団意識が強い。

ホ、オヤブン、コブン意識はいまだ残存、身内に対する情宜は非常に強《ママ》い。

（欠点）

イ、余りにも経済観念が強く、吝嗇である。

ロ、個人我が強く、薄情で、すべて自己中心主義的である。

ハ、排他的な傾向が強く、集団力を利用して他人を批判、抑圧しやすい。

ニ、打算的で、自己に不利の場合は直ちに昔年の友朋たりとも棄て去る傾向が強い。

ホ、個人的には卑屈で特に権威に弱く、小事にこだわりやすい。

へ、粗野の反面、虚勢を張りやすい。
ト、自己をめぐる環境が有利になるにつれ、増長しやすく恩誼をも省みない。

## 甲州見聞記

きびしい論評であるが、これに反して愉快に山梨県民性を論じたものとして読めるのが、松崎天民『甲州見聞記』（一九一二年）である。松崎は朝日新聞記者として明治末年に水害被害状況の見聞に来て、今日でいうところのルポルタージュ風に、当時流布していた風聞と自らの洞察力で山梨県民の特徴を、次のような観点でまとめている。

①山と水の国＝「甲州の山水ほど、不思議な運命の下に、弄ばれて居るもの無し。（略）同じ山梨の水ながら、内に氾濫しては村を害ね、外に流れては都を飾る」／「山梨一県の人民は、此の後五年十年経つたとて、水に苦しみ水に泣いて、水に死ぬべき運命あり」

②信玄の国＝江戸期には天領として藩がなく、武田の意向を遵守する以外に拠り所がなかったので、「甲斐は何処までも何時までも、信玄に負うこと多い。（略）山梨県は何処までも、武田信玄の国である」

③（甲州）商人の国＝「山梨県に人材無しと云ふ勿れ、甲州人は営利本位、自我主義なりと云ふ勿れ。若尾逸平は、一代にして巨萬の富を得たけれど、八達翁は富まず欲せ

ず、唯蚕と桑と繭と生糸に我を忘れて居る」。（栗原信近は）「自ら進んで各種事業の端を開いた、其の先覚者的眼識と、革命児的の奮闘は、真に甲州人の典型である」。

④実利の国＝「文学芸術などの娯楽的記事よりも、政治、経済方面の事を喜ばれ、歓迎される傾向がある」。「山梨県は実利主義の国也、実業奨励の国也、農業に産業に工業に商業に、立身出世と云へば唯金儲けあるのみ」

⑤任俠・賭博の国＝「甲州の人間は、実利主義で個人本位で、同情相隣の情には乏しい様だが、甲州無宿の長脇差、義俠の血汐も流れて居る」／「強て甲州に多い犯罪を求むれば、夫れ賭博の流行か。相当の知識ある階級にも、弄花は相応の勢力で行われつゝあり」

⑥選挙好きの国＝「山梨県は、政争の激しい国なり、（略）選挙とか云へば（略）各地に陣を張り、相対立して策戦計画をして居る様、真に物凄きものあり」／「政治運動をした為に、祖先伝来の家産を失へる者ありとて、町村の青年子弟には、政治を教へず、国家を説かず、専ら実業を奨励して、政党を談ずる勿れと云ふ」

松崎の観察眼は、以上にとどまらず、地域比較にも目配りをし、甲府平と郡内、西郡と東郡の相違も次のように記している。「甲州の文明も、風景も、歴史も富も生産も、主として平七郡に見るを得れど、東京と交渉深く、東京と関係浅からぬ甲斐一国を代表するは、南に富士山を仰ぐ南北の両都留郡か」と、絹織物で潤い、東京・横浜に目が向いている郡内に注目するが、「甲府平方面の人々は、郡内の者と云へば、同じ甲州人でありながら、一種の特別扱ひ（蔑視―引用者）する風あり」。それはとりもなおさず、甲府平と郡内の米の収穫高である石高の相違と、小山田氏の武田氏裏切りという歴史に由来するものであった、とする。

また東郡と西郡との相違を、「村々の若い衆が、甲府の町へ出て来ても、東郡の人は金も相応に使ふけれど、西郡の方はちいちいだと云はれたもの、ちいちいとは吝嗇の方言で……」、「昔甲府の料理屋女は、後頸部の黒い人は金使ひが綺麗だが、前額部の黒い男はちいちいだと云つた相な。蓋し養蚕の東郡人は、晨に太陽を背負って西へ甲府に入り、夕に太陽を浴びて東に帰るから後頸が黒く。米の西郡人*は、朝日を迎へて東へ甲府に入り、夕日を望んで西へ帰るので前額が黒いと云ふ訳か」と、地域環境による風貌と気質の特徴を描いた。

この松崎の論述は、東南アジア、中近東、ヨーロッパを対比し、その風土の上に成立する人間の気質や文化の型を論じた和辻哲郎の『風土』（一九三五年）に先んじて、甲州の地域的特徴を自然・社会・歴史的観点から考察した甲州人論の白眉と言えよう。和辻の文明論や風土論に多大な影響を受けた堀内熊男が、松崎の論を批判・継承したものかはっきりしない。そして、戦前からまとめられてきた「県民性論」の多くは、堀内の主張をベースに展開していているが、松崎の著書に言及したものは意外に少ない。管見では、山梨県の戦後の地方史を絶えずリードしてきた飯田文弥が『山梨の百年』で触れているに過ぎない。

*　なお、「太っ腹」で豪放磊落といわれている金丸信も西郡出身である。その金丸に繊細で「ちい

ちい」面がなかったわけではない。国会議員会館の床屋で料金を払う時など「意外に思われるかもしれませんが、お金についてはシビアでしたね。ポンと五千円、一万円置いていくタイプじゃない。きちんと定価どおり千八百円、二千円という料金をその場その場で払っていかれました」という（小枝義人『永田町床屋政談』）。ただ稲の取れた上今諏訪は、西郡の他村とは気風が異なるようで、祭りが多く、開放的で気っぷのいい人物が多いといわれる。

**甲州商人**

ところで県民性といえば、甲州商人（甲州財閥ともいう）に言及しないわけにはいかない。若尾逸平（一八二〇～一九一三）や根津嘉一郎（一八六〇～一九四〇）、小林一三（一八七三～一九五七）などが著名である。

若尾は横浜の生糸相場、根津は鉄道で儲けた。小林は阪急電鉄の創業者、鉄道と分譲地、歓楽地（宝塚劇場）をセットにした経営で知られている。共通するのは、甲州人としてのつながりと投機的経営である。「牛のよだれ」のように地道な商いで信用を築き、財をなしていく経営方針ではない。外敵に対しては甲州人として徒党を組み、株の買い占めなどによって会社を乗っ取り、資産を増殖するスタイルであった。

戦前の甲州商人の一人であった早川徳次（東京地下鉄創業者、一八八一～一九四二）は、近江商人と比して「江州は粒々辛苦零砕の金を貯めて巨万の富を積む（略）であるに反し、甲州商人には一攫千金的なものが非常に多い。（略）一人として株に手を出さなかったものがない。（略）由来ばくち打ちは非常に結束力が堅い。とかく鼻っぱしりが強いのでお互に喧嘩もするが、外敵を迎えては実によく結束する」（早川徳次「甲州人の特質」）と体験を語っている。すなわち投機的射倖心が旺盛の博徒集団が、甲州商人だというのである。

## 最後の政商

田中角栄の「刎頸の友」であった国際興業社主・小佐野賢治（一九一七～八六）もこの流れのなかにある。小佐野は、東山梨郡勝沼町生まれ、戦中・戦後の動乱期に田辺七六（政友会幹事長）の援助を得て、政商への道を歩みはじめる。*以後、商才を発揮してバス会社やホテルなどをつぎつぎに買収し国際興業の社主となり、日本航空の筆頭株主にもなった。「最後の政商」といわれ、ロッキード事件では国会の証人喚問の際「記憶にございません」を乱発し、このフレーズは世の流行語にもなった。裁判では有罪判決を受け、最高裁に上告中に死去した。

＊　小佐野の「政商」の出発点になった軍需省入りのきっかけをつくったのは、田辺七六（政友会幹事長）であるが、以後も指南役、後見人としてさまざまな面倒を見ている。旧華族の堀田英子との結婚に際しては、オヤブン（仲人）を田辺にお願いすることになっていたが、病のため、甥の小林冨佐雄（小林一三の長男で東宝映画社長）が代わりに媒酌人を務めた。

その小佐野は、山梨県から国政に出ようとした時期がある。まず選挙基盤作りに手がけたのが、山梨交通株式会社の経営権を手に入れることだった。一九六〇年に株の買い占めを行い、世にいう「山交戦争」を起こした。このとき五十円の株価は六百円にも千円にもなったという。何ごとにも商売優先の小佐野にしては、めずらしい損得を度外視した戦いであった。大赤字を覚悟してまで、「お羽織」を着たいという執念を見せたわけで、そのためには拠点となる会社、山梨交通がどうしても必要であったのである（竹中英太郎「小佐野賢治の実像」）。

この乗っ取り事件をもとにして熊王徳平の小説『虎と狼』（一九七五年）なども刊行され、小佐野は旧経営陣側についた西武の堤康次郎を圧倒した人物として一躍時の人となった。

なお、この事件で、旧経営陣側についた重役・金丸康三（金丸信の父親）は、失脚が自然の成り行きであったが、留任したことから、田中角栄の派閥に属していた信の政治力ゆえだといわれ、「あれは親の七光でなく、息子の七光だ」との風評も立った（岩崎正吾「小佐野賢治と山梨交通紛争」）。

その小佐野も、やはり社員から「オヤジさん、オヤジさん」と呼ばれた。出身地・勝沼町への寄付は破格で、小学校施設や公民館建設、消防ポンプ購入、さらに祭礼用子ども御輿を町内地区ごとに贈った。また信心深く、大事業の成功のおりには、報告に先祖の眠る勝沼の菩提寺（立正寺）に深夜を厭わず帰郷し、本堂修理や庫裏建設には全額に近い喜捨に応じている（岩崎正吾「小佐野賢治と故郷・勝沼町山区」）。

一九六七（昭和四十二）年、準備万端、地ならしをした山梨県地方区から小佐野は、参議院選に立候補しようとした。堤康次郎衆院議長同様に名誉を求め政治家に転身しようとしたわけである。だが、それは結局のところ許されなかった。政商としての役割を重視した「刎頸の友」田中角栄の意を受けた金丸信によって、ストップをかけられたのである。ここで小佐野の政治家への夢は幻と消え（竹中英太郎「小佐野賢治の実像」）、同時に甲州選挙で空前のカネが乱舞することもなく、無尽蔵の撒銭は幻となってしまったのである。

選挙にはカネが付きもの、「一も金二も金、三も金」（米沢良知『選挙違反報告書』）、「金があれば馬鹿も旦那」（同『尾崎行雄先生の志を継いで』）とは、甲州選挙を取り仕切ってきた自民党県連の選挙ボスであった米沢良知の言葉である。「旦那」とは議員のことである。「カネが飛べば、ひとも飛ぶ」甲州選挙である。飛ぶとは甲州方言で、走るという意味である。カネで人が東奔西走するのが選挙である。甲州選挙で「旦那」になるためにはカネがいるというわけである。そんな政治風土では、軍資金はいくらあっても足りない。「社員の食い散らした魚をつまみ上げては食い、残ったビールをかき集めて飲んでいた」（熊王徳平談、毎日新聞一九八六年十二月十二日）小佐野が、それでもこの甲州からカネを湯水のように使い果たす選挙に出ようとしたのである。

当時（一九六七年）の買収額は、知事選で一票、五百円〜一千五百円と言われていた（毎日新聞一九六七年一月二十八日）。となると、「山交株」同様に跳ね上がれば、最低でも一票六千円、最高額は五万円にもなったわけである。当時のラーメンは一杯百円にも満たなかった。そんな馬鹿なことがと思うが、選挙では常識など通用しないのである。

そこでつじつまを合わせるためムラでは、「狐に取り憑かれた」とでもいうほかなかった。「魁偉」（熊王徳平）と言われたほどの「政商」も、最後は「政治」という妖怪に取り憑かれたのであろうか。

### 憑きもの落とし

何かに取り憑かれると、ムラでは祈禱が行われた。多くは「狐」である。すると法印さんがやってくる。大嶽山那賀都神社近くの東山梨郡三富村芹沢集落では、戦後まで、農閑期に狐落としの旅に出たホーイン（祈禱師）が少なくない。日本刀を持参し、刃渡りの業を行い、精神を統一した後、掛け声とともに空気を切り、邪悪なものを退治する。すると憑き物がなくなり、正常に戻ったという。

南都留郡秋山村無生野に伝わる国指定重要民俗芸能「大念仏」も、狐落としの神事芸能といえよう。大念仏は、旧暦正月十六日と盆の八月十六日に行われる。当役宅の座敷（「道場」という）の四隅に青竹を立て、注連縄を張り、そこで教主が念仏経を唱えた後、太鼓と鉦が叩かれ、ホンブッタテの踊り（念仏踊り）が行われるのである。「一本太刀」「二本太刀」「ブッパライ（おはらい）」があり、その「太刀」では悪霊鎮めのために日本刀で空気を斬る仕草が行われる。ブッパライには、道場で寝そべる病人の布団を払いのける荒行などもある。終わると枕元に座った教主が、祈禱を行いながら御幣で病人の体を撫で、そこに病疫を移す。その御幣を道場から出て、水神の祠まで持って行って川に流す。

この大念仏は、非業の死を遂げた護良親王の愛妃雛鶴姫の供養のためにはじまったものだと言われているが、近在では六斎念仏も行われていた。そのため御霊や祖先の供養などと言われているが、修験道の祓いや禊ぎの要素も多分にあり、「死者」や「病人」に取り憑いた悪霊を払う憑きもの落としの儀礼のようでもある。

小佐野の取り憑かれた「政治家」の実体が何であったか、いまとなっては定かではない。冥土へのみやげではあるまいが、「名誉」の可能性は高い。儲けたカネで、身を浄めて政治家になり、「名誉」を手に入れようとしたのかも知れない。宿敵・堤康次郎も儲けたカネを政治資金として使い、衆議院議長まで上り詰め、勲一等旭日大綬章を受章している。堤を意識し、小佐野もまた国政の場に立とうと

無生野の大念仏踊り。秋山村、2002年2月27日

した、としても不思議ではない。カネよりも、最後は名誉を欲したわけである。

その一端は、死後の戒名にも見ることができよう。「大乗院殿興榮經國宗賢日治大居士」が、彼の戒名である。金丸信は親より高い戒名を辞したというが、小佐野は自らだけではなく、親の戒名もかつては大名などのみにしか与えられなかった最高位の院殿号に替えている。そのため両親の墓石は以前の戒名が削られ、新しい院殿号が刻まれたため一回り小さくなっている。そればかりか、兄弟の戒名も院殿号であり、小佐野一族の墓は、寺墓地内でひときわ目立つ存在になっている。

選挙はカネで身を浄化し、名誉を手に入れる装置なのであろうか。そうなると、身の汚れを払い浄めるための賽銭と、ど

小佐野賢治の眠る墓地。勝沼町立正寺、2006年12月27日

こか似ている。あるいは六根清浄を唱え、ビタ（鐚）銭をばらまきながら身を浄化しつつ、聖域である富士山に入り、山頂の院内（噴火口）からの仏の御来迎を待った富士講社の人びとの世俗化した姿と二重写しになってしまう。

## すり寄り

甲州人―山梨県民性を心の襞深くまで描いた作家に深沢七郎（一九一四～一九八七）がいる。山梨県石和町生まれであるという理由からではない。彼の小説の世界が、甲州人の持つ精神構造を巧みに描いているという意味からである。『楢山節考』（一九五七年）が上梓されたとき、「人生永遠の書の一つとして心読したつもりである」（「また一年」）と絶賛した正宗白鳥をはじめ、小林秀雄や三島由紀夫などの近代主義的知識人は、その作品に驚嘆した。しかし甲州人にとって、この小説の主人公の内面など、さして驚くにあたらないのではないか。この小説の登場人物は、ムラ人として、甲州のどこにでも存在していたのである。

『楢山節考』には、次のような場面がある。

――主人公「おりん」の一人息子の辰平のところに、後家として「玉やん」が嫁いで来たときのことである。「おりん」は、こんなことを言ったら嫁はどう思うだろう、隣の者はどう思うだろう、といつも他人の目を気にして生きている人物である。その嫁いできた「玉やん」に、「おりん」は「おばあやんがいい人だから、……みんなが云うもんだから」とほめられ、すっかりいい気分になる。そこで、食べろ、食べろと、御馳走をすすめるのである。すると、また「玉やん」は「おばあやんはいい人だと云うもんだから」という。二度もいわれて「おりん」は、これは「おせじじゃねえ」と思って、ますますうれしくなり、「嫁にすり寄っ」ていく。さらに「おばあやんがいい人だから……」と二度ならず三度ほめられ、「おりんの身体は浮き上がってゆくようにうれしく」なる。「これは、死んだ嫁よりいい嫁が来たものだ」と思う。そして「いい人だと云われてうれしくなってしまったおりんは、ここで一世一代の勇気と力を出し」、自分の丈夫な歯をダメにしてしまうために石臼のかどにぶつけてしまうのである。

　このような、確固たる自己を持ち、自己の内部からの命令によって行動する「近代人」とはかけ離れた人物は、甲州人には意外に多い。場に合わせる言動が多い。これが甲州で言うところの「すり寄り」である。すり寄りは、ものごとを対立的にとらえ、弁証法的に検証し、よりよい方法を模索するものではない。あくまでも予定調和をめざし、相手側の心情に少しずつ添った言動をする方法である。この時、効果を持つのが反復である。おなじことを繰り返し、繰り返し、しゃべることが大切なのである。

　近代文学のなかでは、繰り返しという形式は好まれないといわれている。にもかかわらず同じ言葉を繰り返して、文学的効果を醸し出したのは、深沢文学の特徴であるという。深沢と同郷で、また「自分のなかに同じような傾向がひそんでいる」（『東方的』）と告白する中沢新一は、そこに深沢文学の特質を見て、次のような解釈を試みている。

このくどさ、反復性が、深沢七郎の文体に、独特の音楽性をつくりだしているのである。しかも、そのくどさや反復性は、あまりに激しかったり、内向的だったりするために、自分のまったく個別的な（singularity という英語がぴったりの、個別性だ）感情や考えを、共同性の場へひきだしておたがいのあいだにコミュニケーションをつくりあげるようなやりかたを好まない（略）だから、ひとつの考えを展開することなく、思考のモナドの状態で反復するのである。そして、そのおかげで、別の種類の「くどさ」が発生することになる。音楽的なくどさだ。モナドのような感情の粒子が、自分の単独性をもったままで振動をつづける。単純なリズムとメロディが何度も何度もくりかえされる。しだいにそのなかから「うねり」のようなものが生まれてくる。

単純な言葉を繰り返し繰り返し、音楽のように語る。そして「うねり」を構築する。これが甲州の土俗の中にある言葉の反復を有効に使う手法である。「オメーはよくやってくれる」、「オメーは本当によくやってくれる」。かつては野良仕事、現在では選挙の時に選挙ボス（＝オヤブン）がコブン衆（＝選挙細胞）に投げかける言葉である。これに対して、コブンは「ニーサン（オヤブンのこと）には、大変世話になった」、「この地にワラジを脱いだおり、オトーサン（先代オヤブンのこと）には大変厄介になった」と返答する。

これが挨拶言葉として、百万遍講の念仏のように日常生活で繰り返されるのである。オヤブンもコブンも、挨拶言葉や念仏言葉であるゆえにさして意味などないように感じているが、これはボディーブローのように徐々に効いてくるのである。相手もさることながら、自分にである。そして知らず知らずのうちに本当のことのように思いこみ、自己の内部を駆逐しながら、過多の思い込みが内部に沈澱するのである。

これこそ、中沢新一が甲州に多いというノウテンキ（脳天気）、すなわち「おたがいどうしのコミュニケーションもぶっきらぼうで、自分勝手なものになって……自分の考えや内面のこころの動きを、共通言語の場にひっぱりだしてくることによって、おたがいの意思の疎通をすんなり運ぼうという意識がどことなく欠如している」（前掲書）人間なのである。

そこで選挙のおりに、オヤブンが命じなくとも、よかれと選挙違反を公然とするのである。オヤブンは内面ではこう思っているであろうと、自己の内面に言い聞かせ、無鉄砲な行為に出るわけである。豚箱に入ることなどは名誉になっても、汚点になるなどとは考えない。まさに任俠の人といえよう。

**おちんぶり**

しかし日常生活のある場面においては、「すり寄り」の揺り戻しがある。そのとき生じるのがスネルである。ふくれて、相手に従わないのである。甲州ではオチンブリをかくという。ムラの寄合等で、自分の意見に合わないおりにオチンブリをかくのである。すると上座に座っているものは、それを察し彼に言葉を向ける。さして言語らしきものは言わなくとも、オチンブリをかいた人間はそれだけで満足する。上座の者も、その態度で彼の意思を理解するわけである。

共通の生活基盤を持ち、常日頃その人物の言動を知り得ている世界では、身ぶりで意志は十分に通じるわけである。オチンブリとは、言葉を用いるのではなく、身体で意思を伝達する行為である。自己の内部を言語化する必要はない。厳密に言葉を選ばなくとも他者と自己の差異は縮まり、意思の疎通を図ることができるのである。オヤブン（顔役などムラの指導者）になる要件の一つは、コブン（ムラ人）のオチンブリを内在的に理解し、時にはなだめ、時には叱責し、オチンブリの意思表示をすくい上げる能力をもっているかどうかである。そのような賢さがオヤブンには要求されたのである。

## 二　ムラの政治家

### 1　イデオロギーの棚上げ

**ひねり餅**

金丸信は、一九一四（大正三）年九月十七日に山梨県中巨摩郡今諏訪村（白根町）で二代続けて県会議員の地主、造り酒屋のソーリョウ（総領＝長男）として生まれた。父・康三は西野村（白根町）の長谷部家からのイリット（養子）で、家業の酒造のほか、後年には山梨交通の重役も務めた。その会社を、小佐野賢治が山梨県から参院選に出るための足場にしようと、買収に乗り出したとき、河西俊夫社長に背き、小佐野側についたため山梨県内では評判が芳しくない。そのためか時には、「子の七光で出世した」などという陰口も聞かれたが、しかし、こと上今諏訪に限定し、日常生活で康三と接したことのある人びとに限れば、高潔な人物であったと回顧する人が多い。

康三の実兄は清三といい、彼もまた池田村（現甲府市）の小宮山家にイリットしている。その小宮山清三は、山梨県の消防組織を作る上で大きな足跡を残し、「山梨県の近代消防の父」と讃えられている。そのうえ彼は文化人で、「木喰仏」の収集・研究家としても知られていた。

木喰仏は、柳宗悦によって世に出たが、柳と木喰仏との「運命的出会い」の場所が小宮山家であったことはよく知られている。小宮山は柳宗悦に共鳴し、私財を投げうって雑誌『木喰上人之研究』（一九二五年1〜5号）を発行するなど、木喰研究の素地を作った功績は大きい。そのためか、金丸邸にも木喰の秀作「弘法大師像」が保管されていた（金丸信の死後、遺族により山梨県立博物館に寄贈）。小宮山は「どこか脱俗味もあり一脈清風的」（斎木逸造『天民回想録』）で人気が高く、県会議長をも務めた。

金丸信の母とくは、家付きの娘で、名門山梨英和女学校に学びキリスト教の素養を持った聡明な人であったという。だが、肝は据わっており、気丈で実行力も兼ね備えていたようである。一九五四年、金丸は、母の入院先の山梨病院に結核研究費にと、当時の金で五万円を寄付しているが、これは母の遺志であったという（山梨日日新聞 一九五四年一月八日）。

金丸の幼少時代のエピソードとしては、ガキ大将になったこと、「ひねり餅」で同級生の支持を受けたことなどが残っている。「ひねり餅」とは、刀自が米の蒸れ具合を調べるために作るものであるが、これを酒蔵から貰い、配下の子分に配りガキ大将の面目を保ったというのである。その一方で優しさもあり、遊び仲間の下駄の鼻緒が切れると、自らの「三尺（フンドシ）を裂いてすげてやった」という。そのため母親は「うちの信の三尺は一ヶ月保たない」と親しい友人に嘆いていた。成人してからも、自動車がまだめずらしい頃に、道行く知り合いには気さくに声を掛け、目的地まで送ってやったりしたらしい。この車に乗ったという者は意外と多い。

しかし、自身が広言するように学校秀才ではなかった。そのために県名門の甲府中学校や近くの韮崎中学校への進学を断念し、身延中学校に父親のコネで入り、日夜柔道に励んだ。タンジェントやコサイン、三角、四角のならぶ数学の試験では、「頭も丸く目も丸い、まして心はまん丸だ。三角、四角縁がない」と書いて大目玉を食らったという。東京農業大学に進学した後も柔道一筋で、渋谷で大乱闘をしでかし、警察署にやっかいになる「ワル」でもあった。腕も確かで学生代表として満州にも遠征している。

卒業後帰郷し、韮崎中学校で教師生活を送ったが、ここでは「まんじゅう」を食った食わないで教頭の首根っこを押さえる喧嘩をしでかしたようだ。その後、家業を継ぐが、国策に協力して酒造りを廃業し、代わりに溶接に使う酸素づくりの会社（日東工業）を起こした。敗戦後は、焼酎づくりの会社の社長に納まり、さらに山梨中央銀行頭取・名取忠彦から十億円の融資で葡萄酒会社（太平酒造株式会社）を再建するなど商才もあったようである。

## 嫁の評価

この間、一九四一年十一月に北巨摩郡武川村柳沢の山林大地主で県議を務めた三沢金午の長女・玲子（二十一歳）を娶る。柳沢は、甲斐駒ヶ岳を遠望する景勝の地で、また「縁故節」*で知られている。「縁故節」は、「縁で添うとも　柳沢はいやだ　女が木を伐る」という歌詞ではじまる民謡で、作業唄が元唄といわれ、盆踊りの場でよく歌われた。

金丸の在地とは距離はかなり離れており、村内婚がほとんどであった当時、「御旦那」衆の定石であった村外婚であったわけである。しかし、その妻は、一九五八年六月の初当選・初登院の月に上京し、そこで心臓発作を起こし急死した。三児（康信、信吾、吉宗）を残し、享年三十七歳の若さであった。金丸にとっては「誰よりもうるさい存在」で、暴走がちな金丸の「ブレーキ」役を果たし、家のなかでは「家族の心を和げ楽しませ」る歌の好きな、つつましい女性であった（金丸信『玲子とともに』）。今諏訪のオイツキも、控えめでやさしい人柄であったと追懐する。

＊「縁故節」（手塚洋一『山梨の民謡』より）

縁で添うとも　縁で添うとも

柳沢はいやだよ　アリャヤヨセ　コリャヤセー

女が木を伐る　女が木を伐る
　茅を刈る　ションガイナー
（略）
縁の切れ目に　このボコできたよ
　この子　いなぼこ　縁つなぎ
縁がありゃ添う　なければ添わぬ
　みんな出雲の神まかせ
駒の深山で　炭焼く主は
　今朝無事だと　白煙
来たら寄っとくれんけ　あばら家だけど
　ぬるいお茶でも熱くする。
（いなぼこ＝妙な子）

この妻の実家では、一九八一年七月、身代金五千万円を要求した誘拐事件が起きている。長男の嫁である主婦が、誘拐され、殺害されたのである。脅迫文には、「私たちは、ある建設会社を経営していましたが、知事選、衆議院選で業界の内紛に巻き込まれてすべての継続事業を含め、指名から除外されました。なんとかやり繰りをしてがんばりましたが、経営が苦しく解散しました」と、選挙での恨みが書かれてあった（山梨日日新聞 一九八一年七月二十四日)。事件の真相は、ギャンブルの借金の返済のために思い立った誘拐であったといわれているが、身代金を用意した義弟・金丸や義父・天野久知事らの政治活動にはショッキングな事件であったことには変わりない。

その後、金丸は一九六一年六月二日に箱根仙石ホテルのおかみの娘だった女性(悦子、一九二四年生まれ、北海道札幌市出身)と再婚している(古屋権一『平成・昭和に活躍する山梨県人』)。こちらは社交的で「気性が強い。男まさりのところがある」(金丸信『人は城・人は石垣・人は堀』)気丈な人であった。金丸の政治活動を麻布で支え、永田町や久親会での評判はすこぶる良かった。金丸自身も「わたしが、今日まで政治生活をやれるについては、大きな後盾になっていることは確かだよ。女は男によって変わるというが、政治家は、妻の内助の功がなければ、とても出来ない。大成した政治家をみれば、みな奥さんがしっかりしている。わたしが、ここまできたのは、(略)妻に恵まれたといっても過言じゃない。なにしろ、わたしの選挙の立会演説会は、ほとんど全部、悦子が、わたしに代わってやるんだ」(前掲書)と明言している。

だが、彼女が今諏訪で生活することはなく、ムラ人にその人柄を聞いても口は堅いままである。蓄財家で一九九一年十二月に亡くなったが、彼女の遺産総額は五十六億円に上り、金丸自身が五十二億円相続した。彼女の課税遺産額(九二年度)は、山梨県内過去最高で、それまでの三井物産元会長の水上達三の約二十五億円を軽く上まわった(山梨日日新聞一九九二年九月二日)。十二月九日に行われた山梨県内での葬儀(白根桃源文化会館)には小沢一郎、小渕恵三をはじめ政財界の面々約一万人が参列した。この数は、のちの金丸本人の葬儀（告別式）の参列者を優に上回るものであった。この「ギリ張り」の多くは、互酬性をともなわない一回ぽっきりの「掛捨香典」で、喪主金丸本人への義理立ての意味合いが強いものであろう。

## 道義日本と裏選対

その金丸が公人として出発したのが、戦時中の翼賛壮年団（団員約一万三千人）で、ここで県団長名取忠彦の知遇を得た。名取は、敗戦で公職追放となるが、山梨中央銀行頭取として左翼勢力の進出に強い危機感をもち、追放解除後（一九五一年八月）に旧翼壮の同志とともに「脈々会」を組織した。

その脈々会は、一九五二年五月二日に甲府錦町で会合を持ち、会長に名取忠彦、幹事に杉田保信、山田扇三を選び、国政への進出を目論み、政治結社として出発した。山梨県下二市九郡に支部を置き、会員は七百名近くに及んだ。彼らがめざしたものは、講和条約締結後の新しい政治、すなわち「①反共旗印を高く掲げ、道義日本の再建、②真正民主主義の樹立、③自由意志による和協体制の確立」であった。

メンバーは、高野孫左衛門（元代議士）、矢崎茂三郎、保坂敬一、中沢孝麿、川久保広岳、望月貢、小宮山彦正、白須皓、古屋五郎*、大沢伊三郎、深沢亀作らで、金丸もこれに加わった。そして国政選挙候補者に緒方竹虎と親交の厚い名取忠彦を担ぎ、中央では情に流されず、論理を通す重光葵や国家独占資本主義を提唱した岸信介らの日本再建連盟と連携する構想を描いた（山梨日日新聞　一九五二年五月二三日）。

＊　古屋五郎は、戦後北巨摩郡白州町長を務めるが、戦時中、名取忠彦が会長であった翼壮の団員で、南方に陸軍二等兵として赴任する。そこで見聞きする部隊長の下給品の搾取、看護婦への昼間からの強姦、それを見て見ぬふりをする将校らの腐りきった前線の醜態と腐敗堕落を諌める。しかし、逆臣、国賊となじられ、絞首刑だなどと恫喝されるが、ひるむことなく不正と対決し、部隊長に切腹を要求する。そのため戦時軍法会議にかけられるが正論を貫き、正義を勝ち取った気骨のある人物であった。その手記『南方第九陸軍病院』に「解説」をよせた家永三郎は、「本書は、十五年戦争末期に起った、蛮行を恣にする醜悪きわまる部隊長と死を恐れず敢然と部隊長を弾劾した一兵士との壮烈な対決の記録であり、おそらく他に類例のないものと思う」と述べている。

では、県政で脈々会のメンバー、とりわけ名取忠彦はどのような動きをしたのであろうか。当時の知事は、天野久であった。天野久（一八八〇～一九六八）は、塩山市に生まれ、高等小学校卒業後、田辺酒造（社長・田辺七六）に丁稚奉公、その後独立して笹一酒造の社長になる。戦後初の衆院選で、政友会幹事長であった田辺七六が、公職追放中の身であったため、「身代わり」（代貸）として立候補し初当選、三期連続当選し建設政務次官などを務めた。一九五一年の第二回知事選では、共産党を含む保革連合に押され、現職の吉江勝保を破って知事に就任した。選挙では「県政を県民の手に」がスローガンで、吉江側の「日の丸の吉江か、赤旗の天野か」に対抗した。名取はもちろん、それに従った金丸も、この選挙で吉江側についたのはいうまでもない。

後に金丸の選挙を支える名取忠彦と天野久は、この時期には対立関係にあったわけである。しかし天野知事は、当選後に「富める山梨」の実現を期して、県経済界の雄・名取を県総合開発審議会会長に迎え、さらに名取の実兄広瀬久忠の参院選当選（一九五三年）を援護し、関係を強めた。そして自らの子息の媒酌人（オヤブン）を名取に依頼するなど関係を強めていった。

金丸自身も戦時中に県内酒造会社の統廃合をめぐって天野と対立したままであった。だが、名取から実兄（広瀬久忠）の裏選挙対策（一九五三年参院選）を任されたのを機に天野に接近し、関係を修復、前後してオヤコ（姻戚）関係を築いた。天野の二男の嫁に、金丸の妻の妹が嫁いだのである。媒酌人（オヤブン）は、名取忠彦夫妻が務めた。ここに金丸の選挙基盤は出来上がったわけである。

少し横道にそれるが、広瀬の裏選対でも、金丸には武勇伝が残っている。裏選対とは、選挙事務所で陣取る事務長や本部長などの「表の選挙対策」などと違って、現金や物品での買収、飲食物の供与など違反ないし、すれすれの行為・行動を演出する組織である。とりわけ「裏の裏」と呼ばれる選挙参謀によって、各地区の選挙ボスなどによって持ち込まれた選挙名簿をもとに選挙状勢の分析などが行われ、買収の時期、金額、配布ルートなどが決められ、運動員に渡していく。金丸は、この任務遂行中に選挙違反容疑で警察の取り調べを受けるが、取調官がちょっと席を外したすきに証拠書類をヤカンの水で飲み込んでしまった。これが武勇伝として広まり、代議士への道が近づいたらしい。

そして、幸運にも広瀬久忠の代役が回ってきた。広瀬は参院から衆院への鞍替えの準備を進めていたが、時の総理・岸信介より参院から衆院への鞍替えを禁止する「転院禁止令」が出され、断念を余儀なくされている。そこで急遽浮上したのが、金丸への「代貸」であった。広瀬の名代として金丸は、一九五八年五月の総選挙に初出馬することになったのである。以来、広瀬や名取、天野らの後ろ盾に支えられ、危なげなく連続当選を重ねていくことになる。

## グズ政治

その広瀬は、自主憲法期成議員同盟会長に就任するなど改憲論者として名をなしていた。彼の著した『再建日本の憲法構想』（一九六一年）は、五〇〇頁余におよぶ大著で、「政治が最高の道徳でなければならないのと同様に、政治の基本を定める日本国憲法は、わが日本民族最高の道徳でなければならない」とする、精神的なものを重視する憲法草案であった。

また、名取忠彦も反共思想の持ち主で、戦後の左翼勢力進出に強い危機感をいだき、自らが頭取をつとめる山梨中央銀行で起きたストライキ（一九五四年）には、外部からの物理的応援を頼んでまで弾圧を断行した。それに対し、盟友天野知事さえめずらしく「外部の人が日の丸をかざしてデモをやるのは組合側をいたずらに刺激してよくない」などと批判的意見を語り、妥協勧告を提示したという（山梨日日新聞　一九五四年十月二十九日）。

このことからもわかるように、天野は名取や広瀬と違い主義主張や理念で政治をするタイプではなかった。「富める山梨」を掲げ、四期十六年県政を担当し、この間、野呂川開発（釜無川土地改良事業）、笹子自動車トンネル、富士山有料道路などを実現した。その政治手法は、熱心に中央省庁に働きかけ多額の補助金を獲得する「中央直結」にあった。そのため「商人知事」「ソロバン知事」などと呼ばれた。

政治姿勢も「身は保守、心（政策）は革新」（『天野久の生涯』）を掲げ、政党間の左右対立の議論でも、なかなか結論を出さないでうやむやにすることが多かった。そのために「ぐず久」とも評された。グズ（愚図）とは、ものごとを決断できない（しない）ことである。そこで盟友で東大出の反共の理論家・名取忠彦に言わせれば、天野はいつも「いい可減《ママ》な返事をするのが常套だった」（『天野久の生涯』）ということになる。

この曖昧な手法こそ、ムラ政治の継承といえよう。個人の主義・主張ないし利益・幸福の衝突が、共同の利害として調整され、共同体の幸福という規準を通してしか承認されなかったムラ政治にとって、理念やイデオロギーなどを含めた政治原理や政治哲学など、さして重要ではなかったのである。ここでは、相手の顔を見ながら主張や政策を融通無碍に変えていき、双方の合致点、妥協点を見出す、落としどころが重要なのであった。

この脱イデオロギーの手法は、天野だけのものではなく、金丸にも引き継がれ、与野党政策を「足して二で割る政治」が、永田町でまかり通るようになる。となると調整型金丸政治とは、このムラのグズとそれをなだめる顔役（オヤブン）政治が生んだものともいえる。酒を飲むとグズになるといわれるが、天野も金丸も酒屋であったことは共通する。*

* なお天野と金丸は、ムラの民俗儀礼を重視したことも共通点としてあげることができる。初当選した天野の知事としての初仕事が、名付けであったことはよく知られている。

名付けとは、新生児に名前を付けることであるが、一般に誕生後七日目にすることが多い。名前はその人物の運命に深くかかわるものとされ、名付け親には特定の人を頼むことも少なくない。社会的には、名を授けた者は名付け親として、生涯にわたって親しい関係を保ち、その子の社会的後見人として数々の場面で世話をすることが多い。子はそれに対し名付け親に生涯にわたって奉仕することが求められる。名付けを通して、一種の擬制的親子関係を結ぶ習俗があるわけである。選挙にもこのことが利用され、政治家が名付け親になることは少なくない。

一九五一年（昭和二十六）五月七日、初登庁した天野知事は、四月二十四日に生まれた西八代郡六郷町の支持者・Wの長男に名を付けることから仕事をはじめた。これを新聞は「俺らが知事さんの最良の日、はつ仕事は〝名付親〟の見出しで報道し、記事のなかで「早速『芳久』とお目出たい名がつけられた、これが知事の初仕事だ、この辺いかにも県人知事、大衆知事らしい」と賞賛している（山梨日日新聞 一九五一年五月八日）。なお、知事が名付け親になる例は、戦前にもあり、豊村（中巨摩郡櫛形町）では愛育協会設立後初の子ども誕生のおり、当時の知事（安岡正光）

が「愛一」とその子に命名している（山梨毎日新聞 一九四〇年三月二十日）。

また、金丸信も近所の子供の名付け親になり、「信正」の字を贈っている（「名付け親」朝日新聞 二〇〇三年一月二十四日）。さらに防衛長官時代には、護衛艦にも在所の地名「しらね」と命名（一九七八年）している。

## 2 仁侠

### 博徒

金丸政治は「グズ政治」であった反面、「決断と実行」の政治でもあった。民俗は両義性を持っているといわれるが、甲州の民俗に規定された金丸政治も両面性を持っていた。グズの反面、豪放磊落であった。

後者の性格は、幼少の頃からのもので、金丸のズゴロ（同年代）の者は、何ごとをするのにも桁違いのスケールを持っていた、と回顧する。稀有なガキ大将であり、親分肌であったというのである。

それは政治家になったあとも変わることなく、義理人情に厚かった。それゆえ、時として「半分ヤクザ、半分国士」といわれ甲州博徒の「津向《つむぎ》の文吉」「黒駒の勝蔵」などと揶揄されることもあったが、その気さくな性格と相まって、オイツキには「信さん」、県民には「信ちゃん」、久親会の支持者には「オヤジ」といわれ、親しまれた。

津向の文吉（一八一〇〜一八八三）とは、幕末から維新期に名を馳せた津向（西八代郡六郷町）生まれのバクチ打ちで、清水の次郎長の面倒も見た世話好きな人情家でもあった。頭がよく、機転がきいたので、喧嘩をぴたりと収める名仲裁役として名を売った。ロッキード事件のおり「私は田中の子分」、「田中がクロならおれもクロ」と喝破した金丸信は、一九七六年九月一日の参院ロッキード問題調査特別委員会で、道志川に渓流釣りによく訪れていた稲葉修法務大臣に、「甲州・津向の文吉時代の弁舌」と揶揄された。

黒駒《くろこま》の勝蔵（一八三二〜一八七二）は、東八代郡御坂町黒駒出身の幕末に名を馳せた甲州博徒で、竹居の吃安の後ろ盾を受けて一家を張り、他派との抗争を繰り返した。性格は太っ腹で明るい性格で、いつもにこにこしていたといわれている。明治維新に際し官軍の赤報隊に加わるが、のち官憲の手で斬首された。

その博徒の収入源であった賭博は、江戸幕府の取締りが厳しかったが、祭礼の日は例外で、黙認の慣習があった。そこで祭りには、寺社で賭場が開かれ、百姓や町人も、この日ばかりは晴れて博奕ができたわけである。この賭場は畳二畳（三・三平方メートル）の広さが一般的であった。戸板二枚ということになる。これを博徒の親分が、子分や他国から来た兄弟分の博徒に振り分けるのである。これを「ショバ割」という。ここにゴザを敷き、半丁のサイコロを振った。主だった子分は、親分の「代貸」となり、客人に金と引き換えに木や竹で作った駒札を渡した。客人は安心して賭博をできる保証料として「寺銭」を支払った。通常、換金の一〜二割が相場だった。甲州で最大の賭場は、身延山の御会式のときに大野山本遠寺本堂の裏手で開かれたという（今川徳三『甲州俠客伝』）。

規模は小さくなるが南都留郡鳴沢村の通玄寺もよく知られていた。幕末から明治中頃まで、四月十八日の縁日に、近郷近在から参詣者や博徒が集まり、盛んにバクチが行われた。ショバは参道で、お堂の雨戸（戸板）を並べてのバクチであった。雨戸には番号が打ってあり、テラ銭箱が近くの農家にいまも保管されている。境内の高台には観音堂があり、そこに安置されている百観音は、俗に「バクチ観音」といわれ、博徒の信心を集めている。ここには、津向の文吉の息子・宮沢永堂が描いた「千匹絵馬」（一八八九年制作）が奉納されており、そのことで一層、賭場の人気を高め、博徒を引き寄せた（『鳴沢村誌』）。

## 壮士

壮士もまた博徒に通じるものであろう。壮士とは、明治二十年代に言論や時には暴力も辞さず名望家層の総選挙を手伝い、糊口を得ていた政治青年をいう。その多くは一八八七年（明治二十年）の保安条例で帝都を追われた自由民権運動家の流れを汲む者であった。特に新たな学校教育と徴兵制の徹底化（明治十六年）が、農村青年を「ムラからくにの若者に転じて」（岩田重則『ムラの若者・くにの若者』）いくが、その過度期に現れたのが、農家の二、三男の壮士への憧れと村からの離脱であった。

山梨県の壮士も、保安条例で帝都を追われた青年民権運動家の一部が、県内の有志者を頼って甲府近辺に住み着いたのが起こりである。彼らは、当時刊行されていた新聞『峡陽与論新報』などを根城に、自らを壮士と称し、言論と体を張った運動で官憲に立ち向かい、各級選挙応援や壮士芝居などの活動を展開した。壮士たちは、政治的主義主張のほかに、町村会の紛争や甲府近郊の小作争議、また当時流行の仏教青年会のヤソ退治演説会など、様々なもめごとに得意の法律知識と弁舌、さらには腕力で介入し、口銭を得ていた。

壮士のもめごとへの介入は、幕末以来甲州に多かった博徒・任俠の徒を刺激した。彼らもまた、もめごとの介入を表向きの存在理由としていた。そこで壮士たちの介入を縄張りへの侵略と受け止め、博徒も逆に壮士化し、選挙運動にも登場した。両者が衝突することになり、壮士の首領・弘光冶太郎（高知県人）が甲府増山町（新柳町）の遊郭で殺害される事件（明治二十四年十二月十九日）なども起こった（「壮士殺しの裁判宣告書」山梨日日新聞　一八九三年五月十六日）。

しかし、藩閥と政党の妥協・癒着が進むと、壮士らの活動の場は次第に失われ、明治三十年代には県内から姿を消していった。のちに県会議員・甲府市長を務め、その質素な生活ぶりと実直で清潔な性格を評価され、甲府市名誉市民第一号になった斎木逸造も、教員・巡査を経て壮士に仲間入りした一人であった（有泉貞夫『明治政治史の基礎過程』）。斎木の回顧録『天民回想録』には、当時の選挙と壮士のあり方を熱っぽく語っている箇所がある。

集会にも警官が干渉する、運動員の行動に対しても尾行したり妨害したり、警官で足りない場合は博徒を狩り立てて道路を塞いだり、日本刀や竹槍で脅したり、徒党を組んで繰出したり、それはもの凄いものだった。もちろんこちらとしても、そんなことには驚かない。壮士先頭に立って道を開いたり、有権者や地域の護りに抜刀して「からだ」を張ったものだ、時には血の雨の降りそうな場面もあった。

この壮士の伝統は、いまでも甲州では生きているようで、政治家の「体を張る」「男気」はプラスの人気になってもマイナスのイメージにはならない。それが噴出し、ノウテンキな甲州人気質と相まって選挙を盛り立ててきた。

一九九八年六月、県議会で金属バットを持ち出し、長老議員に恫喝を加え、一躍名を売った武川勉県議も、その一人といえよう。彼も金丸の元秘書で、県議会で「武勇」を高め、一九九九年四月の富士吉田市長選に打って出て、剣道教士七段の現職市長栗原雅智を破り、初当選している。

**武闘派**

そもそも金丸の国会デビューが、六〇年安保条約締結国会で清瀬一郎議長を「体を張り」護った「安保武勇伝」であった。国会内で与野党が激しく衝突したとき、学生時代の「柔道一筋」を生かし、採決した議長のボディー・ガード役を務めたのである。そんな「武闘派」の「男気」が好かれたのか、金丸は選挙にはめっぽう強かった。

となると、浮上するのが女性問題である。だが、金丸は女性スキャンダルが少なかった。金丸が女嫌いであったわけではない。新婚早々にも世話していた芸者（妾）がいたことでもわかる。その芸者が病気で亡くなったおり、金丸は喪主になり、立派な葬儀を執り行っている。逃げ隠れしない、開放的な男気が、逆にスキャンダルに発展させない要因なのかも知れない。愛人へのお手あてでひと悶着を起こし、総理大臣の座を追われた宇野宗佑とは、対応の仕方が違っていたわけである。

「男気」は、金丸の祖先にもつながる。武田家臣、土屋惣蔵が祖先だという。土屋惣蔵は、金丸虎義の五男、十五歳で土屋家に養子入りし、武田家滅亡の田野の戦では「片手千人切り」をなした強者で、勝頼自害の介錯をした後、戦場に散ったと伝えられている。武田信玄を絶対者と見る甲州にあっては、最後まで武田家に殉じた金丸の家筋は「名家」そのものなのである。

強さは選挙にも及んでいる。落選がなく、一九五八年の衆院選初当選以来、一九九〇年まで連続十二回、そのうち八回がトップ当選で、六選目（一九七二年十二月）には山梨県初の十万票突破を果たしている。

初出馬のときには「信ちゃんアメ」で知名度アップをねらった。自社製の金太郎飴に自分の顔を描き、命名し、販売したのである。そのうえ、代議士ソングのはしりといえる「信ちゃんアメの歌」をつくり、選挙カーから流したのである。効果はてきめん、行く先々でアメをねだる子どもが群がり、有権者も集まった。国土庁長官時代（一九七五年）にも、飴ではなく、ネクタイに自分の似顔絵を描き、有権者に配っている（朝日新聞全国版 一九七五年十二月十一日)。よほど自分の顔に自信があったのであろう。確かに自らがいうように、描かれるマンガ顔は愛嬌に満ち、十二支の動物のどれにも合っている。

地元、白根町でも強かった。有権者数七千九百四十九人、投票者数七千五百二十四人、獲得票五千九百十五、実に投票者数の八割近くが、金丸信に投票した。ちなみに同郡甲西町出身の元山梨県副知事金丸徳重(社会党)は五百十一票にすぎず、桁が一つ違っていた。

時には、「イメージ選挙」を演出することさえあった。だが、金丸が演出したのは、スマートさではない。逆に泥臭さを全面に出すことであった。一九八〇年六月の衆院選では、「お百姓が働いているところへ背広姿で行けるか」(『金丸信語録』)と背広を脱ぎ捨て、半袖のポロシャツ姿で遊説を行った。これも「男気」の演出か、この時もトップ当選を果たした。

**金丸語録**

金丸は、状況に応じた話し言葉が巧みであった。「金丸政治語録」(『立ち技寝技』など)を紐解くと、コピーライター顔負けの名文句が続く。

「保革連合勢力には主義も主張もない。水と油が一緒になっている。水と油で天ぷら

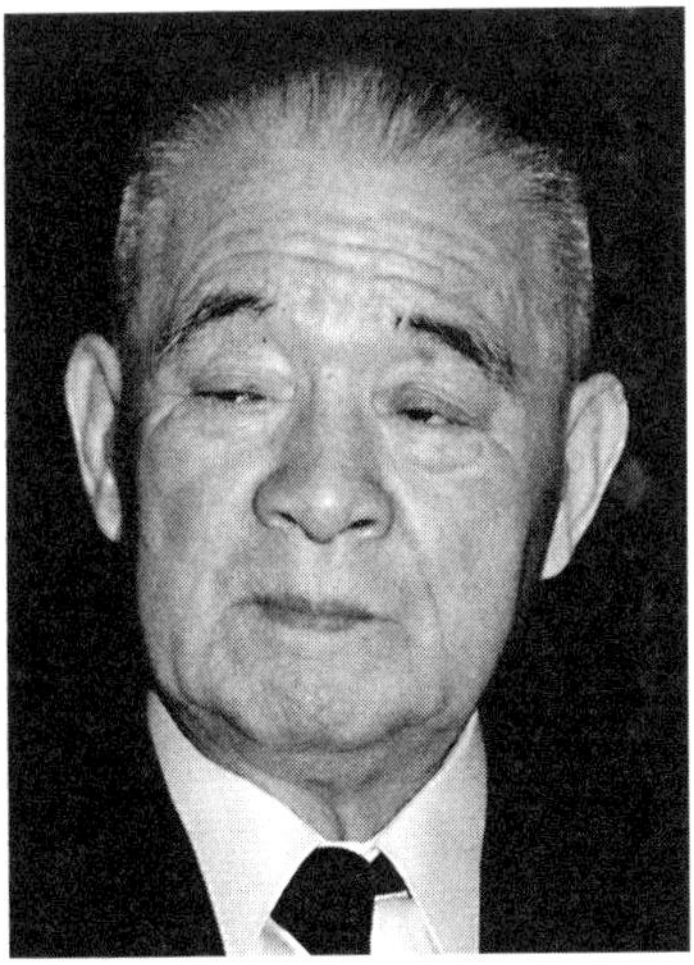

金丸信(『評伝金丸信』より)

が揚がるか」(一九六七年一月三十日)。五選をめざした盟友天野久知事が、保革連合の田辺国男に敗れたおりの捨て台詞。

田中内閣の下での総選挙では「列島改造論もさることながら、何より人づくりを先にやらなければならない。ぐうたら人間を育てていては列島改造も砂上の楼閣になる」(一九七二年十二月十日)と、初の大臣(建設相)就任演説。そして「これまで通り気軽に話をしに来てほしい。政治家は義理人情を忘れてはあり得ない。私は義理人情の政治家だ」(一九七二年十二月二十二日)と初心にかえる。

ロッキード事件によるオヤブン・田中角栄の逮捕、起訴、そして「角影」への批判が強まるなか、「リンリ、リンリではおまんまが食えない」(一九八三年十二月十八日、衆院選)となる。人間にとって食うことほど現実的なことはない。食うためには、正義や倫理など、問題が小さい。「おまんま」のために目をつぶることも必要だ、となる。ちなみに金丸の在地では、食事のことはメシという。そこでメシまでは出るが、「おまんま」とはいかに。死語化しつつあった言葉をさりげなく使うことで、ことの本質も消え去ってしまうのである。

その庶民感覚が、「思いやり、思いやり。日本の安全を守ってくれている在日米軍に、思いやりの気持ちを持とうではないか」(一九八七年八月三十一日、予算概算要求)となる。実にやさしい心がけである。だが、いい顔をするとツケがまわってくる。「一般消費税は悪税だと言わざるを得ない。富士山の五合目以下の人から徴税するのでなく、中間ベルト地帯を太くすることが今日の政治だ」(一九七九年二月三日)となり、衆院選で自民党大敗となる。

「中曽根氏が総裁になることは日本のためにならない。そのような動きがもし実際に出れば、私は体を張って阻止する。また田中派が実際に中曽根氏を後任総裁にかつぐことにでもなれば、私は田中派を離脱する」（一九八〇年六月二十一日）と啖呵を切る。だが、親分・田中角栄が中曽根支持になると、ころっと変わり「このシャバは君たちの思うようなシャバではない。親分が右と言えば右、左と言えば左なのだ。親分が右と言うのにいやだというなら、この派閥を出ていくほかない」（一九八二年十月二十二日）となる。

さらに「中曽根嫌いは日本一の金丸信だ。みんなの言っていることも分からんじゃあないが、いまさらどうするわけにもいかん。オヤジ（田中角栄）の声は天の声だ。オヤジも義理人情があるから中曽根といっているんだ。二度も中曽根を持ち出す気持ちもわからんわけじゃない。好き嫌いじゃない。義理人情も政治のうちだ。私はオヤジが中曽根で行く以上、中曽根でいく。嫌な人は田中派を出ていくしかない」（一九八四年九月十七日）と、オヤブンに従順さを誓う。それでも「再選後の中曽根さんに行き過ぎがみられれば、たとえ野に下っていようと、刺し違えてもこれを阻止する」（一九八四年十月二十六日）と凄味をきかせる。

そして舎弟頭から若頭になると「私は大自民党の幹事長だ。そんな一小派閥のことなどをうんぬんするのはさけるべきだろう。なんでオヤジのクビをもぎとることができるか。創政会は将来、オヤジの親衛隊になるだろう」（一九八五年二月七日、創政会旗揚げ）と。最後はオチである。「メジロ（目白）があんまり木の高いところにとまっているから、竹下も（創政会結成を）いいそびれた」（一九八五年一月二十九日）。

たとえ甲州の親分子分慣行の中で育たなくとも、また一九六〇年代後半の東映ヤクザ映画で育ってきた世代でなくとも、カッコいい殺し文句の連続に参ってしまう。まさに「壮士活劇」の練りに練った台詞の連続と言うべきであろう。

なお、言葉に関するエピソードとして、「ウイスキーのボルト（ボトル）を持ってこい」、とか「農地にスプリング・クーラー（スプリンクラー）を設置せよ」とか、竹下蔵相に「リビア（リニア）に金を出してくれ」といったとか、おもしろいまちがいもあげれば枚挙にいとまがない。これが逆にムラ人の金丸人気をより高めた要因でもあろう。

## 3 久親会

### よろず相談所

金丸の後援会は「久親会」といったが、この組織は強固で、社会党などの他党や自民党他派からは、おおむね次のような評価を得ていた。

金丸信は（略）人と人のつながりを大切にする。人の面倒をよくみる。約束したことは必ず守る。えらぶらない。豪放磊落な反面細やかな人情家であるから、一度金丸の周囲に集まった支持者は絶対に離れない。だから金丸の後援会・久親会の結束はまことに強固で、行動力がある。金丸を政界に送り出した最初の選挙の時に、死にもの狂いで運動をしたいわゆる直参とも言うべき人たちが、総合委員として久親会をがっちり固めている。金丸信とこれらの直参の旗本たちは、利害得失を越えた堅い信頼のきずなで結ばれている。（土屋要『山梨県知事交代』）

そして、この組織は、公共事業に依拠する土建業者組織「建信会」、県議会の自派組織「木曜研究会」「北辰会」、市町村長の「信和会」、市議の「信甲会」、行政関係者の「同友会」などと有機的に組み合わさっていた。

例えば、信和会は金丸支持の市町村長でつくられた親睦・後援団体であったが、一九九三（平成五）年三月現在で、六十四人の市町村長の三分の二以上が加入しており、他の代議士系派閥を圧倒していた（毎日新聞 一九九三年三月十一日）。これは金丸信の国政での影響力を期待し、市町村への利益誘導をはかるとともに、一方では、選挙の際は地域票の掘り起こしの拠点としても機能していた。

このような上からの組織化とともに、一つ一つの点である個人の組織化にも熱心であった。特に弱いといわれた女性の組織化には力を注いだ、参考までに一九七二年に結成された婦人後援会パンフ「女性久親会」*を掲げておく。

＊「婦人久親会規約」

久親会のあらまし

久親会の久は永久の久、親は親睦の親（初めは金丸信の信）、又、久は本県の生んだ大政治家広瀬久忠先生の久でもあります。命名者は広瀬久忠先生で、金丸信先生の後援団体ですが、近時、婦人の地位向上目覚ましく、独立して婦人久親会の設立が盛んになって参りました。ソ連や中共のような独裁的な政治の仕組みの国は別として、我が国のように議会制民主主義の国では地方自治についても国政についても自分の選んだ人を代理人（議員）として議会に送って、政治にたづさわってもらい社会や生活を良くする為に働いていただいておりますが、久親会は金丸信先生を国会に送って日本の政治（勿論郷土山梨も含めて）をよくする団体です。本部は甲府市丸の内二丁目三十二ノ十三日東ビル（会長矢崎茂三郎・婦人久親会長深沢サヨ）内にあります。会員は全県に及んでおります。

金丸信先生の横顔

出身中巨摩郡白根町上今諏訪、県立身延中（旧）卒、農大卒、旧制韮中の先生、甲府で日東工業社長、山梨市で大平醸造社長等の経歴あり、柔道六段、今も白根消防団長、昭和三十三年五月衆議院議員（山梨全県区）に初当選以来、連続五回、然も上位当選、郵政政務次官、運輸政務次官、衆議院建設常任委員長、自民党副幹事長等を歴任し沖縄国会といわれた前の第六十八国会では自民党国会対策委員長として大活躍し、田中角栄総理と親交を結び田中総裁、田中総理実現の参謀、行動隊長だったことは周知の通りで、今や押しも押されもしない中央政界での大物の座について居ることは疑う余地がないところである。

「俺は百姓出身だ」「俺は庶民の代表だ」と言っているように何時も変らずに「高ぶらない」「偉ぶらない」「どんな相談にも乗ってくれる」人である。それでいて、中央政界官庁方面での実力は驚くべき偉力があるが、それは先生のこれまでの誠実な、ウソのない、飾り気のない人柄が実を結んだからである。とに角私たちの代人として是が非でも国会に送り続けたい人である。（五十七歳）

婦人久親会支部規約

第一条　本会は、婦人久親会○○支部と称し事務所を支部長宅におく。
第二条　本会は、久親会と連帯し、会員同志の結合により、金丸信先生夫妻を中心に会員の団結をはかり、町政に、国政に、会員の意志を反映させると共に、社会福祉を増進することをもって目的とする。
第三条　本会は、前条の目的を達成するため、次の事業を行なう。
　1　広く同志を求め会員の拡大強化を図る。
　2　金丸信先生を中心に政治を研究し、同志的結合を深める。
　3　その他前条の目的を達成するために必要な事業。
（第四条以下七条まで略）
第八条　本会の経費は会費及び寄付金をもってこれにあてる。
（第九条略）

事業計画書

一　会員の増強

家人・隣人・知己・親戚・友人等に金丸信先生の風格と実力を訴え会員としてこの会への多数参加をすすめる。

二　よろず相談所の開設

会員の一切の相談に応じ、執行部は本部並に金丸信先生の力によってその解決を期する。

三　喜びも悲しみも共にする。

吉（凶）の場合は金丸信先生から慶弔の意を表して頂くので連絡して下さい。

四　視察、研修

国会見学、知名士の講話聴講、観劇等の事業を行ない、同士的の結束と研修に資す。

決議

戦後、私たちの生れ、育ち、生きてきた祖国は政治をはじめ、産業、経済社会、教育、文化など凡ゆる国情が徐々に、或は急激に変転を続け、家庭と生活の環境も向上、進歩、充実の一途を辿り、現在にみるような世代、世情となりました。これはひとえに戦争の苦い経験を生かし、古今東西の長を採って民族のしあわせと国家の繁栄の為に終始一貫して国政の責任を担当してきたわが国進歩的保守政権のおかげであると固く信じております。

私たちが愛の政治、力の政治、未来を考える政治を不動の信念とした金丸信先生を支持し、後援したことが間違いでなかったことを年毎に確かめ合い、喜び合ったのはこのことに外なりません。政治はお台所と決して無縁ではないと同じように、バトンを渡す次の世代の子供たちに対する教育制度がこれでよいだろうかと心配です。

進展して止まない国運と共に生起する公害、物価、防衛、外交等内外の諸問題を考えるにつけ、今やわが国政界の要に在る私たちの金丸信先生え《ママ》の期待は無限大に広がってまいります。

それ故に私たち金丸信先生を熱心に支持する女性グループは、こぞって先生に後顧の心配をおかけしないように本日茲に婦人久親会を結成し、久親会と手を携えて、目前に迫った参政権行使の機会には、夫々の地域において金丸信先生に圧倒的な勝利をおさめていただくと共に、前回六位だった甲府市に全県下の力を増援して、あの時の雪辱を果し、そして今回はおろか第七回以後の磐石のいしずえをしっかり固めようと誓い合いたいと思います。

このことを総会の総意によって決議いたします。

昭和四十七年十一月十日　婦人久親会結成総会

婦人久親会長（略）

尚、貴地域の本会基根《ママ》（末端）組織の整備、拡大、強化については貴地久親会（男性）幹部ともお打合せの上取り進め下さいますようおねがいいたします。

ここでユニークなのが、「よろず相談所」である。地域住民の日常生活上のトラブルから進学・就職、冠婚葬祭に至るまでの細々とした相談ごとに応えるものであった。そのうえ「慶

金丸信の衆院選十二回の得票

| 全県（順位―得票率） | 甲府市（順位―得票率） | 白根町（順位―得票率） |
|---|---|---|
| 69,354（①―17.7%） | 13,736（①―18.8%） | 6,142（①―71.0%） |
| 71,435（①―18.5%） | 12,054（③―16.4%） | 6,086（①―72.7%） |
| 62,206（④―15.9%） | 10,079（③―12.6%） | 4,848（①―59.9%） |
| 71,339（②―17.1%） | 11,023（⑤―11.8%） | 5,418（①―66.4%） |
| 68,660（②―17.0%） | 9,578（⑥―10.7%） | 5,217（①―62.0%） |
| 102,954（①―27.9%） | 14,818（③―18.8%） | 5,750（①―70.0%） |
| 67,609（③―14.1%） | 9,494（⑥―8.5%） | 4,915（①―52.7%） |
| 92,007（①―19.7%） | 14,262（④―13.8%） | 5,441（①―57.9%） |
| 86,919（①―18.4%） | 13,748（④―12.5%） | 5,288（①―56.2%） |
| 96,449（①―21.1%） | 13,252（⑤―13.5%） | 5,608（①―58.1%） |
| 112,530（①―22.8%） | 17,020（④―15.6%） | 6,418（①―62.2%） |
| 101,756（①―19.6%） | 14,679（⑤―12.9%） | 6,329（①―57.5%） |

（山梨日日新聞より作成：白根町には1958年時に未合併であった旧源村を含む）

弔」も組織内にきちっと位置づけている。「義理の政治家」の面目躍如というところである。婦人組織の結成されたこの年（一九七二年）十二月に行われた衆院選では、金丸は後援会が掲げた念願の甲府市で前回の九五七八を五千票以上伸ばす六割増の一万四八一八票を獲得し、全県でもトップで六選を果たした。女性票の掘り起こしと組織化に成功したのである。

この後援会組織のなかには、金丸夫妻が結婚式で媒酌人（仲人・オヤブン）を務めたカップルの組織「信寿会」（会長名取忠信―名取忠彦長男）も位置づけられ、選挙のときには頑強な機動部隊として活躍した。一九八三年の段階で、県内には少なくとも百七十組が存在（山下靖典『甲州人』）し、オヤブン金

| 回数 | 西暦 | 元号 |
|---|---|---|
| 1 | 1958/5/22 | 昭和 33 |
| 2 | 1960/11/20 | 35 |
| 3 | 1963/11/21 | 38 |
| 4 | 1967/1/29 | 42 |
| 5 | 1969/12/27 | 44 |
| 6 | 1972/12/10 | 47 |
| 7 | 1976/12/5 | 51 |
| 8 | 1979/10/7 | 54 |
| 9 | 1980/6/22 | 55 |
| 10 | 1983/12/18 | 58 |
| 11 | 1986/7/6 | 61 |
| 12 | 1990/2/28 | 平成 2 |

丸を盛り立てたのである。

**上納金**

これらの諸組織を十全に動かす久親会幹部（総合委員）は、一滴の水も漏らさぬ緻密な選挙運動を展開した。また選挙資金の調達にも久親会は長けており、金丸を支持する土建業者の後援会組織である建信会からの献金も、一九八六年の衆参同時選挙には五千万円、一九九〇年の衆院選直前には一億円と確実に高騰していった。

この集金システムが完成したのは、金丸派が中心になり保革連合で誕生させた望月県政時代（一九七九～一九九一）だといわれている。そのために、「コーヒー代」（会議使用料）、「まんじゅう代」、「（入札）上納金」などと呼ばれる語彙が生まれ、「利権帝国・山梨県」が誕生したのである（『週刊テーミス』一九九一年四月十七日～五月一日号）。

まんじゅうとは、永田町では総裁選挙などのポスト確約やカネ（現金買収）をいうようだが、甲州では土建業者などからの献金をさす。まんじゅう一個が百万円に換算され、公共事業発注のおりなどに便宜をはかってもらった謝礼に業者が権威筋（政治家など）に上納した

（山梨日日新聞 一九九三年三月三十一日）。

そのまんじゅうであるが、本来はハレの日の食べものなのである。例えば、塩山市小屋敷馬宿では、七月二十日の夕刻に道祖神場を祭場にして百万遍講（ヒャクマンベー・ナンマイダー）が行われる。中央と四隅に青竹を立て、そこに注連縄を張り、そのなかで大数珠を廻しながら念仏を唱える。除疫祈願であるが、終わるとオブックとしてまんじゅうとおにぎりが配られる。まんじゅう（小麦粉製で小豆餡入り・ダンゴともいう）は上組（十一戸）が、おにぎりは下組（七戸）が用意し、相互に交換しあった（『松里の民俗』）。

葬式の際にも出された。葬式まんじゅうといい、高度成長期以前にはどこでも見られた習俗である。変わったところでは、東八代郡境川村藤岱の葬式まんじゅうがあった。ここでは小麦粉製が四個、餅製が一個、計五個が出された（「山梨県民俗資料緊急調査票」）。主に葬式が終わった後、手伝ってくれた葬式組の人や参列者に配られたところを見ると、葬式まんじゅうはオテンマ（手伝い）のテマカーリ（返礼）として用いられたようである。

その意味では、仕事斡旋の謝礼に用いた贈答品（カネ）にまんじゅうと命名したのは、民俗の理に適っているわけである。

そのまんじゅうを米の代わりに上納金として納めたわけである。上納金とは、江戸時代まで百姓が領主に納めた年貢（米）のことであり、モノやカネを官府に納めることをいった。それが今日の選挙語彙では、公共事業の工事を請け負った企業（主に建築・土木）が、その返礼として権威筋に定められた金額を納めることをさすようになっている。

山梨県で、このまんじゅうを使った上納金システムがはじまったのは、望月県政誕生（一九七九年二月）以後だといわれている。前知事田辺国男側についた負け組に、望月側の勝ち組が、受注に関して厳しい制限を加えたことにある。負け組が仕事を取るために、どうしても必要だったのが上納金を支払うことであった。この過程で上納金システムが出来上がり、全企業に浸透するようになっていった。そして一九八三年頃から慣例となり、権威筋への盆暮れの「付け届け」以外にも、この「上納金」が企業に押しつけられるようになった。

以後も上納金は語彙として発展し、選挙のおりに権威筋（選挙陣営など）から命じられる選挙資金（軍資金）の供出も「上納金」の名で呼ばれるようになっていった（朝日新聞一九九三年三月三十日）。

では、「上納金」に対する金丸の返礼は、どうであったろう。地元への利権供与・誘導は、申し分なかった。初当選当時は、支援を受けた天野久知事のために県関係補助金獲得に奔走したため「県庁の窓口」と揶揄された「田舎代議士」であった。しかし、一九五九年八月と九月に山梨県下を襲った七号台風と伊勢湾台風による甚大な被害に対して復旧事業として国から多額の補助金が投入されると、金丸はここで利権のうまみを知ることになる。以後建設族として成長を遂げたことはよく知られている。郷土山梨県への貢献度は絶大で、県内の永久橋の九分九厘を作ったと豪語した（一九九二年六月二十六日）。金丸邸近くの釜無川に架かる巨橋だけでも、豪華な信玄橋、開国橋と続く。特に後者は四車線の立派なもので、「信ちゃん橋」の愛称をもって呼ばれている。山梨県内の道路整備もよく、中央自動車道を完成させ、リニア実験線も強引に誘致した。金丸は、各種補助金による社会資本充実の権化であり、そのために大いに土建業者は潤った。

## 4 人脈政治

### 芋づる

国政での金丸は、自民党政権最大派閥（佐藤、田中派）に属し、建設族議員として、利権政治の中枢に位置してきた。その金丸が他議員から一目置かれるような存在になったのが、議会の調整役である国会対策委員長就任（一九七二年一月）以後といえよう。ここで「政治は人なり」、「政治家は人間関係を大切にしなければ駄目だ」を実践して、幅広い人脈を形成した。それは自民党内だけでなく、野党、

信ちゃん橋と呼ばれている開国橋。1996年11月16日

さらに官僚にまでおよんだ。

ここで出会った社会党の田辺誠や民社党の池田禎次などとは、家族ぐるみの付き合いにまで発展している。官僚も同様で、防衛庁長官を経験すると、その人達を集め「日本平和戦略研究センター」などを立ち上げ、交流の場をつくった。このような場で金丸は、話し合いはもちろん、宴会から麻雀、ゴルフまでと、徹底的に付き合うのが常であった。このようにして築いた人脈は、問題調整の際、大いに役立った。

そしてさらに強固な人脈が、閨閥であった。盟友・竹下登とは姻戚になり、小沢一郎ともオヤコで繋がっていた。金丸の長男と竹下の長女が結婚し、小沢一郎とは竹下の弟の夫人同士が姉妹というになる。その結果が、田中派内に創政会を生み、経世会（竹下派）発展の礎になった。そして、一九九一年の宮沢内閣成立時には、この「金竹小」と呼ばれるトライアングルは絶頂期を迎え、権力の中枢を独占する勢いであった。

だが、それゆえに政治手法は、問題を原理的にすりあわせたり、理念的な対立に高め、緊張関係をもって解決するというものではなかった。「足して二で割る」、「民主主義は妥協である」などの発言があるように対立を回避し、本質をそらして、うやむやにしながら解決する根回し政治といえよう。すでに見てきた山梨県内のムラでオヤブンが用いた「グズ政治」の手法であったといえよう。

しかし、人脈をたぐり寄せながらの根回し政治は、保革伯仲（イデオロギー）政治状況下では、有効性を発揮し、自民党内での金丸の地位・影響力を高めていった。そして閣僚（建設大臣・国土庁長官・防衛庁長官・副総理など）・党要職（幹事長・副総裁など）を歴任し、国政でのドン（頭領）の地位にまで登りつめたのである。

### オヤブンの資質

「政治は国家国民のためにある」「困る人の相談にのる」「人間関係を大切にする」「人のために汗をかく」などの言に窺えるように「義理人情の政治家」は、陳情にも気軽に対応した。そこで後援会の「よろず相談所」には、ムラ人の苦情や嘆願が多く寄せられた。国政でも同様であった。例えば、東京佐川急便事件で、渡辺広康社長から五億円政治献金を受けたさいの臨床喚問（一九九二年十一月二十七日）では、次のように語っている。

（佐川急便に）労働条件の問題とかいろいろ問題があることは聞いていた。私が道路調査会会長ということからも自分に期待を持っていたのではないだろうか。そういうことで、いくらか相談に乗ったり、話を聞いたことは事実だ（毎日新聞全国版 一九九二年十一月二十八日）。

困っている人が、悪者であろうと手をさしのべるのが、甲州の親分子分慣行で育ってきたオヤブンの鉄則である。それを金丸は、「政治哲学」として実践してきた「義理人情の政治家」である。佐川急便事件では、他県の多くの人々は、金と引換に便宜を図ったと、金丸の腹黒さを糾弾するであろう。しかし、親分子分関係の心情を知っている甲州人からすると、金丸の弁明はまんざら嘘でもないようにも思える。いや、「信念の人」金丸が、金銭を超越した温情を持ったとしても不思議ではない。親分子分慣行に身を委ねたことがある者にとって、金丸の心情は察するに余りある。

親分子分慣行下でのオヤブンの任務は重く、コブンを最後の最後まで庇護し、物心ともに面倒を見るのが責務であった。そこで実の親に勘当されたとしても、オヤブンはコブンをどこまでも保護しなければ、末代までの笑いものになったのである。オヤブンのところに行けば悪いようにしない、そんな心情が今日でも残り、実際に親分子分の関係になかったにせよ金丸をオヤブンと慕う人々は少なくなかった。そのため地元支援者は、「オヤジ金丸」をオヤブンと慕い、担ぎ上げ、国政に送り続けたのである。

金丸は国政の場でも、この甲州の親分子分慣行を引きずり、田中角栄にオヤブンの幻影を見、また陣傘議員をコブンに見立てて、世話をしている。その角栄に対する金丸の思慕は、すでに引用した中曽根総理実現の田中派幹部会（一九八二年十月二十二日）の席上の言葉によく現れている。

親父（田中角栄）の声は、天の声だ。親父も義理人情があるから、中曽根といっているんだ。（略）好き嫌いじゃない。義理人情も政治のうちだ。わたしは、親父が中曽根でいく以上、中曽根でいく。

この従順さがコブンのオヤブンに対する率直な心情なのである。また自らもオヤブンとして、まわりによってきた議員を、コブンとして可愛がり、時にはコブンの法外な要求を飲み、一方で強権的にコブン議員を抑え込みながら永田町に君臨したといえよう。

**自らの首**

その金丸が最晩年、自己否定とも思える、政策本意で争う二大政党体制を創出するための「政界再編成」に打って出たのである。自らが国会対策委員長として実力をつけた五五年体制の否定ということになる。それは、社会党統一・保守合同以後、地方への利益供与と国家基本政策（日米安保条約維持）黙認の取引によって延命してきた政治体制の清算でもあった。国会の議席の多数を確保し、政権を独占し続けてきた自民党体制を内部から否定し、政権交代可能な二大政党の創出を目論んだのである。以下、有泉貞夫の考察（『山梨近代史論集』）に依拠しながら、このことを整理しておこう。

一九九〇年九月に金丸が自民党代議士・社会党幹部（副委員長田辺誠）らと連れだって北朝鮮を訪問したのも「政界再編」への布石だったと見ることができよう。前年のベルリンの壁崩壊以後、西ドイツに吸収合併を余儀なくされた東ドイツの例を見せつけられている北朝鮮に、社会党の仲介と自民党政権の資金援助で、韓国と和解・対等合併できるような道を開き、東アジアでの冷戦を終結させることで日米安保条約をめぐる自社両党の対立を無意味化させようとしたのである。こうすることによって自社対立の大きな障害を取り除くことができ、政界再編は容易になると考えたわけである。

さらに次の段階で、二大政党制に導く決め手としての小選挙区制の採用に不満不安を募らせる自社両党内の議員をなだめ、場合によっては引退を促す代償として、金丸自身が自由に使える資金は、どれだけあっても多すぎることはなかった。ここに充てられる資金が、金丸が後見人となった望月県政下で建設業者から得た「まんじゅう」「上納金」などの蓄財で、これが政界再編の資金になるはずだった。

だが、北朝鮮工作の不調・失敗、帰国後の「土下座外交」批判、さらに元知事・天野久の三男（天野建）の知事選出馬を妨害したことによって、その実力にもかげりが見えはじめる。

## 忘恩

後者の第十二回山梨県知事選については、少々詳しく見てみよう。この選挙（一九九一年一月）では、天野建陣営がブルー、金丸の推した小沢澄夫陣営がオレンジで戦った。天野陣営は「薄暗い色に覆われた山梨を明るい空色（ブルー）にしよう」という意味を込めた。そして草の根支持者「勝手連」が前面に出て「青い山脈」の替え歌を流した。対抗する小沢陣営はテレビ人気番組のテーマソング、アニメソングを流した（ただし、制作プロダクションからクレームがつき断念する）。そして両陣営ともイメージ・カラーのポスター、ステッカー、小旗、パンフレットを大量に投下した。金額にすると十億円ともいわれた。さらに天野陣営は、「勝手連」を中心に「石原軍団」の舘ひろし、神田正輝など人気タレントを招いての「一万人集会」を開き、また連日銀輪（自転車）部隊を走らせた。これに対抗した小沢陣営もオレンジの自転車遊説隊を繰り出した。だが、イメージ選挙では、選挙上手の金丸側（小沢陣営）が後手にまわった。

出陣式で天野陣営は、金丸を標的に「権力と県民の戦い」を前面にだし、草の根運動を強調した。掲げたキャッチフレーズ（この時期に、スローガンは死語になっている）は「ストップ・トップダウン」「権力への挑戦」などであった。一方、小沢陣営は「生活一流県」を掲げ、オール与党体制を誇示した。演壇には、それを象徴するかのように金丸信副総理、望月幸明知事をはじめ、国政の各党首級がずらりと並んだ。だが、この時期、テレビニュースでは湾岸戦争を放映しており、国会では与野党がイラクに自衛隊を派遣するかどうかで激しく対立していた。県政と国政がねじれ現象を起こしていたのである。

なれあい・すりより所帯の小沢陣営に対し、天野建陣営に集まった選挙幹部には、「恩義」や「オヤコ」を重んじていた人びとが少なくなかった。有泉亨（元県会議長）は先代天野久への「恩義」（有泉亨『最後の「井戸塀」記』）から選対本部長を承諾し、河口親賀（元甲府市長）はオヤコ関係から自らの無尽会をも総動員した。無尽といえば「無尽県議」と称された望月金三の顔もここにはあった。

結果は、天野が僅差で勝利した。負けたのは金丸である。「与野党なれあい政治」に亀裂が入った瞬間である。「義理人情の政治家」が、天野久への恩義や天野建とのオヤコ関係を足蹴にし、自分の権力維持に好適と考えたオタニンサンである小沢澄夫を推した結果でもある。

「義理人情の政治家」「私心のない政治家」金丸が、ムラ人にしっぺ返しを受け、足蹴にされたといえよう。そして、この知事選敗北が、金丸の資金調達面にダメージを与えた。カネの流れが滞り、金丸の政治力を低下させ、失脚につながる要因にもなったのである。

**失脚**

一九九二年、佐川急便からの五億円政治献金申告漏れによる政治資金規制法違反略式起訴で、金丸は自民党副総裁、さらに衆議院議員も辞職し、翌年三月には所得税法違反の疑いで逮捕され、政界引退を余儀なくされた。そして、九四年十二月の「傘寿を祝う会」で名実ともに政界を去った。

金丸信の失脚は、金丸が政界再編の実行を託したやはりオヤコ関係の小沢一郎を窮地に立たせ、自民党「経世会」（竹下派）の分裂を招いた。だが、その一方で、金丸逮捕に触発された別の政治改革への願望と奇妙に重なり、自民党の分裂・細川内閣の成立（一九九三年）・小選挙区制の実施（一九九四年）という改革につながっていった。

かくて未完の「政界再編」の第一歩は、金丸が資金でなく、「自らの首」を差し出すことで贖われたといえよう。それは、利益政治によって地歩を築きながら集積した資金で、逆に利益政治に立脚した「日本＝ムラ的」政治体制の清算を図った金丸信の、自己否定ないしは「自虐的」な政治姿勢と見ることができよう。そう考えるならば金丸は、ただの金権政治家でなく、戦後日本に稀な器量の大きさをもった政治家《ステイツマン》（有泉貞夫『山梨近代史論集』）という評価にもつながる。

だが、そのような大政治家・金丸信を生みだしたもの、すなわち「野党とのパイプ役」から「政界再編構想」にまでその器量を拡張させたものこそ、山梨の政治風土であったはずである。それは金丸側から見れば、ムラ政治・ムラ民俗の収奪による選挙基盤強化過程であったが、身近に見てきた山梨県民の少なからずは、永田町の政治手法が自分たちの生活感覚・意識とそう大きくかけ離れたものでないことを実感したわけである。確かに政治行動として見た場合、金丸による中央からの利益誘導を余りにも人々が期待し、それのみに一面化したきらいがなくもない。山梨県人が「実利」を重んじるといってしまえば、それまでであるが、国政への関心を利益獲得のみに限定してしまったことは、負の遺産として残ったかもしれない。

しかし、政治手法と民俗という観点に限定すれば、民の生活状態をお上に伝へ、お上が施政する、その媒介を忠実に果たした政治家こそが金丸信であったとはいえる。「私心がない政治家」と自らがいうように、常民の保持してきた民俗をお上の政治に還流した真に誠実な政治家だったといえなくもないのである。

政治とは、民の在り方を反映しない限り権力を維持し得ないものである。それゆえに権力維持のためには、絶えず民間習俗（民俗）を繰り込まなければならない危うい装置なのである。権力獲得・維持のために、民俗を絶えず国政に組み込んだのが、大政治家たる金丸信の源泉であったというべきであろう。

## 5　傀儡人形

### 天津司舞《てんづしまい》

春先に、甲府市小瀬町で「天津司舞」が行われる。天津司神社から隣集落の下鍛治屋町の諏訪神社まで、等身大の九体（かつては十二体）の神様が御幸後、境内の「御船《おふね》」で舞いを行う神事である。

祭り当日、関係者が天津司神社に参集し、拝殿に保管されている箱から九体の人形を取り出し、所定の装束を付け、顔を赤い布で覆い、「おからくり」を装着する。神事の後、御成道を御幸し、「渡御の楽」を奏しながら諏訪神社まで「神幸」する。行列の先頭は神主で、その後に赤い布を被った九体の人形が、奉仕の人びとに高くかかげられて、笛・太鼓の音にのって静かに歩みをすすめる。人形は御成道を進むなかで徐々に神になっていく。

その御成道は、かつてはレンゲが咲き乱れ、のどかな田園風景をかもし出していたが、現在は近代的なコンクリート建物が立ち並ぶ小瀬スポーツ公園にとりかこまれてしまった。一九八六年に山梨県初の「かいじ国体」が開催されたおりのメイン会場として作られたものである。ちょうど金丸政治絶頂期で、湯水のように多額の施設整備費が国から注ぎ込まれた。そのために山梨行政監察局からは過剰整備ではないかとの指摘さえなされている。しかし、金丸信は時の中曽根内閣の副総理である。金丸の一喝で「雑音」は雲散霧消した。その「荘

金丸信の政治力をいかんなく発揮してつくられた国体会場の小瀬スポーツ公園を御幸する天津司舞の傀儡人形。甲府市、一九九六年四月

厳」な建物をぬって、神々が行幸するのである。

## 御船囲

諏訪神社に到着すると、社殿に参拝したあと、高さ二メートルほどの青竹を結いめぐらし、そこを白布で覆った「御船囲」に入る。御船は、十二体の神様が天上から舞い降りた場所であるという。しかし、中世に二体は天に上り、一体は西油川の釜池に没したという。現存する九体の神は、大日要貴神《おひるめのかみ》、月弓神《つきゆみのかみ》、経津主神《ふつぬしのかみ》、根裂神《ねさけのかみ》、黄幡神《きばたのかみ》、磐裂神《いわさきのかみ》、磐筒男神《いわづつおのかみ》、豹尾神《いぬおのかみ》、磐筒女神《いわづつめのかみ》である。九体の神々の赤い布が「御船囲」の中で取られ、神々が順次舞うことになる。それ故に「御船祭り」とも称されている。

御船の内部は、覗くことが禁止された聖域であった。いかなることがあっても人は見ることが許されない。見たものは眼がつぶれるといわれ、木々に登って見下ろすものがあれば引きずりおろし、幕の隙間から覗くものがあれば棒で突き刺した。したがって観客は、御船囲の白幕の上に現れる人形の神々の舞しか見られず、内部の人形を手で操る仕掛け（からくり）の遣手や笛・太鼓の囃方の姿は見ることができなかった（近時、その禁忌も無視され、内部を見ることができるようになった。それによると、人形遣いは、一人でするものもあり、また二人ないし三人でするものもあるという）。

御成道を御幸する天津司の九神像（天津司舞パンフレットより）

御船囲のなかで舞い遊ぶ神々。二〇〇六年四月九日

山梨県史民俗部会の調査によって明らかになった御船囲の内部（『山梨県史民俗編』より）

**御狂ひ**

その御船で、最初はササラ（ビンザサラ）を持った「一ノ編木《ささら》」が登場し、御船を厳かに一巡する。なお、住民は人形を神名でなく、各々の採物名によって、このように呼んでいる。次に「二ノ編木」、さらに「一ノ太鼓」、「二ノ太鼓」と現れると、囃子のテンポが急速になり、人形の動作が狂おしく活発になる。これを「御狂ひ」と称する。「一ノ編木」が退場し、これに代わって「一ノ鼓」が登場すると、囃子は再びもとの厳かで静かな調べに戻り、舞いも緩やかになる。

さらに「二ノ編木」が退場すると、「一ノ笛」が現れ、やはり緩やかさと激しさの舞いを繰り返す。この所作が繰り返され、順次退場する。その後に烏帽子の衣装を付け、両手に太刀を持った「鹿島様」が登場し、独舞し、また「御狂ひ」となり、水引を付けた木太刀をお船の中から観客に向け放り出す。この刀を授かった者は、神の恩恵を受けることになる。「鹿島様」が退場すると、最後に「姫」と「鬼」の舞いである。扇を持った「姫」と払子《ほっす》を持った「鬼」の舞いである。舞いは厳かに、そしてやはり「御狂ひ」、そしてまた厳かに、と舞う。こうして神様が舞い遊んだ後に御船囲を「出御」し、往路とは別の御成道を通って、天津司神社に「還御」する。人形は衣装を脱ぎ、カラクリを「おくづし」になり、箱の中に納められ、社殿に保管される。すると境内に静寂さが戻る。

天津司舞の起こりは、中世に由来する傀儡田楽を源にするという。この種の傀儡人形の三人遣いの舞いが残存している例は全国的にもほとんどなく希少価値が高いようだ。五穀豊穣祈願と厄病除けのために行われてきたという。江戸期までは、毎年七月十九日に行われていたが、明治に入り十一月三日になり、さらに明治三十二年の風水害で一旦廃れてしまった。

小田内通敏の『綜合郷土研究』調査により復活したのが、一九三七（昭和十二）年四月十日であった。それが現在の祭日（ただしこの前後の日曜日）になっている。一九六〇年に県の無形文化財に指定され、さらに一九七六年三月には県初の国指定重要無形民俗文化財になった。

この祭りに金丸信の幻影を見ることは可能であろう。ムラ人の手で神社（白根町）から出された傀儡人形（金丸）が、御成道（選挙）を担がれ、徐々に神（大政治家）に変身していく。そして御船（永田町）で厳かに舞い、時には「お狂ひ」（政治資金集め）、あらん限りの豊穣（利権）と安寧（社会資本）をムラ人（山梨）に与える。終わると帰郷し、ムラに再び静寂が戻る。

となると、私たち山梨県民は、すでに中世から、金丸信というこの国の副総理にまでなった稀有な政治家の示現を予定していたことになる。民俗から政治を垣間見ると、そう映じてしまうのである。

## 6　ウチのホトケさん

### 戒名

一九九六年三月二十八日、金丸は故郷白根町上今諏訪の自宅で静かに息を引き取った。政界引退から三年後のことであった。享年八十二、その死は多くの県民、とりわけムラ人から惜しまれた。三十日に檀那寺である慈眼寺（曹洞宗）で葬儀が執行された。葬儀委員長は天野建山梨県知事、親戚代表竹下登、友人代表小渕恵三であった。告別式には、寺を囲むように長蛇の列ができ、焼香も混雑を極めた。

山門は生前の金丸が尽力して出来たものである。義理堅い住職は、義理返しに山門近くの広い墓地（三十二坪）を金丸家に提供した。そこに故金丸信は、御先祖と初婚・再婚の妻とともに眠っている。戒名は「北溟院興国徹信政道大居士」である。屋号の「北酒屋」と、北極海に生息する巨鯨が死後、鳳凰に化身することにちなみ、国政においておのれの信じる道に徹し、辣腕を振るった大政治家へのオクリナであった。檀那寺では開基四百数十年来はじめての院殿大居士をおくることを考えていたが、故人の遺志を尊重し、院殿号を外したという。実父より戒名の位が高くなることを「過分の扱いとして」嫌ったという遺族からの申し入れで、寺が断念したわけである。祭儀も導師の住職を含む五名の僧侶による「質朴」なものであった（なお、故人と付き合いの深かった五人が、寺とは別個に客僧として加わったという)。

**お旦那家**

金丸家は、ここ上今諏訪の旧家であった。ムラの名字分布(『白根町誌』)を見ると、金丸姓四十八戸、塚原姓三十三戸、手塚二十五戸、その他で、金丸姓が一七パーセントを占め第一位である。金丸は、この金丸姓の総本家ではないようだが、戦前は大地主で、造り酒屋であった。コブンも多く、ムラの指導層である「お旦那」衆であった。この地で「お旦那」とは、財産家にして、他人の世話をよく見る、ムラの中心的な家筋のことである。一代で財をなした成り上がり者は、ここから除外される。少なくとも「オイツキ」(お居付き・生付き)として代を重ねないと「お旦那」にはなれないわけである。金丸信家は、キタザカヤ(北酒屋)という屋号を持った「お旦那」であり、「オダイジン」の素封家であった。

ムラ(上今諏訪)の「お旦那」は戦前まで、この金丸家とオコーヤ(金丸姓・「紺屋」)とハクレーシャ(手塚姓・「白嶺舎」・医者)の三軒で、これがムラの指導層ということになる。三家は、付き合いも親密で、オヤコの関係にあった。

例えば、子どものなかった「白嶺舎」では、信の実弟・敬を幼くしてイリットに迎え、信州大学医学部教授にまで育てている。オコーヤも先代は「白嶺舎」から婿を迎えており、三家は濃いオヤコであり、ウチッキリということになる。もちろん日常でも、嫁同士がグチをこぼし合う仲であった。

この地では「家」を相続・継承するのは、ソーリョウ（総領）であった。長男のことを言う。ただし男の子がいない場合には、長女のこともソーリョウといった。ソーリョウこそが「家の跡取り」であった。二、三男にシンショウ（身上）分けすることは、一般の家では戦前には稀で、「家」の一括相続者はソーリョウであった。金丸家もソーリョウである信が、「家」を相続・継承した（ただし財産は、一括相続ではない）。金丸の呼称は、「信《しん》さん」であり、「信ちゃん」とはムラでは呼ばなかったという。金丸は生まれながらにしてムラの「領袖」であったわけである。

**今諏訪村**

その今諏訪の村名の由来は、上下両村ともに信州の諏訪神社を勧請し、氏神となしたことによる。七年に一度の御柱祭は、本社同様、盛大に行われる。本社ほどの賑わいはないものの、上下集落の「里曳き」には「お船」「御柱」「御輿」が出て練り歩く。万燈も出て、お囃子のなか仮装の子どもらの行列が続く。境内には「高辻」（相撲土手ともいう）があり、ここで青年団がかつては相撲を奉納したという。興奮が頂点に達するのが、釜無川を見下ろす御柱社に御柱を立てる時である。

ムラ祭りは近在に比して多い。諏訪社の祭りは毎年十月二十日に行われ、道祖神も上諏訪に二ヶ所鎮座し、小正月にはドンド焼きが行われる。そのほかにもムラクミごとに行われる秋葉山などの祭りがある。祭りが多いのは、近在の「月夜でも土地が枯れる」といわれた旱魃地帯の原七郷と比して、水田が多くあり、米の収穫があったためではないかといわれている。

しかし、この地域を悩ましていた「地方病」*（日本住血吸虫病）は猛威を振るい、一九六八年の時点で今諏訪地区は受検者四百七十名中陽性者三百七十三名、実に七九・四パーセントに及び、保卵者も十名以上に及んでいた（『白根町誌』）。そのため釜無川河川敷の水田地帯は、この病の中間宿主の宮入貝撲滅のために水路・溝渠のコンクリート化、さらには水田破棄・果樹園への転換を余儀なくされた。今日の果樹地帯は、こうして出来上がったものである。そのためムラはセギ普請が不可欠で、共同作業による水路の清掃は、いまでも欠かすことができない。

諏訪神社の祭礼。白根町上今諏訪、1998年4月5日

その努力もあり、一九七九年に県下での新感染者はゼロになり、以後発見されず一九九六年には知事が「地方病終息宣言」を出している。

＊　この地方病（日本住血吸虫病）については、白根町地方病撲滅推進員T氏の次の文章に、その悲惨な実態の一端をうかがうことができる。

私達の地方では、昔から役に立たない人のことを「水腫・脹満・茶碗のかけら」といってきました。「脹満」というだけでは、一般の人には、わかりにくいかもしれませんが、いうまでもなく、この地方独特の風土病である日本住血吸虫病、つまり「地方病」によってお腹のふくれた人のことで、これを「茶碗のかけら」と並べなければならなかったところに、この地方の人の「地方病」に対する恐怖や怨念がどんなものであったかが、わかるような気がいたします。

古い昔から、身体は骨と皮ばかりになりながら、腹だけは異常にふくらんで死んでいく奇病で、事実私の記憶でも、大正から昭和の最近まで、大勢の人がそういう症状で死んでおり、私の家もまた同様に、母をこの病気で亡くしております。

ちょうど昭和六年から七年ごろのことでしたが、むろん自動車などというものはない時代ですから、人力車で、二川村（現甲府市─引用者）の三神先生というお医者さんに往診してもらいました。当時、東京甲府間の電車賃が往復でたしか三円六十銭ぐらいでしたか。これに対し、この往診料が一回五円、そのほか薬代などを入れますと、水呑百姓にとって医者代は莫大なもので、いまと違って保険制度などはありませんから、一度病人が出ると、たちまち貧乏のどん底へ落ちていく家もすくなくありませんでした。それでも病気が直るならいいんですが、地方病は一度かかったら直らない、不治の病です。体は段々細くなり、腹だけがみるみるふくらんで、水晶のような水がバケツに半分も溜ります。その水を最初は一ヵ月に一回、次は二十五日めに、次は二十日、十五日と段々水を取る回数が多くなり、やがて取るにも取り切れなくなって、母は糸のように痩せ細って四十六才の春を待たずに死んでいきました。

この病気も、最初から地方病だとわかっていたわけではありません。この奇病が、いわゆる日本住血吸虫という奇生虫によるものであり、それを育て運ぶのが宮入貝という小さな貝であるということがわかってきたのは、明治末から大正にかけてのころだといわれております。そのために、この病気をなくするには、まず宮入貝を退治しなければ駄目だということで、たしか大正六年ごろから、県が本腰を入れて撲滅に乗り出したと聞いております。しかしその当時のことですから、むろん有効な殺貝薬もありませんので、もっぱら人海戦術で、宮入貝を一匹一匹拾い集めて焼き捨てる方法がとられておりました。（略）

どの家でも強制的に駆り出されたものでした。一回に大体七十人ぐらいが稿で箒を作ったり箸を持って、容器は箕や茶碗などを用意して出掛けました。寄生虫は水のなかにいるということで、必ず手袋をし、長靴を履くべしというお達しでしたが、あのころは、どの家にも長靴があるというわけにもまいりませんので、いま考えると恐ろしくなりますが、大半が地下足袋、手甲という姿でした。

当時今諏訪村には、上と下あわせて七十一町ほど水田がありましたが、朝出労して、上から順に一枚ごとに宮入貝を拾っていくのですが、それはもうどの田にもいっぱい貝がいて、一人、一日、一合の割当は軽く突破して、ほとんどの人が二合や三合は集めました。特に用水路の石垣の間や田の畦・稲の切株などにはびっしり固まっていて、これがみんな地方病のもとかと思うと、まったく背筋が寒くなる思いでした。（「茶碗のかけら」末利光編『地方病とのたたかい』）

ムラの人口は、慶長六年の水帳によると上下今諏訪を合わせて戸数三十七に過ぎなかった。文化年間には戸数百三十四、人口五百六十七。明治五年には百六十七戸、八百六十人、昭和十五年には六百三十六戸、千二百二十五人、白根町への合併前の昭和二十五年には二百九十八戸、千六百三十人であった。しかし、その後は白根町全体でも人口は減り続け、底留めから反転したのは、金丸の五選後の一九七〇年代であった。その後は、一九八五年に三千九百五十戸、一万五千七百七十四人、一九九五年には五千二百七戸、一万八千七百七人と急増している。企業誘致も盛んで、近在には大企業の進出が相次いでいる。今諏訪の人口も同様の傾向を示し、一九八五年に三百六戸、千二百三十七人、一九九〇年に四百四十九戸、千五百八十三人と著しい伸びを示した。

人口の急増とともにムラ組織にも変化が生じ、リンポグミ（隣保組）も細分化している。それでも昔ながらの地縁をもとにした付き合いが親密で、講などもまだ行われている。かつては、宗教的なものとして伊勢講・秋葉講・成田講・御嶽講・大嶽講などがあり、抽選などで代参を立て本社への参詣が行われていた。帰村すると神札とみやげがオヒマチの席で配られたという。そのほか無尽も盛んで、今日まで引き継がれている。例えば「クミ無尽」として、三区西村では「山の神無尽」が行われている。これは地域内に祀られている「山の神（祠）」にちなんだ無尽で、山の神をおこもりする地域有志の無尽会である。

**オトブレーグミ**

金丸家の葬儀は、八千人（朝日新聞、山梨日日新聞は六千人と報道）が参列するなかで、菩提寺である慈眼寺本堂で行われた。寺はじまって以来の大規模な葬儀であった。久親会や葬儀業者の手で滞りなく行われたが、それでも隣保組を主体にしたオトブレーグミ（弔い組）の活躍の場も用意されていた。坂下クミ全戸が手伝いに参加したのである。

上今諏訪は大字名、内部は三区（ソーグミ〔総組〕）に分かれ、さらに東村・南村、西村・中村、北村、坂下・坂上のムラクミ（村組）に分かれる。その下部に位置しているトナリグミ（隣保組）は五〜六戸から十四〜十五戸で一組織を形成している。金丸家は坂下クミに属する。

ムラの葬儀は、オトブレーグミの手で行われる。通常は隣保組全戸と喪家のウチッキリを加えた十数軒ほどである。ウチッキリとは、この地域独特の用語で、日頃から何かにつけ親密に助け合う家同士の関係をいう。マキなどのような固定したグループでなく、その家を主軸にした付き合い関係である（塩山市のツキアイバと類似している）。集落内に居住するハト

焼香客の列（写真右）、帳場（受付、写真左）、遺族席の政治家（写真下）。白根町、一九九六年三月三十日

かっぽう着姿で葬儀を手伝うクミのオンナシ（写真上）、金丸家の墓地（写真下）。白根町、一九九六年三月三十日

コぐらいまでの親戚や、かつて親分子分関係にあった家などの集まりということになる。通常数軒であるが、多い家で三十軒ほどあるようだ。金丸家では、旧コブン衆も加わるので五十軒ほどになるのではないかという。

**オトリモチ**

「オトブレーは近所のオトリモチ」というわけで、葬式を出す喪家（トウヤという）の人は、葬儀の細々としたことには干渉せず、食事なども出されたものを食べる慣習になっている。そこで葬式当日の食事はクミの人々が作った。献立はコンニャク、チクワ、ゴボウ、ニンジンなどの煮物、うどん、豆腐の入った味噌汁などである。余るほどたくさん作るのが流儀である。金丸家の「お勝手」は、寺近くの「今諏訪集落センター」に設置された。

　香典は二千円がクミナミであったが、「家のおぼえおぼえ」が優先す

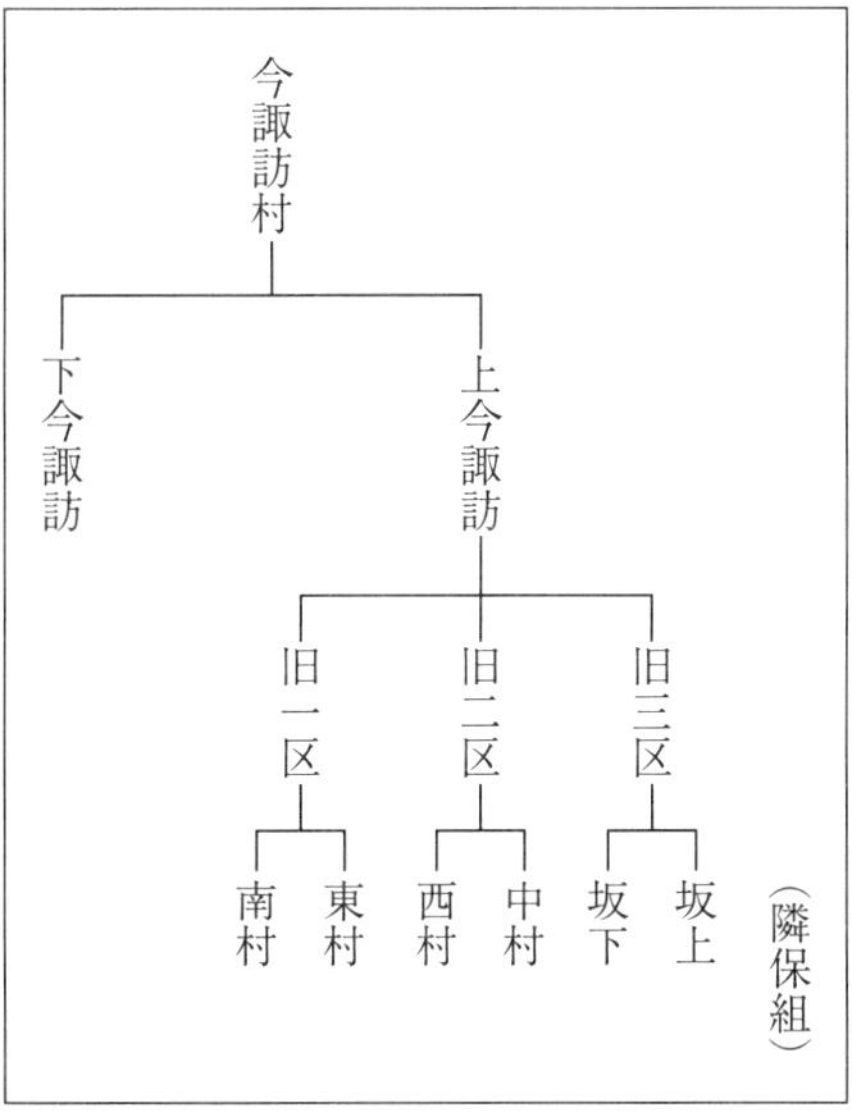

今諏訪村の構成

る。自家の香典帳を開いて、それと見合う金額を包むわけである。オトブレーに参列し、香典を持っていくことを、ここ上今諏訪でも「オジンギに行く」という。葬式が「ジンギゴト」の第一義である。土葬だった頃（一九七〇年代まで）は、ムラ組（坂下）全体がオトブレーグミに加わり、内部で「ヤマ当番」を担った。ヤマ当番は四人、墓地の穴掘り、柩担ぎを行った。忌中払いでは、一番のお客で「ショウザ（正座＝上座）をうたせる」。上座にすわらせ、特別な御馳走を出したのである。

だが、金丸は土葬ではなかった。すでにムラでは、一九七〇年代に火葬がはじまり、数年で土葬が姿を消した。北酒屋（金丸家）とはいえ例外ではなく、茶毘に付されたのである。それゆえ墓地に土饅頭《どまんじゅう》（埋葬地に土を高く盛ること）が作られることもなかった。納骨は、告別式当日の夕刻に行われ、親族・縁者の見守るなか火葬骨がカロートウ（唐櫃）に納められた。ナノカ（初七日）もその日の内に行われた。

すでにこの時代には「葬式まんじゅう」が配られる習俗は消滅しており、「そうだー、そうだー、そうだームラの村長さんが死んだーそうだー、そうだー、そうだー、葬式まんじゅうでっけえそうだー」の歌も、子供らの口からでることはなかった。その歌は、金丸信が国政に登場し、栄達する時代とともにムラから消えていったのである。そして戦後の食糧難を脱し、経済の高度成長期を迎えた頃には、ムラ人の手による正真正銘のアズキ入り饅頭は、もはや子どもたちに配られることがなくなってしまったのである。

しかし、四十九日の法事の際には、紙位牌がウチッキリや親しい近所に配られた。ホトケの戒名や命日などを記した紙製の位牌である。いただいた家では、これを仏壇に供え、線香をあげ、盆には「うちのホトケさん」として、御先祖様の位牌と一緒に拝むわけである。そこで元副総理金丸信の紙位牌も、ムラでは「うちのホトケさん」として祀られているわけである。

# 終章　政治風土と民俗のゆくえ

## 金丸顕彰碑

金丸信没後十周年を記念して、故郷南アルプス市の桃源文化会館前に高さ七メートル、幅二メートルほどもある巨大な顕彰碑が建てられた。約七百人から四千万円の寄付を集めて建立したものであった。二〇〇六年四月二日に行われた除幕式には、数多くの支援者が出席したが、地元選出の国会議員を除けば、国政からは綿貫民輔や野中広務、鈴木宗男、青木幹雄、伊吹文明など数人の参加にとどまった。「巨大な権力者でいる時には、皆が寄ってたかって金丸さんのことを持ち上げていた」（野中広務『私は闘う』）が、死してしまえば、彼らのように「義理」を貫く金丸のコブンは僅かだったのである。生前に巨額脱税事件で逮捕・保釈されたとき金丸が吐き捨てた「やったことは深く反省するが、永田町の人情は紙のごとしだ」（一九九三年三月）が真実味を帯びる。「政界は一寸先が闇」、と諦念すべきか。ともあれ、多くの政治家が訴える「義理・人情」の内実は、土地に縛られたムラ人（オイツキ・ジツキ）のそれに比べお粗末というほかない。

金丸の顕彰碑建立は、彼の死去直後からの地元支持者の悲願でもあった。すでに葬儀後間もなく地元新聞に、次のような投書が載った。

金丸さんの家は酒造家であり、大地主だったが、農大を卒業して帰郷すると、地主とか小作人という身分差はよくないと父親を説得、農地を解放する。月夜でも土地が焼けるといわれた原七郷に、五十億円の国費を出してもらって、釜無川土地改良を完成したのは、佐藤内閣の時。全国最低水準に近い県民所得を中央道という物流の大動脈開通によって上位にランクさせ、県民の期待にこたえた。国会にあっても、幾度となく修羅場

金丸信没後10周年記念碑除幕式に参列したかつての「金丸派」の面々（野中広務や鈴木宗男など）。2006年4月2日

の主役を演じながら、見事な処理役を果たしている。晩節を汚したのは残念だが、今は亡き金丸さんの遺徳を後世に残すため、開国橋際に銅像を建て顕彰することを提案する。

（「私も言いたい」山梨日日新聞　一九九六年四月十七日）

それから十年にして建立された「金丸信先生顕彰碑」には、つぎのような言葉が刻まれている。*

* 南アルプスの主峰北岳は古来より「甲斐嶺」と呼ばれ、平安の都にまで聞こえた名山である。

金丸信先生は大正三年この麓の中巨摩郡今諏訪村（現南アルプス市）で酒蔵業を営む素封家に生を受け、少年時代に早くも同世代のリーダーであった。人と成ると共に実業界に身を投じた。昭和三十三年推されて山梨全県区から衆議院議員選挙に出馬、最高位で初当選。昭和三十五年一月、日本の将来を決める日米安全保障条約締結に際しては、与野党入り乱れる中、清瀬一郎衆議院議長を守り条約を成立させた功績は特筆大書すべきである。以来、久親会の強固な組織と多くの県民に支えられ、連続当選十二回、三十四年間に亘って国政に携わった。この間、建設大臣、国土庁長官、防衛庁長官、副総理を歴任、自由民主党にあっては国会対策委員長、総務会長、幹事長、副総裁として政局を主導「政界の頭領」の異名を奉られた。

郷土山梨をこよなく愛し「今日より明日が良くなる政治」をと、中央自動車道、リニア実験線、中部横断自動車道、雁坂道、東富士五湖有料道路等、生活・生産基盤整備に力を注ぎ、県政界に

「金丸王国」を築いた。

政治信条は「政治は国家国民のためにある」「困る事の相談にのる」「人間関係を大切にする」「人のために汗をかく」「筋を通す」などを旨とした。中曽根康弘内閣時代の「総理に行き過ぎがあれば刺し違えてでも阻止する」との名台詞はあまりにも有名である。義理人情を重んじ、必要に応じては大胆な妥協も辞さない「最後の日本的政治家」であった。惜しいかな、平成四年政界を去り、四年後病で倒れ他界、享年八十二。

金丸先生の理想とされた「二大政党時代」が緒に就いた今、先生の遺志を後世に伝え遺したいとの想いを込め、多くの有志の浄財により顕彰碑を建立し、先生の偉業と遺徳を讃えるものである。

平成十八年三月二十八日　金丸信先生を偲ぶ会一同／建設委員会一同／久親会同志一同

すでに触れたように、政治家と俠客を結びつける考え方は、甲州人のなかに少なからずあるが、この碑文を読んだ後世の人は、博徒・俠客が、一国の副総理になったのかと勘違いするかも知れない。

それはさておき、このような「義理人情の政治家」金丸信を、碑文のように「最後の日本的政治家」として彼岸に追いやってしまってよいのだろうか。田中角栄や金丸信のように民俗を取り込んで、民衆を引きつけ、権力を手に入れようとする政治家は、もう登場することはないのであろうか、と言葉を換えて問いなおしてもいい。

このことは、政治と民俗の問題として、また日本の民主主義政治の本質を問おうとするとき避けて通ることができないはずである。

たとえば、この列島に生きる私たちは、共同社会の生活原理として贈与・互酬の慣行を維持してきた。四季の生活を律する年中行事や冠婚葬祭など人生の折り目折り目に、贈与・互酬の習俗を組み込んできたのである。この贈与・互酬を全うすることが「義理」であり、「世間」の規範でもあった。「義理」を逸脱することは、「世間」から「一人前（一軒前）」として見なされないという長い歴史を生きてきたのである。

政治が、そうした「世間生活」の延長上にあるとするならば、当然、この「義理」の問題をぬぐい去ることはできないはずである。いまでも自民党の派閥には、派閥の領袖から出る盆暮れの贈答があるようである。中元は「氷代」、歳暮は「餅代」と呼ぶそうであるが、金額の大小はあるものの、ムラ社会でのそれと何ら変わりがないように思われる。永田町においても贈与・互酬の原理が人を結びつけ、不義理は信用失墜の要因になっているのである。

**贈収賄事件**

「義理」の発生源であるムラでは相変わらず、贈与・互酬の原理は緊密である。その関係は、選挙とも不可分である。政治家と業者、支援者との間の贈与・互酬の間柄は断絶することなく、時に贈収賄事件として明るみに出て新聞等を賑わせている。

二〇〇〇年以降だけでも、同年六月の中尾栄一元建設相の三千万円賄賂事件を皮切りに、二〇〇一年九月には、町職員に採用するよう選挙で世話になった知人から依頼され、見返りに賄賂として百万円を受け取ったとして東八代郡一宮町長が逮捕されている。この町長は、義理堅いというべきか、就任（一九九九年四月）以来、役場職員のほぼ全員に誕生日祝のケーキを職場で手渡しており、そのため二〇〇一年五月に公職選挙法（寄付禁止）違反で警察から任意聴取を受けたばかりであった。

二〇〇三年一月には、ムラぐるみ選挙違反で二度も全国紙を賑わせた南都留郡秋山村で、村長選立候補予定者が、村内の新成人全員の家を訪ね、祝い金二万円ずつ計六十万円余りを配っている。彼は「寄付行為に抵触することは百も承知している。しかし、これは村の慣習であり、昔からだれでもやっている。私も生まれてからこれまでもやってきていることだ（略）成人式と葬式は同じこと。義理があるということで配っている」（朝日新聞 二〇〇四年九月三十日）と、平然と、悪びれることなく語った。その事前工作の熱心さがムラ人に伝わったのか、前回の大差落選を打ち払い、六月の村長選では激戦をものにし初当選を果たした。

同年二月には、中巨摩郡若草町議選の告示前に、合併後の南アルプス市長選に立候補を予定していた中巨摩郡八田村の村長が、複数の候補者の自宅を訪れ、陣中見舞いに現金を各三万円ずつ配った事件が明るみに出ている。この人物は七期にわたり村長を務め、町村合併協議会長も兼任していた有力候補者であった。

翌二〇〇四年五月には、北巨摩郡長坂町助役や議員（八期目）が、町発注工事で有利な計らいをしたとして、贈収賄容疑で逮捕された。翌月には、隣村の北巨摩郡大泉村長がやはり工事指名で便宜を図った見返りに現金百万円を受け取ったとして逮捕されている。この村長も「温厚誠実な人柄」で「世話になっている知人からの申し出なので、断ることができなかった」（山梨日日新聞 二〇〇四年六月十五日）と釈明している。この事件などは一九九九年二月に明るみにでた中巨摩郡三町（玉穂・昭和・若草）の町の工事発注に便宜を図り、不正入札を目論見、謝礼に現金（百万円〜二百万円）を受け取った事件の焼き直しにほかならないものであった。さらに同年九月に、三町が合併したばかりの新生身延町でも、初代議長選をめぐり贈収賄で議長が逮捕された。

贈収賄事件は次年度も続き二〇〇五年六月には、職員採用に便宜を図った謝礼に妻が現金百万円を受け取った事件で東八代郡中道町長が辞任した。隣接する豊富村でも、翌二〇〇六年二月に工事発注業者から金品を受け取り、工事価格を漏洩したとして村長が逮捕されている。その年の六月には、やはり隣接する新生の市川三郷町で初代町長に選ばれた人物が、当選祝の返礼に支持者に一万〜二万円の牛肉セットや商品券をお歳暮として贈った事件が明るみに出て、辞任を余儀なくされた。しかし、この町長は、出直し選挙に再度立候補し、他候補を圧倒的強さで破り再選を果たしている。

このような事件で思い出されるのが、一九九三年に都留市で発生した「被災地視察土産コンブ配布」事件である。その年の暮れに市長選をひかえた現職の都倉市長が、土産として昆布一、四〇〇袋（八十万円相当）を市民に配った。このなかには市職員・労組、市立大学関係者も含まれていた。旅先は友好姉妹都市の北海道釧路市、公務で釧路沖地震の見舞いに出かけたおりのこと。市長の弁では、地震への義捐金を出してくれた人に、返礼のつもりで配布したというのである。市長は義捐金を餞別と錯覚し、特産品を買い、貰った市民は餞別のお返しとして受けとったわけである。ウチッキリ（身内）の関係ならば何の問題も起こらない。そこで「市長の善意が善意として伝わらなかったのは残念だ」という意見が多数でてくるのである。ムラ人の「庶民感覚」では、義理堅い、思いやりのある、人の心がわかる市長さんということになる。選挙戦では、ジンクスとなっていた「三選なし」をあっさりクリアーしている。

以上のように贈収賄にからむ事件は、あとを絶たないし、ムラ人の多くは断罪すらしない。明るみに出ることをムラの恥とさえ思っているふしもあり、むしろ告発者や断罪者に対し、猜疑の眼を向ける。このような現象の根底には、生活慣習としての民俗がしっかりと横たわり、贈与・互酬の原理をもとにする義理の価値観がいきづいているからにほかならない。義理の観点から見れば贈収賄に犯罪性は介在しない。彼らがおおやけの「政治家」でなければ、ムラの慣習に浸潤したよき隣人、よきムラ人の範疇に入ることは間違いないのである。

**組織ぐるみ**

ムラ人の心を支配するムラの安寧を乱したり、混乱させたりしてはならぬという自己規制・抑制は、ムラぐるみ・地域ぐるみ選挙の原理原則でもあったが、それは会社や職場にも波及している。二〇〇五年七月の参院選で明るみにでた山梨県教職員組合（山教組）の「選挙資金集め事件」なども、ムラぐるみ選挙の変種であろう。

この組合出身者（元委員長）には、社会党の小林信一や民主党の輿石東などの国会議員がいる。組織選挙に強く、「山教組の三日選挙」と称され、劣勢を挽回するために教え子の家庭などに教員が組織的に電話依頼するなどし、選挙戦後半の三日間で当落を逆転しうる活動で定評がある。また県政の圧力団体として、教員の人事権をも掌握しているようで、組合上がりが順当に教頭や校長などの管理職に昇任していく労使一体の組織でもある。そのため選挙資金のカンパには、校長や教頭などの管理職も加わり、学校ぐるみの選挙活動をすることでも知られている。

例えば、一九九八年七月の参院選では、輿石東の後援会への入会勧誘を、教員一人あたり八十人をノルマとして行うべく指示を出している（朝日新聞 一九九八年六月十七日）。このほか、二〇〇三年十二月には、「臨時カンパ」として校長三万円、教頭二万円、一般教諭一万円をめどに募り、六千万円を集め、その大半（三千三百万円）を、参院選のあった二〇〇四年に「県民主教育政治連盟」を通して輿石の後援会に献金している（山梨日日新聞 二〇〇五年三月三日）。

この組織が強固であるのは、経済闘争・教育闘争もさることながら、政治闘争に長けているからだと自己分析している（「票取りの内幕」毎日新聞 一九八六年六月七日）。確かに歴代知事の交代劇のおりには、この山教組を中心とする革新陣営が、保守の一部と結託し保革連合を成立させ、新知事の座を射止めてきた。吉江勝保を打ち破った天野久、その天野を引きずり下ろした田辺国男、さらにはその田辺を降板させるために金丸派と密約を交わし、望月幸明知事を誕生させたのも、すべてこの労組・社会党を中核にした革新陣営であった。それがこの組合のいうところの政治闘争なのである。

組織率も九九パーセント（日教組加入組合中全国一位）と高く、「管理職の先生方とも絶えず情報を交換しながら、安心して地域に進出できる方策」（「選挙闘争の勝利に向けて」『山梨教育』号外一九七六年十月二十日）を固く守っている。それゆえに組合に加入し、選挙運動をしないと昇進にも影響するのではないか、職場で仲間外れになるのではないかという危惧を教員が抱くことにもなる。これでは、一九七一年十月の西八代郡上九一色村の村長選での「ムラ八分が恐いので」（山梨日日新聞　一九七一年十月一日）買収に応じた約百六十人の検挙者の心情と何ら変わりがない。教育現場でも自己をまわりに合わせなければ生活できぬ「ムラぐるみ」社会が顕在化し、カンパ要請なども断れない情況が生じているのである。

## 無尽の効果

政治家と有権者・支援者との関係性においても、民俗装置は相変わらず機能停止に陥ることなく健在である。無尽にしても、オイツキの代議士には欠かせない。例えば三区の二〇〇三年十一月の衆院選候補者の保坂武（自民党）は三十本、後藤斎（民主党）は二十本、共産党の深沢久さえ五本の無尽に入っているとアンケートに答えている（朝日新聞　二〇〇三年十一月七日）。一区では、小沢鋭仁（民主党）は五本ほどと答えているが、神奈川県からの「移入候補者」であった米田建三（自民党）は皆無であった（朝日新聞　二〇〇三年十一月五日）。

選挙結果は、無尽の本数に比例した。さらに下級の県議選などになると、無尽はもっと効果を発揮するようで、数十本も入っている議員も少なくない。

## 民俗の光芒

選挙運動自体は変わったのであろうか。国政選挙は、一九九四年三月（実施は九六年十月）から小選挙区になり、ムラ人の活躍する場は小さくなり、かつての賑わいは影をひそめた感もなくはない。だが、表面上は別にして、内実はほとんどかわっていないといえよう。相変わらず、民俗と結びついた選挙が続いているのである。

では、政治と民俗の関係は切断されるのがよいのであろうか。それはムラ人にとっては、生活意識と選挙を分断せよというに等しい。

戦後民主主義下では、ムラ人の政治参加は盛んであった。高い投票率が、それを示している。ムラ人が、政治を自らの生活様式に適合させながら参加形態を探った結果であろう。また、政治家もムラの生活様式に限りなく近づき、その民俗を取り入れてきたことで、集票が可能になるという構造であった。

政治は長くマツリゴトと称されてきたが、ムラ人はこれを逆手に取り、ムラ祭りに接合した。そもそも、ムラ人にとって、日常性であるケの生活がケガれ、生気を失いかけた精神状態を再生するための装置が祭りであった。戦後民主主義下での選挙が、全ムラ人参加の「ムラ祭り」の様相を呈したとしてもおかしくなかったのである。

過疎化、核家族化が進み、地域共同体としてのムラが、生産・生活の場としてのイエが崩壊・解体に向かったのが、戦後であり、高度成長期であった。時代の変化、社会の変化のなかで、人びとの絆は弛緩し、身内意識もいやおうなく希薄化した。そういうなかで、選挙はある種の代替装置としての機能を発揮した。人々は、選挙後援会に入り、選挙で東奔西走した。そこには、熱気のなかに、一つのものに向かう団結があり、ムラ祭りの興奮があり、疑似家族としての絆があった。

そのうえ選挙運動には、見返りがあった。利権やポストなどという大それたものでなくとも、冠婚葬祭にはお印が届いた。とりわけ、葬儀のそれは心強いものがあった。

葬儀はムラ人にとって重要極まりない儀式であった。それは今日も変わりない。死者を送る側にとって、オテンマ（手伝い）は欠かせない。香典も忘れてはならない。あの世に送られてゆく本人の心配は尽きない。その心配の大きな比重を占めるのが、人生を全うしたのであるから、できることなら華やかに送ってもらいたいと思う人情である。

そのとき、おらが国の代議士先生（「一国一城のあるじ」）の花輪一基が、あるかないかで華やぎに雲泥の差が生じる。国会議員や知事らの花輪は単なる「アクセサリー」ではない。参列者の評価が違ってくる。葬儀は、その人自身の評価にかかわる問題となる。何人の弔問者か、花輪と生花は何基並んだか、僧侶の数は、香典の総額は、戒名は、と測る規準は少なくない。参列者は、葬儀でその人の人生そのものを評価する。その時に国会議員の花輪があるかないか、それも大臣のそれとなると、ホトケの評価は、一転してしまう。それほどの価値を政治家の花輪は持つものなのである。

そこで人々は所望して、国会議員の後援会にはいるのである。そして、「コブン」の一員になるわけである。それは名誉なことである。少なくともそう考えるムラ人は多い。だから彼らは選挙で、たとえカネは懐に入らなくとも、労苦を厭わず重い御輿を担ぐのである。

そういってよければ、政策や主義主張、イデオロギーなどどうでもいいのである。面倒見がいい、義理堅い政治家が一番となる。後援会に入り、選挙で鉄砲玉よろしく一兵卒として活動していれば、ポストや利権という大それた論功行賞がなくとも、冠婚葬祭時にはかならずお印が届く。そんなささいな恩恵が戻ってくれれば十分だったのである。そう考えれば、政治家の参列や花輪・生花などの供物は、支持者との相互扶助の証であり、政治家による目に見える「義理」の返済となる。

公職選挙法で花輪や生花などの供物料が禁止された今日、ムラで政治家のそれを見ることは難しくなった。しかし、その代わりはすでにできており、弔電がそれに相当するようになっている。出棺に先立つ喪主の挨拶前に、国会議員などの弔電披露が行われるのが恒例化し、ムラ葬儀では式次第に入っているのである。そのおりにちょっぴり華やかさが漂うのは、いわくいいがたいものである。葬儀での国会議員の「アクセサリー」は、まだまだ健在なのである。こうなると弔電を打たないような政治家は、義理人情の薄い人物として、投票から外されることは間違いない。

政治家による葬儀の演出も後を絶たない。例えば、二〇〇五年十二月に亡くなった田辺国男元知事の葬儀では、堀内光雄などの旧来の政治家は、遺族席に座していたが、比例区との重複立候補で初当選した自民党の「かけだし代議士」は、焼香の場で弔問客の整理にあたっていた。若造の「雑巾掛け」を誇示してのものか、本人自らの「カンバン」売りか、判断は付きかねるが、「義理堅さ」の政治家像をアピールするには十分な場所であった。やはり葬儀は政治家にとって政治理念を超越したポトスということになろう。

だが、すでに見てきたように政治家が、ムラ人を束ねることは一筋縄ではいかず、辛苦の連続となっている。選挙民は神殿に鎮座している神よりも、不安定で気まぐれな存在なのである。神殿に封じ込められた神は、定められた日に丁重な手続きに基づいて厳かに祭りを行う限り、人びとを不安に陥れることはない。しかしながら選挙民はどのように扱ったらいいのか、定まったやり方があるわけではない。その混沌とした状態から確かなもの（神＝当選）を引き出すために、候補者・政治家は辛苦し、さまざまな方法で「神（選挙）祭り」を試みてきた。いうならば、社寺参拝・撒銭（賽銭）・造営に匹敵するような選挙運動・政治活動を試みたのである。だが買収供応にはじまり数々の利益誘導を果たしたとしても、むろんのこと、確かなるものを獲得するには至っていない。まだまだ政治家の辛酸は続くのであろう。

しかし、その過程で民俗が照射され、活性化の糸口を与えられたことも事実なのである。具体的には、ムラ生活から失われかけていた同族組織や親分子分慣行、無尽などの相互扶助組織などが見直され、ムラの生活倫理である「義理」や「人情」が鼓舞されたのである。そのうえ政治家は、政治の中枢である永田町においてもムラの民俗を自家薬籠中のものにしつつ、普及させていったのである。その結果、政治と民俗は緊密になり、ムラ人がより深く選挙に関わる環境は整ったといえよう。

だが、そもそもその民俗が、明治新政府の権力によって、因習・陋習として排斥されたものであったことは、確認しておかなければなるまい。例えば、『(旧)山梨県史』に「民俗」の項目があるが、そこを紐解くと民衆の生活習慣を改める「禁止」・「廃止」事項が記されている。その主なものをあげると、「賄賂禁止」、「博奕厳禁」、「松飾自粛」、「堕胎術禁止」(以上明治元年)、「道祖神祭ノ幣習ヲ禁ス」(明治二年)、「親分子分慣行」の選挙での弊害(以上明治五年)、「世襲神官ヲ廃止」、「瞽女《ごぜ》ノ絃歌乞食以テ生業トスルヲ禁シ」、「七夜・宮参リ・厄年ノ日待等ノ禁止」、「村芝居ノ禁止」、さらに「盂蘭盆会ノ禁止」(以上明治六年)などである。この『(旧)山梨県史』は、明治新政府が政府の正当性を立証せんがために、明治二年四月、史料編輯国史校政局を設けて、資料編集の事業をはじめたのに基づき、各府県から提出させた山梨県側の資料集である。

ということは、ここであげた「民俗」は、新政府が近代化を推し進めていくうえで、民の生活習慣を「淫靡」「因習」「陋習」として、また「冗費を節約」するために法令を以て禁止・排除したものである。その民俗が、百年も経たずして、ムラの政治家によって権力の中枢に持ち込まれ、増殖・再生し、その機能を十分に発揮した(している)わけである。

このことは、とりもなおさず、生活習慣である民俗の強靭さをいまさらながら人びとに知らしめたということであろう。そして、ある意味では戦後民主主義の時代こそ、この民俗と政治が還流し、「お上」と「民」の生活習慣が循環し合い、国政の場でもっとも光芒を放った時代というべきであろう。それは、治者側から見れば政治権力の安定のために民の生活習慣である民俗を絶えず政治に組み込むことであり、民の側から見れば公の政治を私ごとの民俗に吸収し、日常生活化することであったわけである。

## 民俗の多義性

では、こうした政治と民俗の時代が、終焉に向かっているかというと、そうは言いきれない。そもそも政治が、私たちの生活をどうするかという根本問題を孕んでいる以上、民俗を無視することはできないわけである。そのうえ政治が究極のところ、共同利害の問題に行きつく以上、自由なる個はより巨大な共同化によって自己を実現するほかないからである。自由なる個は、自らのもつ自由の度合いを強めていくだろうが、どこまでその度合いを強めていっても、より大きな共同性に集約されることなしに、権力を手にし、政治の場で自己を実現できないからである。そして私たちが、政治の共同性の場に歩み寄ろうとするとき、私たちの生活を律している民俗とは無縁に私たちの選択はあり得ない。民俗とは、何よりも、私たちの生活様式や慣習、さらにはそれを支えている生活意識の最大公約数の集積であり、共同の知恵の総和にほかならない。それが私たちの行動や意識を根底で規定しているのである。

私たちはその民俗に対して、一義的な否定も肯定もできないのである。甲州選挙に即していえば、同族組織や親分子分慣行、無尽などによる組織的な活動も、義理の互酬も、あってはならない贈収賄や選挙違反などの犯罪行為に対しても、法的・道義的な判断をひとまず保留して、まずその民俗の多義的な様相に真摯に向かい合うほかないということである。少なくとも、甲州人のひとりである私は、自らの内なる甲州文化を対象化し、甲州選挙をもとに、この国の民俗と選挙について考えてきた者として、それは最低のルールではないかと考える。本書のテーマである金丸信的なものに即して言うならば、彼を「最後の日本的政治家」像として、歴史の中に封印することはできない。彼を通して、自分のなかに体液のように流れている民俗の意味を問いただす契機とするほかはないのであり、そのことなしに「甲州」も、またそのむこうの「日本的なるもの」も見えてこないはずである。

# 【参考文献】

「新聞」

山梨日日新聞、山梨時事新聞、山梨毎日新聞、山梨新報、朝日新聞（山梨版）、産経新聞（山梨版）、毎日新聞（山梨版）、読売新聞（山梨版）

「図書」

朝日ジャーナル編集部編『まちの政治むらの政治』勁草書房、一九六五年
阿部謹也『日本人の歴史意識』岩波新書、二〇〇四年
天野久翁顕彰会編『天野久の生涯』同顕彰会、一九七三年
網野善彦『蒙古襲来』小学館文庫、二〇〇一年
網野善彦・宮田登『神と資本と女性』新書館、一九九九年七月
雨宮要七『甲州人物風土記』昭和書院、一九七三年
鮎川克己『新甲州及新甲州人』私家版、一九三一年
有泉貞夫『明治政治史の基礎過程』吉川弘文館、一九八〇年
有泉貞夫『やまなし明治の墓標』甲斐新書刊行会、一九七九年
有泉貞夫『山梨県の百年』山川出版社、二〇〇三年
有泉貞夫（編）『山梨近代史論集』岩田書院、二〇〇四年

有泉亨『桃源郷―私の少年期』一粒社、一九八六年
有泉亨（右とは別人）『最後の「井戸堺」記』山梨日日新聞社出版局、一九九七年
飯田文弥（編）『甲斐と甲州道中（街道の日本史23）』吉川弘文館、二〇〇〇年
石川皐月『村八分の記』理論社、一九五三年
磯田進　一九五四〜一九五五「農村における擬制的親子関係について―特に村落構造との関連について―」『社会科学研究』五―三・四、六―一、一九五四年〜五五年
伊藤堅吉『道志七里』道志村村誌編纂資料蒐集委員会、一九五二年
伊藤博敏『金竹小の金と権力』社会新報ブックレット、一九九三年
稲田実『青学大元教授の罪と罰―仕組まれた罠・女学生レイプ事件』オリジン出版センター、一九八五年
今川徳三『甲州侠客伝』人物往来社、一九六八年
岩崎正吾「小佐野賢治と故郷・勝沼町山区」『えすぷりぬーぼー』一〇号、一九八七年
岩崎正吾「小佐野賢治と山梨交通紛争」『えすぷりぬーぼー』一二号、一九八七年
岩田重則『ムラの若者・くにの若者』未来社、一九九六年
岩本通弥「戦後民俗学の認識論的変質と基層文化論」『国立歴史民俗博物館研究報告第一三二集』二〇〇六年
岩間桃枝「親分子分の関係」山梨県師範・女子師範学校共編『綜合郷土研究』山梨県、一九三六年
上野和男『日本民俗社会の基礎構造』ぎょうせい、一九九二年
上野晴朗『やまなしの民俗』上・下　光風社書店、一九七三年
塩山市立神金第二小・中学校一之瀬分校編『図説一之瀬高橋の春駒』同校、一九八六年

大門正克『近代日本と農村社会』日本経済評論社、一九九四年
大塚英志『「伝統」とは何か』ちくま新書、二〇〇四年
大月隆寛『民俗学という不幸』青弓社、一九九二年
大森かほる『母の肖像―山梨農民運動と女たち』論創社、一九八四年
岡猛「山梨中銀争議の回想」『山梨民主文学』八号、二〇〇〇年
小枝義人『永田町床屋政談』新潮OH文庫、二〇〇〇年
刑部竹幹「理想選挙への道　堀内昇氏を国会へ推せ」『都留公論』冬号・一〇号、一九六二年
小田内通久「郷土芸能」山梨県師範・女子師範学校共編『綜合郷土研究』山梨県、一九三六年
折口信夫「生活の古典としての民俗」『折口信夫全集第一六巻』中央公論社、一九六七年
折口信夫「日本民俗各論」『折口信夫全集ノート編第七巻』中央公論社、一九七一年
折口信夫「宮廷と民間」『折口信夫全集第一七巻芸能誌篇1』中央文庫、一九七六年
影山正美「山梨県における婚姻習俗の諸形態」『甲斐路』六七号、一九八九年
影山正美「北巨摩地方の葬送習俗」『甲斐路』七七号、一九九三年
金丸信『玲子とともに』私家版、一九五九年
金丸信『人は城・人は石垣・人は堀』エール出版社、一九八三年
金丸信『立ち技寝技―私の履歴書』日本経済新聞社、一九八八年
評伝金丸信編纂会編『評伝金丸信―最後の日本的政治家―』、経済政策懇話会、一九九二年
神島二郎『近代日本の精神構造』岩波書店、一九六一年
神島二郎『常民の政治学』伝統と現代社、一九七二年
川鍋定男「村の若者はどう結婚したか」『新視点 日本の歴史 第5巻 近世編』新人物往来社、一九九三年

川村邦光『〈民俗知〉の系譜』昭和堂、二〇〇五年
きだみのる『にっぽん部落』岩波新書、一九六七年
喜多野清一「甲州山村の同族組織と親方子方慣行」『民族学年報二巻』一九四〇年
喜多野清一「同族組織と親方子方慣行資料」『民族学年報三巻』一九四一年
木村良一『青森県の政治風土』北方新社、一九九七年
熊王徳平「甲州べえと牛の糞」『文藝春秋』臨時増刊秘録実話読本・一九五四年六月号（『無名作家の手記』大日本雄弁会講談社、一九五七年）
熊王徳平『虎と狼』日本経済新聞社、一九七五年
熊王徳平「山峡町議選誌」（『田舎文士の生活と意見』未来社、一九六一年）
甲府労政事務所編『山梨労働運動史』同事務所刊、一九五二年
後藤総一郎『遠山物語』筑摩学芸文庫、一九九五年
小林一三『小林一三日記』阪急電鉄株式会社、一九九一年
斎藤芳弘『山梨の政治史　戦後四十年・国盗り合戦』テレビ山梨、一九八六年
斎木逸造『天民回想録』天民回想録刊行会、一九五五年
佐高信・伊藤秀子『佐川急便事件の真相』岩波ブックレット、一九九三年
佐々木悟史「倫理なき政治のゆくえ」『えすふりぬーぼー』四号、一九八六年
笹本正治『中世の音・近世の音』名著出版、一九九〇年
笹本正治『武田氏と御岳の鐘』山梨日日新聞社出版局、一九九六年
笹本正治『山梨県の武田氏伝説』山梨日日新聞社、一九九六年
佐藤森三・上野晴朗・飯田文弥『山梨の百年』ＮＨＫサービスセンター甲府支所、一九六八年

椎橋好『甲斐民謡採集』私家版、一九三六年
塩田定一『山梨県に学ぶ　親分子分』私家版、一九三五年
篠原徹編『近代日本の他者像と自画像』柏書房、二〇〇一年
清水威『歴史と文学から見た山梨の県民性』山梨ふるさと文庫、一九八六年
神一行『閨閥改訂新版』角川文庫、二〇〇二年
末利光（監修）『地方病とのたたかい（体験者の証言）』山梨地方病撲滅協力会、一九七九年
末木幸一郎編著『金丸信語録―行き過ぎれば刺し違える』ユニバース出版社、一九八五年
杉本仁「喜多野社会学における親分子分慣行」『甲斐路』六九号、一九九一年
杉本仁「民俗としての選挙―世相解説学の試み」『列島の文化史』一〇号、一九九六年
杉本仁「永田町の民俗―ムラと永田町と金丸信」宮田登編『現在の世相―談合と贈与』小学館、一九九七年
杉本仁「甲州選挙語彙」有泉貞夫編『山梨近代史論集』岩田書院、二〇〇四年
杉本仁「民俗としてのムラの選挙と民主主義―甲州からの事例報告」赤坂憲雄編『現代民俗誌の地平　権力』朝倉書店、二〇〇四年
芹沢正『ドキュメント山梨の戦後五十年史』スエヒロ興産株式会社出版部、二〇〇一年
曽我猛『農村における擬制的親子関係―法社会学研究』御茶の水書房、一九九二年
高橋興『津軽選挙―地方政治における権力の構造』北の街社、一九八七年
高橋秀雄・志摩阿木夫編『祭礼行事・山梨県』おうふう、一九九五年
滝村隆一『ニッポン政治の解体』時事通信社、一九九六年
竹川義徳ほか「大正七年の米騒動を語る（下）」『甲斐史学』七号、一九五九年

竹中英太郎「小佐野賢治の実像」『えすぷりぬーぼー』10号、一九八七年
田中宣一『祀りを乞う神々』吉川弘文館、二〇〇五年
田中宣一「選挙とダルマ」『成城文藝』一一七号一九八六年（『供養のこころと願掛けのかたち』小学館、二〇〇六年所収）
田辺千枝子「女の五ページジストーリー」『えすぷりぬーぼー』九号、一九八七年
谷沢永一『冠婚葬祭心得』新潮社、一九九七年
塚原美村『行商人の生活』雄山閣、一九七〇年
土屋要『山梨県・知事交代』山梨ふるさと文庫、一九八六年
手塚洋一『山梨の民謡』山梨ふるさと文庫、一九八七年
内藤朋芳『山梨の県民性』中央線社、一九八五年
内藤好文『郷土の偉人小宮山清三』私家版、一九六〇年
仲衛『金丸信　寝業師の研究』東洋経済新報社、一九九〇年
永池健二「物語作者の肖像―柳田国男への一視点」『柳田国男研究年報3』岩田書院、二〇〇〇年
中込松弥『西郡史話』又新社、一九六七年
中沢厚『つぶて』法政大学出版局、一九八一年
中沢厚『石にやどるもの』平凡社、一九八八年
中沢新一『東方的』せりか書房、一九九一年
長沢利明「山梨市における水防祭と石投げ」『甲斐路』一〇五号、二〇〇四年
中村星湖「掠奪」『中央公論』一九一三年十月号
名取忠彦『敗戦以後』脈々会、一九五二年

名取忠彦「名取忠彦氏を囲む座談会」『地方銀行史談第3集』全国地方銀行協会、一九七四年
名取淑子『たどりしあと―回想名取忠彦』サンケイ新聞社、一九七八年
夏目漱石『門』岩波文庫、一九九〇年四月
額田巌『包み』法政大学出版局、一九七七年
野中広務『私は闘う』文春文庫、一九九九年
橋爪大三郎『民主主義は最高の政治制度である』現代書館、一九九二年
服部治則『農村社会の研究―山梨県下における親分子分慣行』御茶の水書房、一九八〇年
早川徳次「甲州人の特質」『山梨』二巻六号、一九二七年
林閭『選挙の実際』東光会、一九七三年
林真理子『幸福御礼』朝日新聞社、一九九六年
広瀬久忠『再建日本の憲法構想』私家版、一九六一年
深沢泉『増補改訂甲州方言』甲陽書房、一九七九年
深沢七郎『楢山節考』中央公論社、一九五七年
福岡政行『日本の選挙』早稲田大学出版部、二〇〇〇年
福田アジオ『可能性としてのムラ社会』青弓社、一九九〇年
藤沢宏光『地方都市の生態』日本評論新社、一九五八年
古島敏雄編『山村の構造』日本評論社、一九四九年
古屋五郎『南方第九陸軍病院―南十字星の下に』ほるぷ出版、一九八九年
古屋権一『平成・昭和に活躍する山梨県人―われら信玄公』あずさ書店、一九九八年
保阪正康『戦後の肖像』中公文庫、二〇〇五年。

堀内熊男「地方気質の生成」山梨師範学校・女子師範学校共編『綜合郷土研究』山梨県、一九三六年
堀内熊男「地方気質と風土―甲州気質に就いて」『和辻哲郎博士文化勲章受賞記念論文集』有斐閣、一九五七年
堀内眞「山梨県下のオヤシマイ・シュウトトムライ」『信濃』三七の一、一九八五年
槙岡良三「金丸信―政局を左右する〝金丸機関〟の秘密」『WILL』二月号、一九八五年
正岡寛司「山村社会における同族と親族―山梨県南都留郡足和田村根場部落の一事例」『社会学評論』七四、一九八六年
正宗白鳥「また一年」『正宗白鳥全集二九巻』福武書店、一九八四年
松崎天民『甲州見聞記』磯部甲陽堂、一九一二年
丸山真男『忠誠と反逆』筑摩書房、一九九二年
三浦博史『洗脳選挙』光文社、二〇〇五年
溝口常俊『日本近世・近代の畑作地域史研究』名古屋大学出版会、二〇〇二年
宮田登『日和見』平凡社、一九九二年
室伏哲郎『実録日本汚職史』ちくま文庫、一九八八年
柳宗悦『木喰上人』『柳宗悦全集二十一巻』筑摩書房、一九八九年
柳田国男「親方子方」『柳田國男全集12』ちくま文庫、一九九〇年
柳田国男『祭日考』『柳田國男全集14』ちくま文庫、一九九〇年
柳田国男『明治大正史世相篇』『柳田國男全集26』ちくま文庫、一九九〇年
柳田国男『郷土生活の研究法』『柳田國男全集28』ちくま文庫、一九九〇年
山下靖典『甲州人』皓星社、一九八三年

山中共古『甲斐の落葉』有峰書店、一九七五年
山梨県教育委員会『山梨県の祭り・行事』同委員会、一九九九年
山梨県産業情報センター『経営者の無尽会実態調査報告書』同センター、一九八四年
山梨県選挙管理委員会『話しあいのあゆみ』同委員会、一九五九年
山梨県師範学校・女子師範学校共編『綜合郷土研究』山梨県、一九三六年
山梨中央銀行行史編纂室『創業百年史』同行、一九八一年
山田厳子「世間話としてのうわさ」宮田登編『民俗の思想』朝倉書房、一九九八年
山本多佳子『樋口光治聞書　ある農民運動家の百年』山梨日日新聞社、一九九五年
米沢良知『選挙違反報告書』原書房、一九六八年
米沢良知『尾崎行雄先生の志を継いで』漢字廃止研究会、一九七一年
ルース・ベネディクト『菊と刀—日本文化の型』長谷川松治訳、社会思想社、一九四八年
鷲尾彰『金丸信・全人像』行政問題研究所、一九八四年

「雑誌」

『アサヒグラフ』「地方政治家4古屋俊一郎・山梨市長の場合」一九八二年十一月十二日号
『えすぷりぬーぼー』一〜一二号（一九八五年〜八七年）
『ぐんない』二号（「座談会　郡内風俗よもやま」）一九七〇年二月
『五車』一九九一年
『サンデー山梨』一九五九年四月二一日号、一九六〇年六月二一日号
『週刊新潮』一九七八年六月二九日号、二〇〇三年二月一三日号

『週刊テーミス』(「金丸信金脈を検証する」)一九九一年四月一七日・四月二四日号
『週刊東洋経済新報』「山梨中銀ストの実情」一九五四年一一月二〇日号
『世界』(特集:談合と公共事業)、一九九三年一二月号
『中央線』一四号、一九七六年号
『木鐸』二号、一九六六年
『山梨教育』(「選挙闘争の勝利に向けて」)山梨県教職員組合、一九七六年十月二十日号外

「辞典類」

『コミュニケーション事典』平凡社、一九八八年
『民俗学辞典』東京堂、一九五一年
『日本民俗大辞典』吉川弘文館、一九九九年
『山梨百科事典　増補改訂版』山梨日日新聞社、一九八七年

【民俗誌(報告書)・調査票】

『大明見の民俗』富士吉田市史編さん室編、一九八八年
『奥野田の民俗―塩山市史民俗調査報告書』塩山市史編さん委員会編、一九九五年
『神金の民俗―塩山市史民俗調査報告書』塩山市史編さん委員会編、一九九三年
『第三回山村経済実態調査報告書』(小菅村の実態調査)財団法人全国山林会連合会、一九三七年
「町村取調書―若尾資料」(『山梨県志』編纂のための町村ごとの調査カード)一九一六〜一九一九年
『西山村総合調査報告書』西山村総合学術調査団、山梨県教育委員会、一九五八年

『二之宮の民俗―山梨県史民俗調査報告書』山梨県、一九九七年
『松里の民俗―塩山市史民俗調査報告書』塩山市史編さん委員会編、一九九四年
『山梨県民俗資料緊急調査報告書』(およびその基になった「調査票」)山梨県教育委員会、一九六四年
『山梨県民俗地図』(および調査カードである「民俗資料調査票」)山梨県教育委員会、一九八五年。

【自治体史(誌)】

『秋山村誌』一九九二年
『芦川村誌』一九九三年
『塩山市史』一九九八年
『大月市史』一九七八年
『勝沼町史料集成』一九七三年
『勝山村誌』一九九九年
『清田村・國里村　村是』(編著者中込茂作)同村役場、一九一五年
『甲府市史通史編　近現代』一九九一年
『白根町誌』一九六九年
『丹波山村誌』一九八一年
『鳴沢村誌』一九八八年
『西桂町誌　資料編第三巻』二〇〇〇年
『白州町誌』一九八六年
『富士吉田市史　民俗編』一九九六年

『三富村誌』一九九六年
『武川村誌』一九八六年
『大和村誌』一九九六年
『(旧) 山梨県史』山梨県立図書館、一九五九年。
『山梨県史資料編14』一九九六年
『山梨県史資料編17』二〇〇〇年
『山梨県史通史編5』二〇〇五年
『山梨県史通史編6』二〇〇六年
『山梨県史民俗編』二〇〇三年

山梨県下では『大月市史』『甲府市史』『塩山市史』など一部を除き、内部で発生した選挙違反を取り上げ、その原因を究明しようとする姿勢は、管見では見あたらない。例えば一九五七年と六七年、七九年と全国紙でも取り上げあれるようなムラあげての選挙違反を起こしつつも、『A村誌』には、選挙や民俗の章立がありながら、この事件について、一切触れられていない。自治体からの要請か、執筆者の自己規制か、詳細は不明である。野の学・民俗学が自治体と融和し、「民俗」の項目を大幅に獲得したことは、民俗資料の蓄積に大きな意味を持った。だが、選挙違反のような「恥部」にこそ、民俗の本質が隠されていることも多いはずである。私たちが人間を評価(信用)する一つの規準である「義理」なども、そうであろう。共同性の紐帯原理でもある「義理」を解明するためにも、それが顕在化し、機能する「選挙」などを通しての考究することは、民俗学という学問には必要不可欠なはずであるが。

# 【選挙年表】

（金丸信関係をふくむ重要事項は太字で表示。国政当選者はことわりのない場合は山梨県選挙区。また県とあるのは山梨県をさす）

| 年 | 国政および山梨県の選挙関連事項 |
|---|---|
| 1945年（昭和20） | 8・15戦争終結の詔書放送。敗戦、第二次世界大戦終結。9・27天皇、マッカーサーを訪問。9・24米軍1700人甲府に進駐。10・2日本共産党県委員会設立。10・11マッカーサー、民主化に関する5大改革を指令。11・6財閥解体指示。12・22労働組合法公布。12・22社会党山梨県連合会を結成、委員長平野力三、書記長松沢一。▽金丸信、敗戦直後に焼酎の中央醸酵化学工業創設。 |
| 1946年（昭和21） | 1・1天皇の人間宣言。1・4GHQ軍国主義者の公職を指令。2・19天皇巡幸をはじめる。2・28公職追放令（名取忠彦ら）。3・1「山梨時事新聞」創刊。3・11〜4・10第22回衆院選：**戦後初の総選挙**、婦人参政権（婦人議員39人当選）大選挙区2名連記の下で実施。／県内では女性4人を含む32人が立候補、平野力三（社会党）・天野久（進歩党）・樋貝栓三（自由党）・笠井重治（無所属）・松沢一（社会党）当選。選挙中にオシドリ候補・笠井とも「婦人は純潔を守れ」を訴える。「天野久」と大書した提灯が選挙事務所に。5・1メーデー復活。5・22第一次吉田茂内閣成立、蔵相石橋湛山、衆議院議長に樋貝詮三が就任。9・15自由党県支部結成（支部長樋貝詮三）。11・3日本国憲法公布。12・8臼井派による山梨社会党（左派）結成。 |
| 1947年（昭和22） | 1・4名取忠彦、山梨中央銀行頭取に就任。1・12進歩党山梨県支部長に天野久就任。1・31マッカーサー2・1スト中止令。3・15〜4・5第1回山梨県知事選：吉江勝保（無所属）・松沢一（無所属）・大鷹貴祐（山梨社会党）・川村茂久（無所属）・柳本朝光（無所属）、吉江が初代公選知事に就任。3・20〜4・20第1回参院選、選挙後無所属議員「緑風会」結成（5・17）。3・27軍 |

| | |
|---|---|
| | 政部が選挙監視。3・31衆院選挙法改正（中選挙区・単記制）公布。3・31教育基本法公布。3・31～4・25第23回衆院選：中選挙区・単記制の導入。／平野力三（社会党）、天野久（民主党）、鈴木正文（自由党）、松沢一（社会党）、樋貝詮三（自由党）当選。平野が農林大臣で入閣。4・1**町内会廃止**。4・20参院選：小宮山常吉（無所属）、平野成子（社会党）当選。4・30県議会・市町村議会議員選挙。5・3日本国憲法施行。5・27戦後初の県議会。6・1片山内閣成立、平野力三が農林大臣に就任（5・24）。6・8日教組結成。10・3第2回甲府市長選、法定得票にいたらず、一、二位の決戦投票。10・26刑法改正（不敬罪・姦通罪廃止）公布。12・22改正民法（家制度廃止）公布。 |
| 1948年（昭和23） | 1・13平野力三、公職追放。3・10芦田均内閣成立。5・25北巨摩郡旭村（現韮崎市）で「村長無能力」リコール運動成立後の投票で否決。6・23昭和電工疑獄事件。10・5第1回山梨県教育委員会選挙。10・7昭和電工疑獄事件で芦田内閣総辞職。11・12極東国際軍事裁判で東条英機ら死刑宣告。12・甲府市長・川村茂久の「不在市長」リコール、投票直前で市長辞任。12・1年賀郵便9年ぶり復活。12・23衆院「なれあい」解散。12・27～1・23第24回衆院選：国会内民自党控え室に選挙用大ちょうちん。 |
| 1949年（昭和24） | 1・23衆院選：民主自由党絶対多数党、社会党大後退／山梨全県区は15人が立候補、選挙後、樋貝詮三賠償大臣・鈴木正文労働大臣で入閣、共産党深沢義守が初当選。4・金丸信、日東工業（株）社長就任。4・15一宮浅間神社おみゆきさん、7年ぶりに復活。7～8下山・三鷹・松川事件。10・1中華人民共和国成立。12・24山梨県議会で議長が野党議員に突き落とされ、約20分意識不明。▽この年、小佐野賢治、富士山麓電鉄（現富士急行）の「乗っ取り」失敗。 |
| 1950年（昭和25） | 1・7千円札発行。1・19社会党左右に分裂。4・15公職選挙法（衆参・首長などの選挙法を統一）公布。5・4～6・4第2回参院選：棄権防止で投票者に賞金、塩山町一等1000円／平林太一（無所属）当選。6・25朝鮮戦争はじまる。7・11総評結成。8・10警察予備隊令公布。12・13地方公務員法公布（地方公務員・公立学校教員の政治活動・争議行為を禁止）。 |

| | |
|---|---|
| 1951年（昭和26） | 2・10社会民主党結成、委員長平野力三。2・17正しい地方選挙へ映画、紙芝居も総動員、県選管で啓蒙計画。2・23宗教法人法施行。3・12「山梨県政刷新連盟」（天野派）結成。4・3〜30 **第2回山梨県知事選：吉江勝保（無所属）対天野久（無所属）**、「県政強化連盟」対「県政刷新連盟」の戦い、天野初当選。「今年もやって来た選挙景気／ざっと三億円」。4・20「町長候補も密造酒／加納岩」。4・20「無尽名義で供応」。4・23「投票用紙が雲隠れ」。4・29「選挙相手に金融取り立て」。4・30集落からの圧力で立候補辞退（本建村）。4・金丸信、中央コンクリート工業社長就任。8・6第二次公職追放令解除で広瀬久忠・名取忠彦・田辺七六・野口二郎ら公職追放解除。8・31市川大門町住民投票で自治体警察廃止。9・8対日講和条約・日米安保条約調印。10・20「前村議一家を村八分、原村」。10・4「紙芝居で童心を煽る／日共のピオニール活動」。11・19山梨県労連結成大会、議長に河口親賀を選出。12・28「政争から村八分／穂坂で反対投票の区長排斥」。 |
| 1952年（昭和27） | 1・名取忠彦、山梨県総合開発審議会会長就任。天野知事、野呂川総合開発計画に着手。1・27「保守系候補者、山梨宮へ石灯籠を寄付」。2・8改進党結成（総裁重光葵）。3・1社会党山梨県連大会で左右に分裂。4・21公職追放令廃止。4・28対日平和条約・日米安保条約発効。5・1メーデー事件。5・2金丸信、名取忠彦らと反共組織脈々会を結成。5・7改進党山梨県支部結成大会、星野重次を支部長に選出。6・17増穂町で逮捕者奪還大会のあと共産党員らデモ増穂警察署を襲撃。6・静岡県富士宮で選挙違反を高校生が投書、村八分事件に発展する。7・5野呂川開発起工。7・21破壊活動防止法公布。7・30曙村事件、共産党員ら山林地主宅を襲撃。8・15「芦川村で政争に巻き込まれた坊さんを村八分」。8・28衆院「抜き打ち解散」。8・31芸能人（花菱アチャコらが音頭取り）が公明選挙運動に一役。9・1山梨県公明選挙推進連盟誕生。9・5〜10・1第25回衆院選：鳩山一郎・石橋湛山や追放解除者当選。／関西主婦連合会「再軍備に賛成しない人に投票しましょう」のポスター公明選挙に行き過ぎ。／吉江勝保（自由党）・平野力三（協同党）・内田常雄（自由党）・荻野豊平（無所属）・古屋貞雄（社会党）当選。／鳴沢村で「替玉投票」。 |

| | |
|---|---|
| 1953年（昭和28） | 1・金丸信、白根町消防団長。3・19自由党県連、石橋湛山の山梨県からの衆院選出馬はお断り。3・24～4・19第26回衆院選：「バカヤロー解散」、社会党左派躍進。／古屋貞雄（社会党左派）・古屋菊男（改進党）・小林信一（無所属）・平野力三（社会党右派）・鈴木正文（自由党）当選。4・20各党中央では当選が決まると「勝太鼓」（改進党）、「日の丸の小旗」（自由党）、「新品の太鼓」（左派社会党）。3・24～4・24第3回参院選：山梨県区で広瀬久忠（無所属）当選、**広瀬久忠の裏参謀で金丸信が警察の取り調べを受ける。**裏資金2～3百万円。8・23日野春村長選をレポした落選派の「顔と金の選挙」の著者が「村八分」だと町長派の県議から脅される。9・1町村合併促進法公布。9・27共和村長選で生活扶助料をたてに支持を強要。10・24**平野力三の関与した利殖機関「保全経済会」業務停止。**10・天野知事、選挙の論功人事。11・4向嶽寺達磨図国宝指定。12・24金丸信の母とく死去。 |
| 1954年（昭和29） | 4・21犬養健法相指揮権発動で佐藤栄作自由党幹事長逮捕されず。5・9原水禁運動はじまる。6・吉田内閣「乱闘国会」。7・1ラジオ山梨開局。12・7吉田内閣総辞職（造船疑惑）。12・10鳩山一郎内閣成立。▽この年、造船疑獄摘発。 |
| 1955年（昭和30） | 1・県立高校の生徒会長選で供応や夜間生徒宅戸別訪問などが問題化、選挙やり直し。1・19天野山梨県知事選挙を有利に導くために辞任。1・23～2・17第3回山梨県知事選：「繰り上げ知事選」、天野久（無所属）対金丸徳重（無所属）、「知事対副知事対決」は天野久に軍配、天野陣営に大ダルマ登場。1・23「親分子分関係はいけない」とラジオ放送。1・県立高校の生徒会長選で供応や夜間生徒宅戸別訪問などが問題化。2・1～27第27回衆院選：鳩山内閣「天の声解散」、「鳩山一郎先生」と墨書した大杓子が登場。／堀内一雄（民主党）・荻野豊平（民主党）・小林信一（無所属）・古屋貞雄（社会党）・内田常雄（自由党）当選、大臣経験者の鈴木・平野落選／知事・衆議員選「不況のため選挙景気も上がらず」。2・公職選挙法改正（連座制の強化、連呼の禁止）。4・23身延町長選でハンセン病患者の「投票用紙を完全消毒」し集計作業。6・芦川村政争での住職村八分、5年ぶりに解決。6・知事選後「選挙人事」で旗本で固めた天野県政。7・11自主憲法期成議員同盟結成（会長広瀬久忠）。7・29日本共産党六全協大会。9・13砂川基地反対闘争。 |

| | |
|---|---|
| | 10・13社会党統一大会。11・15保守合同、自由民主党結成。12・10自民党山梨県連結成（会長田辺宗英）。 |
| 1956年（昭和31） | 3・5北富士演習場から米軍引き上げ。4・金丸信、山梨県観光協会会長。5・「富士山麓鉄道の組合費が社長の選挙費用に流れる」。6・12〜7・8第4回参院選、「暴力国会」。／吉江勝保（自民党）が僅差で安田敏雄（社会党）を破り当選。7・8甲府市議、葬儀車購入でリベート。夏 金丸信、広瀬久忠の代替えで衆院に出馬決意。10・19日ソ国交回復。11・県立高校の生徒会長選で相手運動員に暴力。12・23鳩山内閣総辞職で石橋湛山内閣成立。 |
| 1957年（昭和32） | 2・25岸信介内閣成立（石橋内閣病気で総辞職）。5・21秋山村選、底なしの選挙違反、285人有罪、500人以上検挙。8・6次期総選挙に備えるため田辺国男、天野知事に県公安委員長辞表提出。8・22身延町、会議ごとに宴会開く、選挙費の埋合せと批判。9・9「武田節」（米山愛紫作詞、明本京静作曲）県民会館で発表会。 |
| 1958年（昭和33） | 1・1作付転換地方病対策本部発足。1・「皇太子結婚政治恩赦が問題になる」。3・5「夜は歩けぬ六郷町／町長選」。4・25衆院「話し合い」解散。5・1〜22第28回衆院選。5・1「選挙戦初日に内田常雄候補は甲斐奈神社へ／金丸信候補は武田神社へ祈願」。5・14「票読みにソロバン使用」。5・22狩り出しにリヤカーでなく乗用車登場。／金丸信（自民党）・金丸徳重（社会党）・堀内一雄（自民党）・田辺国男（自民党）・内田常雄（自民党）当選。自民が4議席を占め保守王国の基盤を固め、**金丸信と田辺国男の両ライバル登場。**投票率86・49％で戦後最高。**金丸、「信ちゃんアメ」人気でトップ当選、佐藤派に入る。**5・24「依頼電報代一日5000円」。／入場券の買収。6・10金丸信、初登院。6・25金丸信夫人玲子死去。7・10高根町長現金買収で逮捕、辞職、町議・助役も捕まる。9・中富町長選で80数名が芋づる式に収賄で捕まる。12・7新笹子トンネル開通。 |
| 1959年 | 1・7〜2・1第4回知事選：天野久（無所属）対小林信一（無所属）／「武田節」（天野陣営）と |

| | |
|---|---|
| （昭和34） | 「原爆許すまじ」（小林陣営）で事務所開き。天野3選。**1・23**米沢良知が天野久知事を背任罪で甲府検察庁に告発。**4・10**皇太子と美智子妃成婚。**5・**熊王徳平原作『甲州商人』の映画化「狐と狸」（東宝映画）県民の議論を呼ぶ。**5・8**県無形文化財に天津司舞や無生野大念仏などが指定される。**5・7〜6・2**第5回参院選：安田敏雄（社会党）が広瀬久忠を破る。選挙中に浅沼稲次郎社会党書記長がヘリコプターで空から来県、岸信介首相の自動車パレードを柏尾坂で実力阻止、広瀬事務所でストなどがおこる。**6・24**金丸信の太平醸造が協和発酵に吸収される。**7・**県農試果樹分場、ジベレリン処理による種なしブドウに成功。**8・13〜14**台風7号により県下空前の被害。**9・26**伊勢湾台風上陸、死者5101人。**11・**県の「県庁だより」が選挙違反文書の容疑。**12・1**ラジオ山梨、テレビ放送開始。 |
| 1960年（昭和35） | **1・25**三井三池争議スト。**5・19**衆院の安保特別委員会で自民党強行採決。**4・**山梨交通の株価が急騰しはじめる。**5・5**野呂川上水道完成。**5・23**山梨交通株主総会紛糾。**6・15**安保阻止デモに全国で5百万人参加、全学連国会突入。**6・17**七新聞が「暴力排除、議会主義護れ」の共同声明。**7・19**岸内閣退陣、池田内閣成立。**7・31**松下圭一「現地報告―保守・革新―組織の対決（山梨県に組織づくりの実態をさぐる）」（『朝日ジャーナル』）。**10・30〜11・20**第29回衆院選「安保解散」：社会党は浅沼稲次郎委員長の「弔い合戦」を合言葉に戦う。／金丸信（自民党）・堀内一雄（自民党）・内田常雄（自民党）・小林信一（社会党）・田辺国男（自民党）当選、金丸徳重と古屋貞雄が路線問題で共倒れ。／テレビ討論会（11・17）。**12・27**政府国民所得倍増計画を決定。 |
| 1961年（昭和36） | **1・6**山梨県、地方病白書を出し有病地人口180995人と公表。**1・24**石和町のブドウ畑に温泉湧出、青空温泉として話題を呼ぶ。**2・1**深沢七郎『風流夢譚』で中央公論社社長宅の家人2人殺傷事件。**3・5**「暴力市議（塩山）に逮捕状」。**5・18**県議会ゴルフ場汚職事件。**5・20**広瀬久忠『再建日本の憲法構想』刊行。**6・2**金丸信、悦子夫人と再婚。**10・**都留市長選候補者しぼり込み工作でくじ引きを行う。 |
| 1962年 | **1・**甲府市明るい選挙推進協議会結成。**5・26**天野山梨県知事、自民党入り。**6・30**山梨交通電車 |

| | |
|---|---|
| （昭和37） | （愛称ボロ電）廃止。6・7〜7・1第6回参院選：吉江勝保（自民党）当選。10・24米キューバ海上封鎖。10・30野呂川林道完工式。 |
| 1963年（昭和38） | 1・2〜27第5回山梨知事選「門松選挙」：天野久（自民党）・金丸徳重（無）・星野重次（無）決戦、天野4選。／星野選挙事務所の受付に8俵の米俵と酒樽（民社の西尾委員長から）、兜と千羽鶴など。／知事選で中巨摩郡昭和村の農協組合長が同婦人部員20人にラーメン（50円）で投票依頼。4・富士吉田市長選・県議選で夜通し火を焚き、バリケードを築き警戒。7・30金丸信、郵政政務次官就任（第二・三次池田内閣）。10・31〜11・21第30回衆院選：金丸徳重（社会党）・内田常雄（自民党）・堀内一雄（自民党）・金丸信（自民党）・田辺国男（自民党）、次点小林信一（社会党）。12・28野呂川総合開発完了。12・北富士剣丸尾への工場誘致をめぐり県議会自民党分裂状態。 |
| 1964年（昭和39） | 4・1富士山有料道路（スバルライン）開通。9・富士吉田市議会2人議長問題で揺れる。10・1東海道新幹線開業。10・10東京オリンピック。11・9池田内閣総辞職、佐藤栄作内閣成立。11・17大月市長選政権予約・保証金事件発覚。11・28天野知事、自民党県連会長に就任。 |
| 1965年（昭和40） | 1・10金丸信、衆議院議事運営委員会理事（第一・二次池田内閣）。2・7ベトナムで米機の北爆はじまる。3・12富士吉田市議会2人議長問題で紛糾、その後天野知事の仲介で解決。3・16都議会議長選挙で汚職、都議3人逮捕。4・2天野知事、県庁職員に参院選にあたり、各課で特殊な関係のある候補者を法に触れない範囲で運動するように訓示する。4・24「ベ平連」初のデモ。5・28田中角栄蔵相山一証券へ無制限融資で救済。6・10〜7・4第7回参院選：東京地方区で自民全滅。／広瀬久忠（自民党）が安田敏雄（社会党）を破る、広瀬陣営前回の反省から「党営選挙」を実施。赤痢禍で投票所を消毒（甲西町）。8・国母工業団地土地買収開始。▽山梨県民一人当たり個人所得全国平均に達する。 |
| 1966年（昭和41） | 3・28富士吉田市議長選で議員監禁事件。3・30「予算案をめぐって議員を監禁／富士吉田市議会」3・31総人口1億人を突破。4・12第1回信玄公まつり開催。5・16中国文化大革命はじま |

| | |
|---|---|
| | る。5・29天野知事5選阻止県政刷新連盟結成。5・中央自動車道北回り決定。6・15塩山市長選候補者（雨宮）選挙運動放棄。8・5金丸信、運輸政務次官就任。8・20金丸信、知事選へ出馬意志を表明、天野知事の富県政策受け継ぐと表明。8・25白根町で収入役と町議を贈収賄で逮捕。9・荒船清十郎運輸相、選挙区の深谷駅に急行停車駅問題が表面化など一連の汚職腐敗事件が続発し「黒い霧」と呼ばれる。9・台風26号で足和田村根場などで甚大な被害。12・27「黒い霧解散」▽この年、巨人軍堀内恒夫、16勝2敗で新人王になる。 |
| 1967年（昭和42） | 1・4〜29第6回知事選：5選に挑んだ天野久、保革連合の田辺国男に敗れる／「県選挙史に大きな汚点」、動員合戦、ヤジと怒号の立会演説会、ウイスキービンが散乱、デマ・中傷の怪文書の氾濫、「山日」対「山時」の新聞戦争など／YBSラジオ・テレビで「開票速報」（知事選）を開始。1・8〜29第31回衆院選：国政で自民はじめて得票率50％を割る、公明党衆院へ初進出。／小林信一（社会党）・金丸信（自民党）・金丸徳重（社会党）・内田常雄（自民党）・中尾栄一（無所属）当選、次点田中徹雄（自民党）。／知事選で保守分裂の影響もあり社会党2議席。金丸信連続4回、中尾初当選。2・11初の建国記念日。3・18共和製糖事件。4・7新御坂トンネル開通。4・12県議選で牧丘町倉科・西保下で地域ぐるみの違反、仏壇にむき出しの札束／秋山村、19人が買収で起訴。4・15夜通し、火を焚き警戒（富士吉田市）。4・15東京都知事に美濃部亮吉当選。10・地方病撲滅のため身延線溝渠コンクリート化着手。10・8第一次羽田事件。11・18秋山村「明るく正しい選挙宣言」大会開催。12・11佐藤首相、非核3原則を言明。12・25大阪タクシー汚職で関谷代議士逮捕。 |
| 1968年（昭和43） | 1・19佐世保にエンタープライズ入港。2・15天野久死去。3・3勝山村の「不在者投票」事件。4・25県庁で汚職相次ぐ。6・13〜7・7第8回参院選：社会党後退、石原慎太郎・青島幸雄・横山ノック・今東光らタレント議員多数当選。／初日、吉江勝保候補、ダルマの左目に墨、吉江3選。6・20アルコール追放で選挙事務所に「空の酒樽」。6・25日通事件（斡旋贈収賄）で池田正之輔（自民党衆議員）・大倉精一（社会党参議員）を起訴。6・30県選管、棄権防止のため立会人に若い美人を採用。9・2 1票差で当落決定、豊富村長選。10・国道甲府バイパス着工。11・30 |

| | |
|---|---|
| | 甲府市長選：江田三郎社会党書記長、応援のため来甲。**12・**金丸信の長男（康信）が竹下登の長女（一子）結婚、佐藤栄作夫人寛子氏の紹介、仲人は保利茂。▽この年、ＧＮＰ西ドイツを抜き世界2位になる／大学紛争激化 |
| 1969年（昭和44） | **1・18**安田講堂事件。**2・8**金丸信、テレビ山梨初代取締役会長に就任。**3・17**中央自動車道富士吉田線開通。**4・1**『山梨時事新聞』廃刊。**11・27**金丸信、衆院建設常任委員長就任（第三次佐藤内閣）。**12・7〜27**第32回衆院選：社会党大敗、自民党勝利。／内田常雄（自民党）・金丸信（自民党）・小林信一（社会党）・中尾栄一（自民党）・金丸徳重（社会党）、公明党初の候補者及川順朗は次点、金丸信連続5回、内田厚生大臣で入閣。 |
| 1970年（昭和45） | **1・14**金丸信、建設常任委員長就任。**3・14**大阪万博開催。**3・31**「よど号」ハイジャック事件。**4・1**山梨県公害課発足。**4・11**信玄公まつり、第1回甲州軍団出陣。**6・25**公明党、創価学会と政教分離を決定。**7・**都留市議長選で1票3万円の買収事件、投票は色鉛筆で。**9・17**吉江勝保参議員死去。**10・1**国勢調査、県人口76万１９２４人で戦後最低。**10・9〜11・1**補欠参院選：星野重治（自民党）が神沢浄（社会党）、三森信（共産党）を破って初当選。**11・25**三島由紀夫事件。 |
| 1971年（昭和46） | **1・6〜31**第7回知事選：田辺国男再選。**1・**選挙違反にとわれた長坂町長、議会の不信任決議で失職。**2・3**第11回冬期オリンピック、札幌で開催。**4・20**勝山村三回連続無投票、赤組・白組で村議を折半。**4・22**田富町議15人中14人が買収で逮捕。**4・25**第9回甲府市長選で、河口親賀が竹下信夫を破り、初当選。**6・2〜27**第9回参院選：神沢浄（社会党）が落下傘候補大沢融（自民党）を押さえ当選。**6・5**国税局ねずみ講の第一相互経済研究所を脱税容疑で捜査。**7・5**金丸信、自民党副幹事長に就任。**10・6**地域ぐるみ選挙違反で上九一色村長逮捕。 |
| 1972年（昭和47） | **1・29**金丸信、自民党国会対策委員長。**5・15**沖縄本土復帰。**6・11**田中角栄『日本列島改造論』ベストセラー。**7・7**佐藤内閣退陣、**田中角栄内閣発足**。**8・**北富士演習場暫定使用協定締結、社 |

| | |
|---|---|
| | 会党県政野党へ。9・29日中国交正常化共同声明。11・20〜12・10第33回衆院選：共産党躍進、社会党復調、自民党敗北。／金丸信（自民党）・内田常雄（自民党）・中尾栄一（自民党）・小林信一（社会党）・金丸徳重（社会党）、金丸信連続6回当選県初の10万票を突破。**12・22金丸信、建設大臣就任。** |
| 1973年（昭和48） | 1・16金丸信、遷都論を語る。2・10変動相場制へ移行。3・22中尾栄一が関与したと噂された「青山学院大学教授レイプ事件」が起こる。3・29甲府精進湖有料道路開通。4・25石橋湛山死去。7・17自民党若手（タカ派）議員「青嵐会」を結成、座長に中尾栄一。7・29田中角栄訪米。8・8金大中事件。10・28石油ショック。11・25内田常雄経済企画長官で入閣。12・17上九一色村長選違反の居座り村長ら20人に有罪判決。12・金丸信、自民党総務副会長。▽この年、円変動相場制移行。 |
| 1974年（昭和49） | 1・7田中首相、東南アジア歴訪。4・浜田幸一、ラスベガス賭博事件。5・22広瀬久忠死去。6・金丸信、日本バス協会会長に就任。6・14〜7・7第10回参議院：保革伯仲、企業ぐるみ選挙で73・2％の史上最高の投票率。／中村太郎（自民党）が鈴木強（社会党）を破り当選、県トラック協会会長の中村陣営は協会のトラックに中村太郎のステッカーを貼り、「走れコウタロー」の替歌「走れタロー」を流す。10・8前首相佐藤栄作にノーベル平和賞受賞決定。11・11金丸信、自民党筆頭副幹事長。11・26田中内閣「金脈問題」退陣表明。12・9田中内閣退陣、三木内閣発足。金丸信、国土庁長官就任。 |
| 1975年（昭和50） | 2・14都留市議長選で買収、リコール運動成立せず議員居座り。3・村議選控え山中湖村大量転入者。4・25富士吉田市の団地郵便受けに実弾（現金）投げ込み。4・27県議選で選挙カーに大ダルマ登場。／県議選で県議会金丸派10人に。4・27甲府市長選初の無投票で河口親賀が再選。4・田富町で3日間、連呼は迷惑と申し合わす。5・甲府市中小河原自治会ぐるみ買収事件。7・5公職選挙法改正（文書配布など大幅制限、花輪・香奠、寄付禁止）。8・15三木首相、現職首相としてはじめて終戦記念日に靖国神社参拝。9・27各政党のベニヤ張りポスターが電柱に氾濫し問 |

| | |
|---|---|
| | 題化する。12・3金丸信の後援会、「信」を染め抜いたネクタイ配る。 |
| 1976年（昭和51） | 1・18野口二郎（山日新聞会長）死去。2・4米上院でロッキード疑惑浮上。2・16衆院予算委員会でロッキード事件の小佐野賢治ら国会証人喚問。3・26天津司舞、国の重要無形文化財指定。6・25河野洋平ら新自由クラブを結成。7・27**田中角栄、ロッキード事件で逮捕**。8・31金丸信、辞表をポケットに三木内閣批判。8・「三木おろし」の動き高まる。10・29防衛費をＧＮＰの１％以内とすることを決定。11・10天皇在位50年式典。11・15〜12・5第34回衆院選：「ロッキード・三木降ろし」、自民党敗北。／鈴木強（社会党）、中尾栄一（自民党）、金丸信（自民党）、堀内光雄（自民党）、内田常雄（自民党）当選、内田常雄幹事長苦戦。金丸信、連続7回当選。12・12堀内派の「企業ぐるみ違反」が問題化。12・24福田赳夫内閣成立、総選挙敗北を受け三木内閣退陣。12・24金丸信、衆院議事運営委員長（福田内閣）。▽「汚職列島」中央から地方まで。 |
| 1977年（昭和52） | 2・20名取忠彦没。3・16副知事に望月幸明就任。4・19竜王町議選最下位同数で鉛筆くじ。6・17〜7・10第11回参院選、与野党逆転せず／降矢敬雄（自民党）当選。9・6ミレーの名画を県美術館で購入。10・3山梨市議、花札賭博で逮捕される。11・28金丸信、防衛庁長官就任。12・29内田常雄代議士在任中死去。12・社会党県本部の原忠三、防衛庁に金丸長官を訪ね、知事選での保革連合を画策。 |
| 1978年（昭和53） | 6・13金丸信、欧米を歴訪。6・25金丸信の次男の素行を報じた『週刊新潮』買占め。7・19栗栖統幕議長が「有事の際は超法規的措置」発言で物議。7・28金丸信、来栖統幕議長を更迭。7・甲府市長が暴力団幹部とともに議会質問に圧力をかけたと市議が市長を強要罪で告訴。市長側は政治的陰謀だと反論。8・31金丸信、在日米軍への「思いやり予算」。9・18海上自衛隊、護衛艦「しらね」の進水式。11・26自民党初の総裁予備選で大平圧勝。11・3山梨県立美術館開館。12・7大平内閣発足。12・12大平内閣で、三たび国対委員長に就任。 |
| 1979年 | 1・9〜2・3第9回**山梨県知事選「骨肉対決選挙」**、自民党金丸信派と社会党による保革連合候 |

| | |
|---|---|
| （昭和54） | 補・望月初当選、現職知事田辺国男の4選を阻止。／「中傷ビラ合戦」「グラマン空中戦」（ビラ撒き）激化。**1・9**ダグラス・グラマン航空機疑惑事件。**4・8**統一地方選挙、革新自治体減少。**4・22**甲府市長選、「暴力団との三者会談」批判をかわし、河口親賀が望月金三を退け3選。**7・**甲西町長選（身代わり・替玉）違反事件で警官までも逮捕。**9・17〜10・7**第35回衆院選：大平内閣のもと一般消費税導入などで自民党敗退。／金丸信（自民党）・田辺国男（自民党）・中尾栄一（自民党）・堀内光雄（自民党）・神沢浄（社会党）。／秋山村（総選挙）で、現金買収発覚、金丸派大量違反、逮捕者30人、225人が送検。**11・12**南アルプススーパー林道開通。▽この年、組織ぐるみの不正経理が問題化（公費天国）。 |
| 1980年（昭和55） | **2・2**大月市議会、市民会館工事多数派工作で贈賄。**4・11**浜田幸一（自民党）衆議員、ラスベガス賭博事件が発覚、辞職。**4・16**大量選挙違反で糸山英太郎参議員が農水政務次官を辞任。**5・16**自民党内の「四十日抗争」で大平内閣不信任案可決。**5・31**金丸信、甲府で「世代交代論」を演説。**6・2〜22**第36回衆院・第12回参院選：初の衆参同日選挙自民党圧勝、大平首相急死（6・12）。／金丸信（自民党）・田辺国男（自民党）・鈴木強（社会党）・堀内光雄（自民党）・中尾栄一（自民党）、次点神沢浄（社会党）。金丸信連続9選をトップで果たす。参院選は原忠三を破り中村太郎再選。**6・4**特定の候補が「白バラ」を付けて運動するので「白バラ運動」が影を潜める。**7・1**中尾栄一派の後援会ぐるみの買収事件。**7・17**鈴木善幸内閣成立。**10・22**山梨県選管、甲州選挙汚名返上のため「選挙汚染地区」を指定。**11・29**両親を金属バットで撲殺事件。**11・**建設業界の談合問題化、談合の裏組織建設同友会解散、会長前田忠治（鹿島建設副会長）辞任。**12・27**ソ連アフガニスタン侵攻。▽自動車生産台数米国を抜き世界第1位。▽カンヌ映画祭グランプリ受賞の黒澤明監督「影武者」話題となる。 |
| 1981年（昭和56） | **3・3**釜無工業団地完成。**7・22**金丸信、妻の実家（三沢家）で身代金目的で県職員による義姉誘拐殺害事件。**9・19**甲府市国母工業団地完成。**10・28**ロッキード裁判で前榎本夫人「蜂の一刺し」発言。**11・30**鈴木改造内閣で田辺国男、総理府総務長官に就任。**11・5**ロッキード事件初の判決、小佐野賢治被告に実刑。**11・**釜無川砂利不法採取で県職員ら汚職。**12・17**平野力三死去。 |

| | |
|---|---|
| 1982年（昭和57） | 6・8ロッキード事件で橋本登美三郎、佐藤孝行に有罪。7・17山梨市長選で古屋俊一郎、8選。8・12自民党県連一本化で金丸信・田辺国男会談。8・18公職選挙法改正（参院選に政党名記入、比例代表制）成立。11・10中央自動車道全線開通。11・27鈴木内閣退陣、中曽根内閣発足。12・10金丸信、自民党山梨県連会長に就任。 |
| 1983年（昭和58） | 1・13田富町長選で街角に堂々「監視小屋」。1・17中曽根首相「日米は運命共同体」「不沈空母化」などの発言。1・5～31第10回山梨県知事選：望月幸明再選。4・12山梨県議選「一票差でも負けは負け／是も天命」前島茂松県議選の敗戦の弁／建設業関係者が大量進出、新顔で建設会社社長5人、建材・生コン関を含む建設関係者は自民党県議団30人中10人を占める。このうち8人は金丸派。4・26第12回甲府市長選で「親子選挙」を厳しく批判された河口親賀が原忠三に敗れる。4・30大泉村長選で1票差の激戦から選管分裂「二人村長」騒ぎ、運動員一人が取調中に自殺、75人が買収などで有罪。4・北海道知事選に勝手連登場。6・3～26第13回参院選：自民党安定多数確保／志村哲良（自民党）が神沢浄（社会党）を破り初当選。8・13身延町議選、騒音防止で「連呼」自粛。9・6東京医科歯科大教授、医療機器販売業者からの贈収賄で逮捕。9・20金丸信、行革特別委員長に就任。9・26「甲州選挙」をテーマにした演劇「われらの狂気を生き延びる道は弥栄」（作：水木亮）が甲府演劇集団の手で演じられる。10・12**東京地裁、田中角栄元首相に懲役4年の実刑判決**。10・28道志村収入役が2億円横領。11・9道志村収入役・助役選任汚職事件発覚、前村長や村議ら11人贈収賄容疑で逮捕。12・3～18第37回衆院選：ロッキード事件田中判決で解散、自民大幅議席減、野坂昭如、田中角栄の選挙区で立候補落選。／金丸信（自民党）・鈴木強（社会党）・田中克彦（社会党）・田辺国男（自民党）・堀内光雄（自民党）、次点中尾栄一（自民党）、社会党2議席、金丸連続当選10回、選挙中堀内事務所にパソコン登場。12・18自民党山梨県連一本化、金丸信会長（田辺派屈服）。12・27金丸信、自民党総務会長就任。 |
| 1984年（昭和59） | 1・『経営者の無尽会実態調査報告書』（山梨県産業情報センター）刊行。2・8道志村助役選任で贈収賄、村長と教育長逮捕。3・18グリコ毒物事件。5・9道志村出直し選挙、ほとんどが地区推薦で無投票当選。9・1談合界長老の前田忠治（鹿島建設副社長）死去。10・27二階堂擁立つ |

| | |
|---|---|
| | ぶし。10・31**金丸、自民党幹事長就任**、第2次中曽根改造内閣発足。11・25須玉町長、工業団地造成に絡む贈収賄事件で逮捕。獄中から辞表。11・下部町長選で、現職町長が新盆見舞いや運動会への祝儀を出すなど地位利用の職権乱用。12・6金丸信、黒川武総評議長と会談（自民党初）。12・25電電公社民営化。 |
| 1985年（昭和60） | 1・19三珠町長選開票中に謎の停電。2・7**竹下登主宰の「創政会」発足**。2・27田中角栄脳梗塞で入院。4・30稲田実『青学大元教授の罪と罰』が出版される。9・2櫛形町議長改選をめぐって多数派工作のため贈収賄事件で議員逮捕。9・2道志村収入役の借金問題で山梨中央銀行が提訴。12・29金丸信、自民党幹事長再任。 |
| 1986年（昭和61） | 1・16林真理子直木賞受賞。林には選挙を素材にした『幸福御礼』などがある。3・12田富（坊さん）町長が汚水処理業務の許可、発注をめぐって収賄容疑で逮捕される。4・1男女雇用機会均等法施行。6・21〜7・6第38回衆院選：「定数是正解散」自民党圧勝。／金丸信・堀内光雄・田辺国男・上田利正（社会党）、中尾栄一が返り咲き自民四議席、田中克彦（社会党）が落選。金丸、連続11選をトップで果たす。選挙中で「中尾栄一の悪業を告発する会」から「中尾栄一、あの青学大強姦事件に暗躍」や「中尾栄一君に与うる遺書」などの怪文書が出回る／富士吉田市選管では投票をパソコンで処理。7・6第14参院選。／中村太郎（自民党）当選。7・22**金丸信、副総理**（第三次中曽根内閣）就任、幹事長竹下登。9・6日本初の女性党首（社会党土井たか子）誕生。10・12〜17**「かいじ国体」**。10・27小佐野賢治死去。 |
| 1987年（昭和62） | 1・5〜25第11回知事選：望月幸明（無所属）対福田剛司（共産党）、望月3選、立会演説会が廃止、投票率60％を切る。1〜右翼日本皇民党「竹下ほめ殺し」街頭宣伝開始。1・31富士吉田市外二ヶ村恩賜県有財産保護組合汚職、工作資金は数千万円、旅館に「軟禁」説得。2・23渡辺富士吉田市長や議長らが恩賜林組合長選に絡む贈収賄事件で逮捕される。現職市長では初。4・1国鉄分割民営化。4・8県議選事務所に「当選」「必勝」の酒樽が並び問題化。4・山梨県議選（東八代郡）で前島茂松、1票差で落選、「一票差でも負けは負け、これも天命」と涙をのむ。5・ |

| | |
|---|---|
| | 3塩山市議選違反で自供後に自殺者。**7・4竹下派（経世会）113人で旗揚げ、田中派分裂。**11・16金丸、久親会主催の激励会でリニア新幹線「明石山脈貫通ルート案」発言。**11・6竹下登内閣発足、**本県から同時に二人の大臣（中尾栄一経済企画庁長官・中村太郎労働大臣）。 |
| 1988年（昭和63） | 1・17小俣大月市長と三枝県議らをゴルフ場造成をめぐる汚職で逮捕。2・24組合から人権無視と非難された双葉町長辞任。6・7玉穂町長が暴力団員の葬儀に参列、花輪・香典も町費から支出。**7・5リクルート事件。**8・20豊富村長選で1票差で現職が敗れる。11・22都留市内の有権者の4割が選挙で金品の買収を受けているとの都留文科大学生の調査結果。11・29竹下内閣「ふるさと創生」資金交付決定。12・4白州町収入役ポスト贈収賄事件。12・18県内初の女性県議誕生、北巨摩郡県議補選で宮沢栄子。12・27甲府市議（共産党）共済金不正受給事件で辞職。 |
| 1989年（平成元） | 1・7昭和天皇死去。4・1消費税（3%）スタート。1・21「身延町長／露骨な選挙の論功行賞で反町長派建設業者を閉め出す」。2・11昭和天皇の大喪の礼／県内の学校、デパート、金融機関、映画館、パチンコ店などで一斉臨時休業。4・1消費税（3%）スタート。5・26小淵沢町長選で、昭和天皇の逝去にともない両陣営、出陣式の開会にあたり1分間の黙禱、また運動に日の丸を染め抜いた鉢巻の使用を見合わせる。6・2竹下内閣が（リクルート事件による責任で）総辞職、宇野宗佑内閣成立。6・3「政治家の寄付や祝儀はお断り」と甲府市自治会連合決議。7・5〜23第15回参院選：宇野内閣自民党歴史的敗北、与野党逆転。／磯村修（連合）、志村哲良（自民）を破る。金丸信、敗北の責任をとって県連会長を辞任。8・5参院選志村派の選挙違反で長坂町長逮捕、そのほか「企業ぐるみ選挙」も問題化。8・7リニアモーターカー実験線の山梨県内建設決定。8・9海部俊樹内閣発足、幹事長小沢一郎。11・9ベルリンの壁崩壊。11・21連合発足。12・5金丸信、甲府市内で開かれた女性久親会会合でリニア実験線のルートを言及。 |
| 1990年（平成2） | 1・25県労連解散、翌26日連合山梨発足99労組4万人。2・1政治家の寄付禁止などの罰則強化を盛り込んだ「改正公職選挙法」が施行される。2・3〜18第39回衆院選：「消費税解散」自民安定多数確保。／金丸信（自民党）・上田利正（社会党）・輿石東（社会党）・中尾栄一（自民党）・田 |

| | |
|---|---|
| | 辺国男（自民党）、次点堀内光雄（自民党）、社会党2議席、金丸12回連続当選をトップで果たす。4・23金丸信、福岡市で北方領土「二島返還」論を唱える。**9・24〜28金丸信、田辺誠（社会党）や武村正義らと北朝鮮訪問、金日成と会談。**10・3東西ドイツ統合。11・16天野建陣営、舞鶴公園で草の根運動3万人決起集会。11・22大嘗祭。12・8甲府舞鶴公園で小沢澄夫の澄友会の「県民大集会」が開かれ、超党派結束、オレンジ手袋で気勢をあげる。 |
| 1991年（平成3） | 1・12知事候補の天野建陣営にタレントの神田正輝・舘ひろしなどの石原軍団登場、約7500人の若者が集まる。舘ひろしのギターでの「若者たち」の歌に酔う。**1・14〜2・3第12回山梨県知事選**：天野建（無所属）、小沢澄夫（無所属）、平沢欣吾（無所属）、大森啓充（無所属）。「反権力・草の根選挙」**「反金丸」を展開した天野建初当選、**「県民党県政・オール与党体制」の小沢澄夫が敗れる。金丸、小沢の出陣式に出席。1・17米軍を主軸とした多国籍軍、イラク攻撃を開始（湾岸戦争）。2・3知事選で敗北の金丸信「怨念政治があっていいのか」と吐き捨てる。／知事選で小沢氏支持の大月市助役がケジメの辞職（2・6）。／原・甲府市長も引退表明（2・22）。4・21第14回甲府市長選：20年ぶりに保守市長（山本栄彦）誕生。4・24「金丸信金脈を検証する」（『週刊テーミス』88〜90 3回連載）、望月前知事「テーミス」を告訴。4・8都知事選で自民分裂、磯村尚徳落選、鈴木俊一4選。小沢幹事長責任辞任。4・丹波山村に初の女性村議2人誕生。7・23社会党委員長に田辺誠が就任。9・30政治改革法案未了で海部内閣総辞職、後継に小沢擁立の声もあったが党内で不評。10・10竹下派総裁擁立を断念、小沢一郎竹下派会長代行、総裁候補の宮沢喜一、渡辺美智雄、三塚博の3人と個別面接。10・13金丸信、白根町生家新築上棟式。10・8金丸信、喜寿祝が石和で行われる。**11・19山梨県「地域別豊かさ総合指数（試算）」（『平成3年度国民生活白書』）で全国1位になる。**11・27自民・公明党、PKO強力法案を強行採決。11・5宮沢喜一内閣成立。12・30ソ連邦解体。12・4金丸信夫人悦子死去。12・9金丸悦子夫人の県内告別式が白根町内（桃源文化会館）で行われる。 |
| 1992年（平成4） | 1・8金丸信、自民党副総裁就任（宮沢内閣）。3・4金丸信、竹下派所属議員の婦人を招き選挙区まわりなど日頃の内助の功に感謝する集いを開く。3・7金丸信、信玄橋開通式に参列。3・20 |

金丸信、栃木県足利市で演説中に右翼団体員に狙撃される。**5・22**日本新党結成。**6・26**金丸信、副総裁就任地元祝賀会（白根町）。**7・8～26**第16回参院選：初の即日開票、自民党復調・社会党不振、小沢一郎の経世会２００人発言。／前知事・望月幸明が金丸信の推す自民党公認・志村哲良に敗れる。**8・27金丸信、東京佐川急便からの5億円献金を認め、自民党副総裁辞任。9・1**悦子夫人の遺産56億円、金丸信本人が52億円相続。**9・22**金丸信、政治資金規制法の量的制限違反を認め略式起訴応諾。**10・7**山梨県議会金丸信擁護で「政治倫理確立に関する決議案」を否決。**10・12**塩山市議会、県内ではじめての「政治倫理に確立に関する決議案」を可決。**10・14金丸信、議員辞職願い提出、竹下派会長も辞任。**／竹下派内、小沢・反小沢対立激化。**10・14**竜王町役場に賊が入り、金庫から1千万円が盗まれる。この事件で無投票3選をはたした神沢浄は業者からの寄付が発覚し、政界から引退。**10・23**竹下派会長に小渕恵三就任。**10・23**天皇、初の中国訪問。**11・27**金丸信、衆院予算委で臨床尋問（小田原市立病院）。**12・18**自民党羽田派結成。**12・**覚醒剤使用の秋山県議（自民）辞職。

1993年（平成5）

**1・22**現職大月市議を短銃保持で逮捕。**3・6**金丸信、所得税法違反（脱税）の疑いで生原秘書とともに逮捕。ゼネコン各社捜索、金丸脱税10億円以上、起訴。**3・17**東京地検特捜部、金丸信脱税容疑で山梨県建設協会などを家宅捜査。**3・22**山梨県議会、高まる政治不振を受け「政治倫理確立決議」採択。**3・23**都留市長、市民へコンブ１８００袋、80万円相当を配る。**3・27**金丸信、所得税法違反で追起訴。**4・17**衆院各党政治改革関連法案提出。**6・12**中曽根、選挙制度改革より腐敗防止を提言。**6・12**上九一色村長、祭りに10万円寄付。**6・18**内閣不信任案可決、衆院解散、自民党分裂。**6・21**新党さきがけ結成、**6・23**小沢一郎ら新生党結成。**7・4～18**第40回衆院選：自民党過半数割れ、**新生党、日本新党、新党さきがけ躍進。**／堀内光雄（自民党）・輿石東（社会党）・小沢鋭仁（日本新党）・横内正明（自民党）・中尾栄一（自民党）、次点田辺国男（自民党）、日本新党の小沢鋭仁が初当選。**7・19**宮沢首相退陣表明。**7・22金丸信、脱税事件の初公判で起訴事実を否認。政界再編のための政治資金だったと無罪を主張。8・6**土井たか子初の女性衆院議長に就任。**8・6**中尾栄一の長男を買収容疑で逮捕。**8・9**細川護熙内閣成立、38年ぶりの非自民政権誕生。**8・28**下部町、陣中見舞いお断り。**9・**県内に釜無川流域の下水道工事の入

| | |
|---|---|
| | 札談合を認める文書出回る。12・16**田中角栄死去。**▽平成5年度、山梨経済成長率2・7％（全国3位）。 |
| 1994年（平成6） | 3・4選挙改革法案両院協議会で成立（小選挙区比例代表並列制、政党助成金など）。3・忍野村助役ポストをめぐる贈収賄事件発覚。4・23山梨県が建設業談合で508社を指名停止。4・28細川内閣退陣・羽田孜内閣発足、社会党連立離脱。6・28松本サリン事件。6・30羽田内閣総辞職、**自社さ連合で村山富市内閣発足**、自衛隊合憲表明。6・東南アジア視察旅行の山梨県知事から県議への「土産代」問題化。9・17金丸信、80歳を祝う親戚会・信寿会開催中止。10・5忍野村長に助役選任で逮捕状。12・10新進党発足、衆参併せて214人参加。12・8金丸信、甲府市で開かれた「傘寿を祝う会」で正式に政界引退を表明。 |
| 1995年（平成7） | 1・17阪神大震災。3・20地下鉄サリン事件。3・22上九一色村オウム真理教教団施設を警視庁が強制捜査、教祖麻原彰晃を逮捕。4・10知事選で東京都青島幸男、大阪府横山ノック当選。7・6〜23第17回参院選：新進党倍増、自社不振／中島真人（自民）初当選 |
| 1996年（平成8） | 1・11橋本内閣発足。1・19社会党、社民党に改称。2・19山梨県知事が地方病の流行終息宣言。3・26東八代郡八代町長選9期、36年間無投票当選。3・28**金丸信自宅で死去。**3・29金丸、脱税事件、生原元公設第一秘書の判決公判。3・30金丸信告別式（白根町慈眼寺）。3・都留市長、市有地を取得しアパート経営、ずさんな土地管理が問題になる。9・18白根町長を談合事件で逮捕。9・28民主党結成。10・8〜20第41回総選挙：初の小選挙区比例代表並列制、自民復調、自社さ連立継続、投票率59・7％。／1区中尾栄一（自民党）、2区堀内光雄（自民党）、3区横内正明（自民党）当選。10・31オウム真理教団上九一色村から完全撤退。11・28〜道志村長選・「51歳の民主主義―道志から」連載（朝日〜12・21）。▽この年、薬害エイズ問題化。 |
| 1997年（平成9） | 4・1消費税3％から5％にアップ。9・25「村長二年交代密約問題」で村長の辞職を求め芦川村議会、出席拒否、流会、結局村長辞任し、出直し選挙。▽この年国内総生産（GDP）23年ぶ |

| | |
|---|---|
| | りにマイナス成長。 |
| 1998年（平成10） | 2・7第18回冬季オリンピック長野大会開幕。6・1出直し八田村議選（正副議長選をめぐる贈収賄事件）。6・3山梨県議会、金属バット手にポスト争い、武川勉ら自民系若手と長老が「乱闘」。6・17輿石東の後援会、教員1人80票のノルマ、山梨教職員組合が指示。12・玉穂町長、発注工事予定価格漏洩で逮捕。6・25〜7・12第18回参院選、自民党惨敗、橋本首相辞任表明。／輿石東（無所属）当選。7・30小渕恵三内閣発足 |
| 1999年（平成11） | 1・16昭和町長収賄で逮捕。1・7〜24第14回知事選：天野建（無所属）対小林義次（無所属）、天野建3選、投票率過去最低の54・1％。2・4若草町長収賄で逮捕。5・24新しい日米防衛協力のための「ガイドライン」関連法案成立。8・9国旗・国歌法成立。 |
| 2000年（平成12） | 2・9改正公職選挙法（衆院比例代表定数を20削減する）公布。3・28八代町長選10期連続無投票。4・2小渕首相、脳梗塞で緊急入院。4・5森喜朗内閣（密室談合で）発足。5・15森首相「日本は天皇中心の神の国」発言。6・13〜25第42回衆院選：民主党躍進、共産党後退。／山梨1区小沢鋭仁（民主党）当選、自民党中尾栄一落選。2区堀内光雄（自民党）、3区保坂武（自民党）が当選。6・30中尾栄一元建設大臣、受託収賄容疑で逮捕。10・公共事業費見直しで芦川ダムなど3事業中止決定。 |
| 2001年（平成13） | 1・6中央省庁再編、1府12省スタート。1・23高根町長選で候補者名上に○印スタンプの「記号式投票」実施。4・26小泉純一郎内閣発足。5・10一宮町長職員への誕生日祝ケーキ贈与問題化。6・19鈴木宗男衆議員、収賄容疑で逮捕。7・12〜29第19回参院選：小泉旋風で自民大勝利／中島真人（自民党）が樋口雄一（民主党）を破り再選。8・1武川村長、参院選で地位利用で逮捕。8・13小泉首相が靖国神社参拝。9・11米国で同時多発テロ。9・29一宮町長を職員採用贈収賄容疑で逮捕。10・24松尾芭蕉の寓居再建寄付で都留市議5人起訴猶予。 |

| | |
|---|---|
| 2002年（平成14） | 1・16鈴木宗男衆議員、自民党離党。1・27辻元清美（社民党）衆議員辞職。6・19鈴木宗男、斡旋収賄容疑で逮捕。6・岡山県新見市長選で電子投票実施。8・甲府市で電子投票機熟さず断念。9・17小泉首相、北朝鮮を訪問。 |
| 2003年（平成15） | 1・16〜2・2山梨県知事選：山本栄彦（元甲府市長）が初当選、横内正明（元衆議員）、井上幸彦（元警察庁長官）を制す／誹謗中傷ビラ、切手張らず郵送。2・若草町議選で八田村長、陣中見舞いに各3万円配る。4・勝沼町議選で商品券（数千円〜1万円相当）の買収発覚。6・15新成人に2万円ずつ配った秋山市長当選。10・28〜11・9第43回衆院選：山梨1区小沢鋭仁、2区堀内光雄、3区保坂武が当選。 |
| 2004年（平成16） | 5・7長坂長助役、町工事の贈収賄容疑で逮捕。6・13大泉村長、町工事指名で収賄容疑で逮捕。6・24〜7・11第20回参院選：自民改選数を割る／輿石東（民主党）が大柴堅志（自民推薦）を破り再選。9・7中尾栄一元建設相、受託収賄で懲役1年10月の実刑確定。9・29秋山村長、成年祝金贈与で逮捕。10・23新潟中越地震。 |
| 2005年（平成17） | 6・中道町長職員採用で便宜を図り辞任。7・19新生身延町議長贈収賄で逮捕。8・31〜9・11第44回衆院選「郵政解散」：自民党郵政反対議員に「刺客」を送り込む、自民圧勝。／1区小沢鋭仁、2区・3区では「刺客」を返り討ちにして堀内光雄、保坂武が当選。赤池誠章・長崎幸太郎・小野次郎（以上自民）後藤斎（民主党）が復活当選。12・市川三郷町長が当選祝いの返礼に支持者に牛肉を贈る。12・19田辺国男死去。 |
| 2006年（平成18） | 2・9豊富村長を工事発注収賄容疑で逮捕。4・2金丸信顕彰碑除幕式。6・5市川三郷町長と町議7人を公職選挙法違反（寄付行為）で書類送検。7・21旧田富町長を業者からの収賄容疑で逮捕。9・女性に「デブ」発言の大月市議に侮辱罪確定。10・23福島県知事（佐藤栄佐久）収賄容疑で逮捕。11・15和歌山県知事（木村良樹）官製談合収賄容疑で逮捕。12・8宮崎県知事（安藤忠如）官製談合容疑で逮捕。 |

# あとがき

一九七〇年代の市井塾「寺小屋」で柳田国男を勉強しはじめてから三十五年が経った。柳田を勉強するきっかけは、上野英信の住んでいた筑豊を訪れたことにある。私をそこへ連れて行ったのは柳田正樹、そこには大学の先輩・黒沼宏一さんが住みついていた。そこから柳田国男の世界は遠くなかった。そして大学では、津林雅子や横山由紀子、西堂義矢などの友人から多くを学んだ。

＊

寺小屋に端を発した「柳田国男研究会」では、多くの人たちに出会った。主宰者故後藤総一郎は公私ともども私のオヤブン、そして仲間には山下紘一郎、柘植信行、小田富英、田中史、松本敏子、戸塚ひろみ、荒井庸一さん等がおり、なかでも永池健二さんからは多くの学問的刺激を受けた。二人で調査を名目に旅行した場所も少なくない。

＊

柳田国男研究会の刊行物の多くは、「寺小屋」の同窓である岩田博さんにお願いし、多々迷惑をおかけしてきた。今回は個人的な本なので無理がいえなかった。そんな窮地を救ってくれたのが林利幸さんであった。林さんとも長い付き合いである。はじめて拙論を活字にしてもらったのも林さん編集の『伝統と現代』誌であった。この本の編集の過程では多くの注文やアドバイスをいただいた。感謝に堪えない。

＊

この本の骨子は、多くの人からの聞書で支えられていることは間違いない。名をあげ、一人ひとりに感謝したいが、紙幅の都合でそれもできない。ただ、資料発掘や構成上の示唆を与えてくれた郷土の同学である中村章彦さんと堀内亨さんには名をあげて謝意を表したい。

＊

この論考のきっかけは、ある自治体史に「民俗としての選挙」として提出したものにある。編纂委員会からは掲載を断られた。それを笹本正治さん経由で網野善彦さんが拾ってくれ、『列島の文化史』に載せてくれた。これが、この論考の出発であった。今は亡き同郷の網野さんに感謝する。

＊

民俗調査の方は、堀内眞さんの紹介で大島建彦先生を知り「西郊民俗談話会」で、民俗知識とともに、その方法を教えていただいた。また柳田国男の民俗学研究所での研究例会や談話会がどのようなものであったのかも、ここで知り得た。

＊

山梨県内の政治状況をはじめとする歴史については、有泉貞夫先生から多くを教えられた。

先生との出会いは「寺小屋」で教えを受けて以来の付き合いである。特に山梨県史（近現代史）編纂過程（一九九〇〜二〇〇六年）では、歴史転換の兆候を資料に即して考察する大切さについて教えていただいた。

しかし、私の変わらないものへのこだわりは、先生の変化の起点を重視する歴史観と軋みを起こし、私の原稿には絶えず朱が入れられ、その都度何回も書き直しを命じられた。もしこの本が、少しでも普遍性に近づくことができたとしたならば、先生からの学恩以外の何ものでもない。

＊

私のいまの唯一の勉強場所、柳田国男研究会では、この論考の発表のおり高橋治、川島健二、室井康成さんなどからは、飲み会の席上で「お前は金丸信を評価しているのか」としばしば突き上げられた。私の答えは、保留するほかない。ただ人間的に興味を抱かなければ研究対象に選ばなかったのは確かである。

＊

その金丸信さんを父親と一緒に議員会館に訪ねたことがある。金丸さんの一声は「よう、スギモト君よく来たな。都留の状況はどうだ」であった。その後に用件を聞き、その場で秘書が電話をかけ、相手が出ると本人が直接「金丸だが、よろしく頼む」であった。そこには、困っている人の相談にのる、義理人情の豪放磊落な政治家が座していた。

＊

その父親もムラの選挙の洗礼を受け、市議会議長まで務めた。選挙のきっかけは、祖父（春吉）の強要であった。この人は本好きであったが、東海道からの乳牛を連れての流れモン、ムラではタビノヒト、そのうえイリットであった。そんなキタリモンが名実ともにムラ入りする（在地で認知される）ためには「荒れ御輿」に乗る以外なかったようだ。そのシチュエーションが長男のムラ選挙であったと言っていい。

＊

選挙違反といえば、親父も消防団長の時に甲府へ収監された（山梨日日新聞 一九五五年四月二十六日）。送致のとき、祖父のワラジオヤであった県公安委員長の配慮で、大月駅前の旅館で私たち子どもにも接見が許された。小学生であった私が憶えているのは、集まった関係者全員の「スギモト君、万歳」であった。私には体験がないが、なぜか戦時中の「出征兵士壮行会」の光景とダブって記憶されている。

＊

民俗学が「実感の学問」であるならば、父の選挙体験が、この本には生きているかも知れない。そんなこともあり、この本を、愚直なまでにムラ選挙を実践し続けたいまは亡き両親、杉本重晴と好子に記念として捧げる。

著者略歴

杉本 仁（すぎもと じん）

1947年山梨県に生まれる。青山学院大学を経て、同大学院修士課程修了。現在公立高等学校教諭・柳田国男研究会会員。山梨県都留市在住。

著書 『柳田国男伝』（共著・三一書房）、『柳田国男の学問形成』（共著・白鯨社）
論文 「社会科教育と柳田国男（一）～（四）」（『伝統と現代』七二号～七五号）、「郷土研究から社会科へ─柳田国男の教育運動」（柳田国男研究会編『柳田国男・ジュネーブ以後』）、「永田町の民俗─ムラと永田町と金丸信」（宮田登編『現代の世相─談合と贈与』）、「選挙と贈答慣行」（『歴博』九二号）、「寄合民主主義に疑義あり─宮本常一『対馬にて』をめぐって」（柳田国男研究会編『柳田国男・民俗の記述』）、「宮本民俗学の陰画としての上野英信」（『季刊東北学』第四号）など。

選挙の民俗誌──日本的政治風土の基層

2007年4月10日・第1刷発行

定　価＝2200円＋税
著　者＝杉本 仁
発行者＝林 利幸
発行所＝梟　社
〒133－0033　東京都文京区本郷2－6－12－203
振替00140－1－413348番　電話03(3812)1654　FAX 042(491)6568

発　売＝株式会社 新泉社
〒133－0033　東京都文京区本郷2－5－12
振替00170－4－160936番　電話03(3815)1662　FAX 03(3815)1422

制作・久保田 考
印刷／製本・長野印刷商工

# 神と村

仲松弥秀

四六判上製・二八三頁・写真多数
二三三〇円＋税

神々とともに悠久の時間を生きてきた沖縄＝琉球弧の死生観、祖霊＝神の信仰と他界観のありようを明らかにする。方法的には、南島の村落における家の配置から、御嶽や神泉などの拝所、種々の祭祀場所にいたる綿密なフィールドワークによって、地理構造と信仰構造が一体化した古層の村落のいとなみと精神史の変遷の跡を確定して、わが民俗社会の祖型をリアルに描き出す。伊波普猷賞受賞の不朽の名著。

# 山深き遠野の里の物語せよ

菊池照雄

四六判上製・二五三頁・マップ付
写真多数
一六八〇円＋税

哀切で衝撃的な幻想譚・怪異譚で名高い『遠野物語』の数々は、そのほとんどが実話であった。山女とはどこの誰か？　山男の実像は？　河童の子を産んだと噂された家は？　山の神話をもち歩いた巫女たちの足跡は？　遠野に生まれ、遠野に育った著者が、聴耳を立て、戸籍を調べ、遠野物語の伝承成立の根源と事実の輪郭を探索する／朝日新聞・読売新聞・河北日報・岩手日報・週刊朝日ほかで絶讃。

# 柳田国男の皇室観

山下紘一郎

四六判上製・二八八頁
二三三〇円＋税

柳田は、明治・大正・昭和の三代にわたって、ときには官制に身をおき、皇室との深い関わりを保持してきた。だが、柳田の学問と思想は、不可避に国家の中枢から彼を遠ざけ、その挫折と敗北の中から、日本常民の生活と信仰世界の究明へ、日本民俗学の創始へとむかわせる。従来、柳田研究の暗部とされてきた、柳田の生涯に見え隠れする皇室の影を浮き彫りにし、国家と皇室と常民をめぐる、柳田の思想と学問の歩みの一側面を精細に描く。各誌紙激賞。